本书系2016年国家社科重大招标项目
"当代中国文化国际影响力的生成研究"
（批准号：16ZDA218）阶段性成果

U0573715

路径与方法：
当代中国文化
国际影响力的提升

——"第三极文化"论丛
（2022）

主　编　黄会林
副主编　向云驹
　　　　罗　军
　　　　刘江凯

北京师范大学出版集团
BEIJING NORMAL UNIVERSITY PUBLISHING GROUP
北京师范大学出版社

内容简介

本书围绕"路径与方法：当代中国文化国际影响力的提升"主题展开，收录了中外学者的相关讨论文章若干。这些论文围绕着提升中华文化影响力的路径与方法，从中国电影文化的国际化、中华文化与美学的国际传播、艺术新媒体的国际触达、新主旋律短片的国际影响力、中国电影国际传播的新路径与新方法等具体展开，相关讨论涉及中国文化、影视、艺术、文学等不同学科领域。

代序

立足当下 展望未来：从"三种精神"看如何全面提升中国文化国际传播效能

研究推动"第三极文化"发展，全面提升中国文化国际传播效能，是政府、学界、业界所共同肩负的重要使命。我将从坚实的生成基础与现实条件出发，通过以下"三种精神"透视中国文化国际传播的内涵、语汇与愿景，与各位做简短的理论对话与探讨。①

一、抗疫精神彰显中国文化国际传播内涵

新冠病毒感染疫情在全球蔓延，不仅严重威胁了全世界各国人民的生命安全，而且在某种程度上加剧了孤立主义的盛行，试图将疫情政治化、病毒污名化、溯源工具化的做法，实则是某些国家抗疫不力的脱责表现，也与全球团结一致真正打败病毒的目标南辕北辙。

在这场抗疫大考中，中国抗疫成绩不俗。事实上，"第三极文化"容纳了自觉的家国情怀与精神担当：古有"士不可以不弘毅，任重而道远""先

---

① 本文系北京师范大学中国文化国际传播研究院2021年国际论坛"路径与方法：提升中华文化影响力"开幕式上的发言。

天下之忧而忧，后天下之乐而乐"的仁人志士，今有疫情肆虐时无怨无悔的最美逆行者；古有"民为邦本，本固邦宁""民为贵，社稷次之，君为轻""民胞物与"等文化理念，今有人民至上、生命至上的价值取向；古有伦理本位、差序格局，今有集体主义、举国同心……上述种种都表明，"第三极文化"基因不仅浸润着浓厚的中国优秀传统文化，而且在今天被赋予了新的时代价值，它不仅在我国抗疫中起到了积极作用，而且在全球抗击疫情的过程中贡献着中国智慧与力量：忆往昔"赠我古诗，俳句相还"，中国民众曾被日本捐赠物资上的一句诗文"山川异域，风月同天"所感动，而后还以印有俳句与俳画的物资回馈善意与友情，以文化之美增进了两国人民的理解与沟通；再如我国在南非、印度尼西亚、越南等"一带一路"沿线国家开播中国电视频道，采用当地文化思维进行节目的编排、制作与播出，通过国外民众熟悉的语言和传播方式宣传我国的抗疫措施；再如英国喜剧演员、憨豆先生的模仿者"逗逗先生"因疫情滞留武汉，因而见证了真实的抗疫现场，他的战疫故事被收录在融媒体系列短视频《武汉：我的战"疫"日记》中，纪录片中积极乐观的生活日常与中国人守望相助的感动并存，他还将自己拍摄的短视频放在网上，得到了上百万网友的关注……

"根之茂者其实遂，膏之沃者其光晔。"人类命运共同体理念，离不开中华优秀传统文化的滋养，打造具有中国精神、中国气派、中国风格的文艺作品，是让中国优秀传统文化和新时代合作共赢理念在世界范围产生广泛共鸣的重要载体。

二、探索精神更新中国文化国际传播语汇

中国文化要走向世界，必须学会用不断开放的、富有探索精神的、寻求和赶超国际发展潮流的世界语言讲好中国故事。在更大范围内的市场化、自主化的文化对外交流行为中，我们愈发感受到，与日俱新的国际传播语汇为文化交流带来的重要意义。

这并不意味着，我们急于抛弃过往的语汇，而是在善于使用传统语汇的同时，不断学习、更新、发展、扩充新的语汇，抛弃"等、靠、让"的思想，立足弘扬中华优秀传统文化、讲好中国故事，最大限度地掌握中国文化国际传播的主动权，而不是停留在孤芳自赏的尴尬境地。

在文学领域，网络文学已成为中国文化对外交流的重要名片，中国作协网络文学中心发布的《2020中国网络文学蓝皮书》指出，网络文学国际传播成为新的增长点，累计向海外输出网文作品10000余部，网站订阅和阅读App用户有1亿多个，覆盖世界大部分国家和地区；在影视领域，电影工业美学不断升级换代，与漫威宇宙相对应，近年来中国影视行业以探索精神，试图建构起宏大的唐探宇宙、华夏古城宇宙，今年以连接终端、虚拟分身形式进入虚拟空间的元宇宙概念更是引发全行业关注；在绘画、音乐等领域，NFT（非同质化代币）本身革新的概念及独特性带来机遇的同时，也带来风险与挑战……对于上述新语言、新事物，我认为有三个关键词与它们紧密相伴：第一，新力量；第二，新技术；第三，新挑战。它们中，有的或许是尚不成熟的资本炒作概念，有的或许是并非危言耸听的现实寓言，这需要我们以探索精神予以及时关注、冷静思辨，而对于诸如短视频、网络文学、网剧出海等已渐趋成熟的新语汇、新形式，要在内容品质的锻造上多下苦功夫，帮助其完成从野蛮生长状态向提质自律、精耕细作的转变。我们可喜地看到，讲述改革开放弄潮儿故事、根据阿耐的网络文学作品《大江东去》改编的电视剧《大江大河》在海外平台热播热议，根据玖月晞的网络文学作品《少年的你，如此美丽》改编的电影《少年的你》入围奥斯卡最佳国际影片奖提名，而此次提名距离上一次提名作品《英雄》已过去了18年。我们坚信，探索新语汇的意义恰在于找到中国价值观念与世界联系的最优表达方式。

三、奥运精神烛照中国文化国际传播愿景

2022 年 2 月 4 日，北京冬奥会正式开幕。回望历史，古希腊时期的"神圣休战"，奠定了将奥运会作为和平、友谊象征的基础。2022 年冬奥会，是中国在晦暗难明的复杂国际环境下，彰显国家形象、传播中华优秀传统文化、谋求与世界各国沟通对话的重要契机与舞台。

在跨文化传播过程中，文化折扣产生的原因，既包括不同国家地区语言方面的差异，也包括不同文化参照体系间的区隔。国际奥委会在《奥林匹克宪章》中有这样一段话："每一个人都应享有从事体育运动的可能性，而不受任何形式的歧视，并体现相互理解、友谊、团结和公平竞争的奥林匹克精神。"一方面，我们应基于这种"相互理解、友谊、团结和公平竞争"的奥林匹克精神，努力构建基于情感共鸣的合意空间，进一步提炼归纳出既体现东方文化智慧，又易为世界所接受和认同的思想内涵，将普遍的深层价值心理植入我们的文艺作品中来；另一方面，我们相信，冬奥会期间他者视角的引入将为中国文化国际传播带来更多惊喜。从 2011 年"看北京·中外青年暑期 DV 计划"开始到今年的"看中国·外国青年影像计划"，漫漫十余年历程中，我们一直在努力尝试打破"自我讲述"的视角，跳出"我为我说"的非中性立场的囹圄，我们把外国青年请进来，让他们来中国走一走、看一看、拍一拍。"看中国"项目就像一亩试验田，在各位同人的用心呵护、辛勤耕耘下，收获了一批又一批知华友华人士，收获了一部又一部用世界语言讲好中国故事的优秀作品，也是在今年，"看中国"项目更是被中宣部、教育部推广为"音乐看中国""绘画看中国"等多种衍生形式，进一步拓宽了中国文化的对外传播之路。冬奥会的举办，无疑为"看中国"提供了广阔的取材空间。例如，以冬奥会筹备、开展时间为轴线的纪录片能更好地反映中国速度、中国力量，以北京什刹海传统冰嬉运动等相关场景移植的创新主题创

作能更好地承载中华优秀传统文化，以冰雪体验为延展的游记式拍摄能带出中国的大好河山与风情风物，对中国古老冰雪的历史探寻能在纵向史学维度与横向比较视野中找到中国冰雪文化的位置，以冬奥运动员、退役运动员、冬奥会工作人员等为表现对象的影视拍摄将打造更为紧密的情感链接，冰雪的艺术语言能更好凸显中国传统美学的妙趣意境……

立足当下，展望未来。伟大的抗疫精神、探索精神、奥运精神，或许会为全面提升中国文化国际传播效能提供新的力量与可能。

北京师范大学资深教授，中国文化国际传播研究院院长

黄会林

目　录
CONTENTS

第三辑　中华文化与美学的国际传播

第四辑　艺术新媒体的国际触达

第五辑　新主旋律短片的国际影响力

第六辑　中国电影出海的新路径与新方法

第一辑

提升中华文化影响力的路径与方法

提升中国文化国际影响力的三个"共同"

胡智锋

在文化传播与文化影响力的建构与形成上，最大的难题是差异性的客观存在，也就是说，由于历史、文化等复杂原因，来自政治、社会和文化上的差异成为文化走出特定区域，进而形成跨区域、跨阶层传播并产生积极影响力的最大障碍。如何改变中国文化国际传播力和影响力相对薄弱的局面，笔者认为，努力而积极地建构中国文化与西方文化之间的共同诉求，求同存异，是摆在我们面前的艰巨而重大的时代与现实的命题。具体说来，就是三个层面的"共同"的建构与追求，这是提升中国文化传播力与影响力的关键所在。

一、共同感知的建构与追求

尽管不同的文明、不同的文化存在着巨大的差异，但必须看到，共同感知是跨越不同文化的普遍存在。其中一些涉及人类基本生存和发展的命题，如关乎人类生存的衣、食、住、行等话题，都可以最大限度地获得认同。美食、美景等这些最基本的、最自然的"美"的样态，可以唤起人类共同感知的基本内容。

　　纪录片《舌尖上的中国》系列，聚焦中国传统美食，以美食彰显中国文化魅力，唤起不同区域、不同文化的人们的共同感知。《舌尖上的中国》第一季在海外市场收获颇丰，获得了空前的成功，截至2013年1月，该片以226万美元的海外发行额，创造了中国纪录片在海外发行的最高纪录，不仅在与中国文化有着天然亲近性的日本、韩国，以及东南亚市场，而且在以往较为冷淡的欧美市场都获得了巨大的成功。2019年以来，李子柒在海外视频平台"走红"，截至2021年9月，李子柒已经在YouTube上收获了1600多万的订阅者，这一数据甚至超过了CGTN和CNN等全球知名媒体平台，更有单个作品的播放量达到了9900万以上。这在国际传播当中无疑是"现象级"影视内容的存在。李子柒以"田园生活""自然体验"为标志的新媒体短视频，表达了生活的诗意与美好，展现了中国文化的丰富与传承。

　　这种对于人类生存基本话题的关注，对人类共同感知的追求与探索，是中国文化在国际传播当中不断提升传播力与影响力的关键要素。

二、共同情感的建构与追求

　　如果说共同感知是来自人类对生活最基本的体验和感受，那么共同情感则是更深层的，可以引发人类对于心理的、情感的共鸣。人与人的悲欢离合、生活中的喜怒哀乐，诸如父母、儿童、家庭等话题所涵盖的共通情感，爱情、友情、亲情等情感的表达，都是人类共有的情感记忆，可以在不同的文化语境中找到契合点和共通点，削弱乃至穿透文化差异的壁垒，从而到达更广泛的民族、国家和地区。

　　纪录片《西藏一年》2008年在英国BBC电视台播出，并且在一年内三度播出，之后又相继在40多个国家和地区的电视台播出，这部记录中国百姓，特别是西藏百姓的喜怒哀乐的纪录片，收获了广泛的影响力和传播力，其影响范围之广，可谓是具有里程碑意义的。《西藏一年》用人文化的传播语态，以平民化的传播视角，深入现实生活，贴近现实人物，展现现实情感，从婚丧嫁娶、宗教巫术等平常之事，反映出人类的喜悦、忧愁、愤怒等情感，与世界其他地区、其他文化的观众达成了一种情感共识，这种共同情感更是引发了广泛的情感共鸣，成为国际传播当中的经典案例。

这种对于包含在人与自然、人与社会、人与人关系当中的共同情感的探寻与表达，是中国文化不断提升传播力与影响力的重要内容。

三、共同价值的建构与追求

习近平总书记在多个场合的讲话中提到全人类共同价值，强调"我们要担负起凝聚共识的责任，坚守和弘扬全人类共同价值"①。这种共同价值不同于西方的共同价值，也不是中国的独有价值，而是跨越东西方、跨越中外的，在价值认同方面具有共性的价值。这种在价值层面上的认同和追求，是我们在中国文化"走出去"的进程中的重要诉求。

首部获得奥斯卡奖的华语电影《卧虎藏龙》，讲述了"江湖""侠义"等内容，获得了华语电影海外票房的冠军。《卧虎藏龙》对中国的"江湖"文化、"侠"文化作了传统的继承与现代的阐释，并且融于现代价值观念，与西方的英雄人物佐罗、蝙蝠侠等一样都具有惩恶扬善的正义感，这样一来，这种价值在西方观众当中就有了接受的心理基础和价值基础。另外，无论是李慕白的牺牲还是俞秀莲的隐忍，他们都反映出了江湖与庙堂的博弈、正义与邪恶的对峙，同时更重要的是，也反映出了现代人对于情感、欲望、秩序、责任的纠结与无奈，而这样的情感和其中的价值，恰恰能够在西方社会当中找到

---

① 2021 年 7 月 6 日在中国共产党与世界政党领导人峰会上的主旨讲话。

广泛的共鸣。还有影片中强烈的独立意识和反叛精神等，都传递出了人类共享的，以人为本的共同价值，突破了文化冲突与隔阂，达成了价值的共识与认同。

这种对于既有东方特色又求同存异为全人类所共享的共同价值的建构和坚持，是中国文化在全球提升传播力与影响力的核心内涵。

总的来说，这三个"共同"为中国文化的国际传播提升其传播力和影响力，给出了榜样，树立了标杆，其中的经验值得我们反复地咀嚼和学习。同时，还要在体制机制、创新创作、人才培养等方面综合布局，协同发力，这些都是未来中国文化不断提升传播力与影响力的关键所在。

作者系北京电影学院副书记、副校长，教授

儒学的亲情哲学：一个建立新地缘政治次序的资源

[美]安乐哲

一、疫情大流行仅仅是个开始

在 21 世纪的头二十年里，东亚的兴起，尤其是中国的兴起，使世界经济和政治秩序发生了翻天覆地的变化。更需要注意，中国不是一般意义上的国家，拥有比整个非洲还要多的人口，它是个如同一个大洲那么大规模的多元一体而又延续不断的文明。考虑到疫情对全球贸易和商业的不同程度的影响，预计中国将在十年内成为世界第一大经济体。无论是喜欢它还是讨厌它，无论是哪个敌人，都不能否认中国的发展趋势是向上的，并且在短时间内不会迅速下行。如果说大众媒体所传出的焦虑是某种迹象的话，那么就像是世界范围内的唐人街，在过去的几个世纪以来一直被人们所忽视，它的迅速崛起，已然震惊了曾经无可匹敌的西方自由主义，并彻底动摇了它的核心。

威斯特伐利亚模式是自由个人主义的早期版本，其定义的价值是将个人自治和平等扩大到国际水平。在某种程度上，这样一个每个参与者都想赢的体系，使得每个国家的利益都与其他国家的利益相冲突，它正将世界拽向无政府主义政治。

作为只有赢家和输家的零和游戏，它在国际层面上已被证明在解决当今时代的紧迫问题方面毫无成效。气候变暖、环境恶化、难民迁移、收入不均、食物饮水短缺、大规模物种灭绝、战争、全球性饥荒等，这些使人类陷入困境的复杂问题本身是有机关联的。除非人们以一种全面的方式处理这些问题，否则这些问题难以得到有效的解决。

二、迈克尔·沃尔泽对团结的探索

哲学家迈克尔·沃尔泽(Michael Walzer)在他的《厚与薄：国内外的道德争论》(*Thick and Thin*：*Moral Argument at Home and Abroad*)一书中不断地宣扬一种不同的政治。但与此同时，他想要描述并捍卫一种稀薄的最低共同道德纲领，它存在于每一种浓厚与特殊论的排他主义道德中。沃尔泽想从这一最低共同道德纲领中所得到的正是一个有限的但意义重大的，能够使得全世界的人民联合在一起的团结感。沃尔泽提出了一个很好的观点，在任何情况下都是一样的，这种最低共同道德纲领并不是所有深厚道德的基础，也不是文化差异终结点上的某种共性。这种最低共同道德纲领不可被简化为概括性程序或是交结中生成的规则。至于这种稀薄道德的实质，对沃尔泽而言，这样的最低共同道德纲领并不意味着次要的或者感情浅薄的道德；相反，稀薄道德和强烈情感的结合对他来说就像"骨子里的道德"一样。

虽然沃尔泽自己关注的是一种普通、为人瞩目的"正义"品种，并体现在合辙的规则与原则中，但是作为最低共同道德纲领的一个可能来源，我想对这一相同问题从儒家传统的角度给予另一种答案。如果我们从这样的事实出发：尽管中国人口数量几乎是东欧和西欧总和的两倍，但作为一个源远流长的文明已经生生不息，延续了几千年，并且还在迸发活力。我们可以看到，众多不同的民族、语言文字、生活方式、社会治理模式等方面，千百年来形成了文明的多样性。

一方面，这种多样性是真正深刻的；另一方面，有足够共享的最低共同道德纲领将这种多元化作为一种文化与政治实体联系在一起。我想说，正是围绕着以"孝"为本的道德至上要求而形成的一系列特定语汇，使得亲情不仅成为儒家最低道德纲领的基石，而且成为延续至今依旧生生不息的儒家文化。

三、政治的另一种儒家理念

关键之处在于，在这样一种独特的儒家政治理念中，家庭、国家、天下之间存在着一种经验性的同构性，因为国家、天下是以家庭作为一种组织模拟的。当说中文时，你不会说"country"（乡村），而是说"国家"（country-family）；你不会去说"everyone"（每一个子个体），而是"大家"（big family）；你不会说"humankind"（人种），但会说"人家"（human family）；你也不会说"Confucian"，取而代之的是"儒家"（literati family）。在课堂上，我不只是"teacher"，而且是"师父"（teacher-father）。如此称呼我的同学则是"学姐"（student-older-sister）和"学弟"（student-younger-brother）。晚清著名学者严复通过翻译亚当·斯密、T. H. 赫胥黎、约翰·斯图尔特·密尔、赫伯特·斯宾塞以及其他人的作品，将西方自由主义引进了中国学术界。他曾说，如果我们要追寻过去两千年中国古代社会政治秩序的来源，30％可以归因于"国君"，70％则归因于家庭传统。

简言之，儒家文化的家庭（齐家）不仅是一个"理政"的比喻，而且即使得以弘扬或受到阻断，亲情也是社会和政治秩序的源头与实在内容。其实甚至可以说，由于孝道在儒家文化中是最基本且正统的价值，所有构成仁德（human excellence）的品质，最终皆是衍生于这一最直接的源头。

四、在仁德政治中治国者的角色

这些很少提及的文化因素对我们理解处于现代世界的中国有几个重要的启示，有些是积极的，有些则略显消极。恰当的治理坚实地根植于家庭尊卑差别与传统家长礼教中的个人修养。它是从治理者作为百姓"父母"开始，像任何健康的家庭一样，于理想意义上说，是由父母行使对其他家庭成员支配力，他们的行事实际是道德的楷模。《哈佛公报》（*Harvard Gazette*）报道了哈佛大学肯尼迪政府学院阿什民主治理与创新中心（Harvard's Ash Center for Democratic Governance and Innovation）在 2003—2006 年进行的一项名为"给中国把脉（taking China's pulse）"的长期调查，据调查中所说，这一项以道德意义界定领导力的综合活动项目是成功的，显示出民众对中国政府的满意度达到令人震惊的 93%。

在儒家传统经典中，国家治理者的主要作用被明确而普遍地描述为，充当起以"家庭为本"的百姓道德教育的倡导者与典范，这种仁德教育将促进人们对共享价值的一致认同。对这种不懈努力的最好解释，即是推进道德教育，因为在儒家哲学中，道德和教育本身存在经验性的契合。简单而言，道德和教育都是从家庭开始的角色关系的衍生。教育是学以成人，是学习成为家庭和社会中具有重要意义且肩负家国责任的一分子，决定道德意义的准绳是一样的。通过以有利培养关系和谐的方法而行为——去聆听人，去尊重，去关爱，去多思，去包容，去助人——皆是具有道德的。但如果以一种致使关系恶化的方式行为，如自私固执、咄咄逼人、我行我素、胆大妄为、目中无人、尖酸刻薄、平庸粗俗等，则都是不道德的。

共同家国人生观内在化激发归属感与共同事业情感，伴随的是在任何失败中都会产生的强烈的个人羞愧感，是人在未能达到社会期望时便会尝到的滋味。这种耻辱感文化，是将理想指向促使人民形成自我有序的状态，从而让当权的领导者是在指挥而不是在统治。

有了这样领导的主导作为共同社会价值的楷模，以及因此备受鼓舞而全身心致力于在家庭角色中讲究礼义的普通百姓，人们则会在一种我们可以称为儒家"德政"讲究道德经世济民理念中，产生对实现共生关系的渴望，而这种道德经世济民理念是深深扎根于家庭亲情之中的。

五、以家庭而非以神为中心的宗教感

在这样一个自给自足的社会传统中，儒家独具特色的"宗教性"概念并不是以诉诸追求某些版本的亚伯拉罕神明或其他宗教教义为基础的，这使得几百年来为之不懈努力、企图对其进行改变的基督教传教士感到很失望。事实上，法国著名汉学家葛兰言（Marcel Granet）就曾相当简洁明了地说："中国智慧不需要神的理念。"儒家"无神论"的宗教性从最早的时候就表现为对祖先的崇拜，其主要关注点是那些活在世上的人，而不是那些我们不忘却已经去世的人。也就是说，"孝"的宗教性意义是影响并加强家庭内部代际的纽带，促进生生不息文化的世代相传。每一代人都承接并在重要意义上体现前人的传统，并肩负起建立先祖与下一代人之间联系的责任。

或许最显而易见的是祖先的形体的存在，但更重要的是他们一以贯之的人文观和生活方式，这些都还实实在在地在他们的后代中"活"着，让所有中国人都亲如一家。生命体和它所体现着的生命延续，是文化整体知识的传送，通过传送，一个生生不息的文明世界本身得以留存与发扬：社会和政治制度，语言使用和造诣，教化的理义与神话，文雅生活的美感，道德与意义的正统化，知识技艺的授受，等等。

六、关系平等的政治与价值的多元化

不像个人主义的价值观，在儒家这种人与人都是由角色与伦理关系构成的家庭哲学中，生生为贵互系性是首要的。因此，在家庭、国家、天下层面，关系平等追求与价值的多样化作为儒家思想选择，成为西方占据统治地位的自由主义价值观、主张独立自主与简单平等的另一种选择。考虑到家庭角色关系的相互依赖性（如一个好爷爷和他的乖孙女的关系非常亲密），追求单独个体自主和平等的自由主义价值观就被绕过去了，就趋向为一种不同角色关系的平等了（爷爷和孙女在关系中各得其所），是达到多样性的目的，或说由此而呈现"在我们差异中的成功表现"。这个备受欢迎的"和谐社会"口号，是根深蒂固的家庭这一理念的体现，在这种认识里，家庭是一种社会组织，在家庭里人们最有意愿毫无保留地献出他们所拥有的一切：时间，金钱，身体器官，甚至生命。因此，"和"是一个持续志同的价值，从家庭到社会中，是处处都被激活与获得支持的。和谐是在任何特定情况下，最大限度地利用各种条件因素，是通过我们所说的"优化共生体系"广义地给予"成功展现"（flourishing）的一个确实的说明。

"公平"（equity）取代了表面的"均等"（equality），因为它将空间给予特殊的每一个人、每一个家庭和不同情况。并且，"多样性"（diversity）做的是表面的"自主"（autonomy）要做的工作，意义在于，积极的自由是被确认在每一个独特的人都充分参与家庭、社会以及国家的共同生活，并从中受益。同样地，对于这个传统而言，增长道德能力的切入点，是家庭组织及自然而然的亲情。所以，不是将道德等同于客观原则，儒家哲学是宏观整体视野，看到的既是从具体的也是从更普遍考量上的一个重要的角色。那即是，不是诉诸某种超绝的道德原则，或者某种非人格的理性，以其作为宣称公正的正当性，一种总是特殊环境条件的偶然性所决定的必然策略，而儒家传统对公正性与客观性提出的是另一种选择，是与其奉行整体观一致的。

对每一独特个人的"公正性"（equity）只能是尊重，而且多样性只能是对非公正性与公正性都提供充分可能之中才能达到，而不是简单地作二选一。与此同时，这些公正与多样性的相同价值的延伸，是超越任何狭隘理解的家庭或者社会定位的。它们提供了一种包容的、有机的"内在性国家"[国家内在于生产关系之中（intronational）]关系的概念，可作为威斯特伐利亚条约关于独立平等主权国家之间的"国家间"（inter-national）关系概念的另一种选择。"内在于"（intra-）不是那种"外在性之间"（inter-）地将两个单独的事物放在一起，而是一个无外在的内在，它来自这样的认识，即国际关系的定位是因有一个生生不息、卓有成效的政治生态体系而诞生的。

七、亲情作为内在性国家关系的普遍最低共同道德纲领伦理

越过这一特定的中国历史经验及其价值观，什么理由可说明，是亲情，而不是沃尔泽的正义观，事实上可以被普遍化，用以服务于保护一个地球普通百姓安全的最低共同道德纲领？亲情能不能使我们团结，满足我们以建立（不同于"国家间"关系的）另一种"内在性国家"关系学说所需的基础？或许现在最紧迫的是亲情如何被真正激发出来，让世界发生改变。

首先，实际上在任何一种人类文化中，家庭都是经济力与安全的一个源头，而且可能将继续如此。在地球资源萎缩、生态脆弱，而地球人口迅速接近 80 亿情况下，任何一个国家或跨国政府都不再有办法提供足够的社会福利服务可让我们减少对家庭组织的依赖。家庭是最古老与无处不在的人类组织。鉴于"熟悉（familiar）"一词即是来自家庭（family），那么还存在什么能比家更令人"熟悉"的事物吗？让亲情作为最低共同道德纲领伦理的基础，是包括诉诸最宽泛确认人类经验的那些初始性的条件。对于大多数人而言，尽管人与

人之间存在着所有的那些不同和差异，但家庭仍然是他们最高的价值。即使在有厚重道德观的家庭之间，也是认可非常不同的价值观，而且肯定地说，他们生活方式也大不相同，而在就算再不深厚也有强烈的亲情层次上，存在相当的一致，说明这个定位具有对全人类提供道德的最佳机会。亲情被普遍地共享着，可超越"我们"与"他们"的二元性，具有将所有人们集结在一起的潜力。

由于每个人都有一个家，亲情为我们提供最广大的基础可能，以形成恰当的伦理增强的推动力，而且这种情感本身，比思辨或理性更为原始。在家庭生活中的角色及其伴随着的价值观，要比抽象的法则和原则更有实效，达到为下一步决定怎么做，提供具体推动的程度。"因为他是我的兄弟"是一个强大的理由，无须进一步理论化。以这样的理由，亲情满足了从具体经验意义出发的实用要求，而不是从第二顺序的概念或者理论出发，而且是这样，与沃尔泽的观点相契合，也即"稀薄道德与强烈感情"的结合，成为"骨子里的道德"。

爱别人是有道德地待人的前提，也就是说，一个人的行为须是恰当的、有意义的。因为家庭是这种爱最直接的定位，一个人只有在自己被爱之中才可学会爱别人。并且因为这种亲密关系是每个人的必经之路，婴儿时期接受的恰当家庭关系是人们社会化与一体化、形成共同体的实质基础。简言之，在道德成长过程中，家庭滋养是不可或缺的。而且基于亲情的基本性质，它不需要进一步的理论化或劝服力。它的不确定性(underdeterminacy)、非正式性与朦胧性，使得亲情类比性地发挥作用，而不是本质上或绝对地，使我们绕过了很多其他可能让我们分割开来的界限。至于沃尔泽所说的常见且普通的正义，家庭正是培育这种基础价值的教室；如果不公正现象渗透在构成社会的家庭之中，那么一个公正的社会很难存在。

从这一最低共同道德纲领观点基础上再推进一步，经过修养的家庭关系对道德生活前景作出的最终贡献，在于它是前瞻性的取向而非后发性的。与很多当代伦理学理论的先入为主视角相反，伦理学是关于充满意义的人生关系的，而不是彼此相互孤立的个人的特殊动机、行动或结果。亲情是一种积极意义的羞耻感的来源，这种羞耻感使人可做到自治而无须外在强制，并且它在事先防范危害社会行为方面是有效的。这种亲情，而不是提出什么理性和原则性谋算的计策，在遇到困难案情时，提供了一种家庭和社会团结一致的组织构造，会在很大程度上在分裂行为发生之前阻止它。还比如，一开始就较好地屏蔽虐待配偶行为发生，而不是在事后才去解决令人不愉快的问题。

从历史延续的角度看，家庭是一种组织，它服务于代际传承的过程中的一条线路，延续地体现鲜活的文化传统。最终而言，人类的差异作为可推动多样性文化的资源，具有很高价值，但为了使得这些差异获得理解与生机勃勃，它们必须内涵一种共享与共同环境下的根本意义。家庭组织则是提供这一基础的。

最后，家庭，在强调待遇与责任、名分与义务的不可分割性之中，成为人类组织的典范，它可最有效地挑战无处不在的利己个人主义的意识形态。家庭教给人们相互依存的智慧，如一个好父亲之所以好，是由于拥有一个好女儿，因而，他做得更好是当他的女儿做得更好时。一个人懂得自己是根植于家庭关系之中的，它的直接含义则是，如果你家庭的其他成员茁壮成长，则你也会的；而且延伸出去，如果你的邻居活得较好，则你也会的。既不粗俗也不市侩，问题是一个慷慨性情给予的回报是你自己幸福。虽然这样一个"行事"（agency）观念衍生自亲情，但它也可直接运用到更高抽象层次的公司与政治实体上。

八、亲情对于自由个人主义

如果对这种稀薄的伦理很认真的话，那么一个主要问题是，无论儒家，当代哲学话语，对政治概念的理论化，都没有将家庭及其部分的关系，作为其管理组织的相应的类型，或者作为社会和政治秩序的范式来源。而且发达国家的很多公民，还有那些欠发达国家都市的精英，都同意自由主义社会和政府模式，基于启蒙运动将人视为自由、理性、自主的单个个体。但是，非洲、亚洲、美洲等世界上绝大多数地区的人民却并不是以这种个人主义的话语来定义自己的。他们对自己的理解是，大家都是根植于一个生态社会，有儿女、父母、夫妻、兄弟姐妹、表亲、其他家族成员、邻居，皆属于具体地理区域或宗教或世俗的社会，与之有着密切关系。在这些地区，除了西方化的都市优秀人才之外，大多数人会用一种更加密切的"儒家"语言来理解自己，而不是用启蒙运动和现代自由主义的说辞。从费孝通的"亲属关系的差序格局"到普什图瓦里（Pashtunwali）观念，道德伦理的义务以同心圆辐射开来的形式从家庭向社会，而且以类比方式向外部世界扩展。以家庭为中心，而不是以自由主义的价值观，作为大多数世界文化的主导的观念，任何有关新地缘政治的说辞，我们都必须抵制，我们自己文化的常识，它不是无视家庭组织，就是将其视为个例而搁置一边。在为不断变化的地缘政治秩序寻找出路时，如果我们真诚希望进行一场包容互鉴的跨文化对话，而不只是一场论战，那么谨慎的做法则是，即使家庭意义的话语不占据主导地位，也至少要允许它参与到对话中来。

九、德政与一种道德经济

我们如何激发亲情的动力，作为一种普遍的最低共同道德纲领来达到全球大团结？或许我们可以把目光转向德政及其道德经济。哈佛大学历史学家詹姆斯·韩金斯（James Hankins）在出版的专著《德性政治：文艺复兴时期意大利的灵魂术和治国术》中提出，文艺复兴人文主义的统一目的，是通过对其统治者的教育和精心培训期待社会的改善。这种主张是道德统治论，而不是特定制度或宪法模式促使文艺复兴的意大利出现好的治理与人类繁荣。韩金斯将其书名的"德性政治"追溯至古代儒家先哲们。在他的"结论"中，韩金斯引用了利玛窦（Matteo Ricci）在 1584 年给罗马的报告中的话："中国人通过他们的治国理政之道，竭尽全力，取得了如此辉煌的成就，以致他们将所有其他国家都甩在了后头。"一个多世纪以后，G.G.莱布尼茨在他的《中国近事》(*News from China*)一书中又呼应了利玛窦的观点，他认为，世界上有这样一个民族，尽管在我们看来，我们在各方面的行为都极其先进，但他们在理解领悟方面仍然超过了我们……他们在道德伦理和政治方面的格言依旧适用于现在的生活和人们的日常运用。

在剧烈的政治和经济动荡之后出现的不断发生变化的世界文化秩序中，德性统治者是否会出现作为角色典范并倡导家庭价值观为基础的道德教育？基于家庭组织的平等和多样性的儒家价值观，是否会成为对占据主导地位的热衷自主与简单平等自由主义价值观的挑战，并且成为有效应对我们共同面对的人类困境所需的那种"内在国家"关系观(intr-nationalism)的文化资源？亲情可以视作使社会人、道德人、宗教人的生命充分地生生不已活着的必要条件。在一个多民族各宗教更加交融的全球大环境中，重新建构21世纪的社会、政治与道德哲学，必须考虑到这一现实。人们可以重新领略跨代际关系在人与人之间的关系和相互作用中的重要性；我们可以正视另一种认识自己的方式；一个更强有力的社会公正概念可能会取代目前流行的狭隘定义；即使面对死亡与濒临死亡也可以以不同的方式对待。也就是说，更深入地探讨亲情在为新地缘政治秩序形成可发挥的最低共同道德纲领的作用，已是一项刻不容缓的哲学任务。

（原稿为英文，朴麒仁、田辰山译于2021年10月29日）
作者系国际儒学联合会副主席，北京大学博古睿讲席教授

创新中国服饰文化在国际文化传播中的作用

白庚胜

今天我们都是在一个共同的"敌人"威胁下"前进进"的，这个"敌人"就是全世界人民的共同敌人"新冠病毒"。它的确很猖狂，打乱了我们的生活秩序，比如我本月、下月的好多活动都被迫取消了。当然，我并非赤身裸体而来，而是因为奇寒穿了很厚的服装。

说到服装，2022年3月"两会"时，我在全国政协会议提交了一个提案，建议国家尽快制定一套国服为正装并颁布其制度，因为服装不仅是用来御寒，而且有象征、审美的功能。想不到此提案一出，成为2022年"两会"四大关注热点之一，三天内网上点击量达4300多万人次。看来，它还是很受人们认可的，特别是赢得海外华人华侨的认可，因为他们随时随地地感受到自己的华人华侨身份，需要有一定的形式表征，并以此唤起文化自觉，坚定文化自信，树立文化自尊，获得文化自豪，在多元一体的人类服饰文化大观园中，增添中华的芬芳。

我为什么要提这样一个提案？这是因为我曾经因服饰有几次有趣的经历。第一次是我在上大学时学校安排我接待外宾并要求穿本民族服装，但纳西族男性无民族服装，老师就拿来一套白族男装给我穿上，说反正你们两个民族差不多。第二次是我于 1987 年被公派留日，我带了一套中山装去看看究竟如何，还真有一件奇遇。由于时间原因乃属另一个主题，恕我这里对此暂且不表。

第三次是我于 2015 年在中央党校省部级领导培训班学习。一天，学校通知我们去大礼堂开会，被叮嘱穿上正装。什么是正装？由于正处在面向世界、与世界接轨时期，我和同学们都不约而同地穿了西装前去。第四次是前几天我们参加纪念辛亥革命 110 周年大会，又要求我们穿正装。我想今天的正装当是中山装了吧？打电话一问，不是，应该穿西装！

这几件事让我很纳闷：中国服饰怎么啦？除了舌尖上的、京剧里的、书法里的中国外，我们还有没有建筑里的、服装里的中国？什么是正装？一说唐装是唐代的，马褂是清代的，旗袍是满族女子服饰，中山服虽叫中山服，却源自英国工装、转销于日本学生服。我们民族在近现代怎么连服饰都显得那么没有个性？那么没有自信？我们在历史上不是有棉丝的原产地又有皮毛作补充吗？不是有发达的染色技术与剪裁工艺吗？不是曾经出现过霓裳羽衣、锦绣天下吗？

在它的另一方面，我国唐代的男女装被改造成了和服，明服也通过《大长今》而得知被改变成了韩服或叫朝服。不久前，越南正在致力于将旗袍演化成的奥黛申报为世界遗产。

我提交这个提案后，便接待了许许多多与服装有关的企业家、投资者、学者、专家、传媒人。他们有的出于好奇，有的试图参与其中。我也接到一些反馈：这不是又回到千人一面、一片灰装的时代？那么多的民族服装怎么办？作为现代城市风景的流行服将被代替？害得我不断解释：国服的制定是国家行为，不可随意介入，它有极强的政治象征、文化内涵、美学特征、工艺技术，只有顶层主持、组织、设计、推广，才能保证其严肃、规范、经典、科学，代表国家形象，体现民族精神，顺应时代与大众需求；国服它不排斥服饰的多元化、个性化、生活化，只是高于民族服、行业服、流行服、生活服，也不否定西装作为世界性的服饰语言存在、使用，只在国家典礼、国际交往当中使用，要体现的是超民族、超地域、超行业的国家精神、气质、力量、魅力。

我总觉得，国服制定及其制度颁定，有利于国家形象塑造，以及国家认同、精神内聚、力量外化，起到唤起文化自觉、树立文化自尊、张扬文化自豪、坚定文化自信的作用，无疑将是一次中国人社会生活的空前革命，让人通过服饰审美，重续中华服饰文化血脉，重振中华服饰产业雄风，为人类服饰文明贡献当代中国的智慧，为人类命运共同体建设提供中华民族的经验。而且，它的经济效益亦将十分巨大，仅14亿人的需求，就将育成无穷大的市场，仅以成人每人一套计算，都会带来每年数万亿元人民币的收入，对拉动国民经济的繁荣发展贡献力量，凡棉花、蚕桑、皮毛、化纤等种植、养殖、生产业自不待言，颜料、印染、纺织、设计、剪裁等加工业也都必然勃发，有关国服的贸易、表演、交流、教育、研究，更将是国人当代物质与精神生活的热点所在。

制作国服及颁定制度在我国有悠久的历史，并非空想所致。从伏羲、黄帝、炎帝等开始，中国历史的各个时期、历代王朝，都根据自己的政治需要，按原料、款式、色彩三大要素确定自己的服饰及其制度，通过建立服饰秩序来强化社会秩序，让人们对对方的民族、职业、行业、等级、官阶等属性与个性一目了然，从而有利于社会政治统治、统摄社会力量。可见，服饰三要素已经受到包括社会发育程度、技术发展水平、文化内涵积淀、哲学象征意义、形象塑造功力、色彩审美传统等力量的支配，并作为对它们的组合与再组合，把服饰的实用功能、区别功能、象征功能、美化功能发挥得淋漓尽致。

制作国服并颁定其制度有此必要。目前，西服成为全世界性的正装。但是，无论在亚洲、非洲，还是拉丁美洲，仍有许多国家与民族在承认西服为共同服装的情况下仍保留有自己的服饰文化传统，即使日本、韩国这样西化严重的东亚国家，也在国家与民俗大典上以本民族服装为正装。

今天的中国，国力空前，人民生活殷实，国际空间异常广阔，国际活动十分频繁，国酒、国茶、国画、国戏、国药、国乐、国舞、国技、国食、国学等精粹都在纷纷走向国外，进入当代世界的中心，国服也应运而生、精彩亮相，成为中国文化走出去的一种载体、一种符号，成为中华民族与人类文明相交流的一种语言、一种途径，正如舌尖上的、建筑中的中国那样，让世人从中看到不一样的中国形象、中国精神、中国气派、中国魅力。

制作国服主要还在于国人都有这种需求。我们就是要去不断满足人民群众对包括服饰在内的美好生活的追求，特别是让那些在海外学习、工作、落地、生根的华侨华人能够身着国服，心向故土，情系中华，自立于世界优秀文化之林，同时让锦衣华服从往昔的宫廷、贵族走向世俗、美化人民、服务生活。一旦国服的物质与精神、生产与需求达成完美的统一，那么其经济效益、社会效益、美学效益将释放出难以想象的能量，推进我们的社会主义物质文明与精神文明的健康发展。

可以料想的是，只要有此慧眼、有此高度、有此胆略去认识国服、投入国服、开发国服、制定国服、颁定国服制度，随之而来的将是对它的无穷拥有、无限享受，同时也包含无尽责任。在我的预想中，一场整理五千年各民族服饰史的大幕将由此拉开，真正意义上的中国服饰文化学将从此闪亮登场，具有中国特质、气派的中国当代服饰创意及制作将不择地而出，立足中国、统领全球的服装大国将由此崛起，国服所引领的服饰收入将是中国年度 GDP 重要的源泉，国服对有关服饰原料生产、加工、利用技术及标准制定、商贸行为、市场运作、管理规范的催化将难以估量，国服对服饰业本身及相关产业、事业、行业的示范与拉动将令人激动，对国民生存方式、生命行为、生活质量、审美品位的提升与优化也无与伦比。

这就是物质加精神的力量。这就是文化的魅力。

作者系全国政协常委、中国作家协会副主席

法中文化之交汇与调解之意义

［法］白乐桑

大家好，今天很高兴参加北京师范大学中国文化国际传播研究院第十二届年会，即"路径与方法：提升中华文化影响力"的国际研讨会。我的题目是"法中文化之交汇与调解之意义"。

先讲调解（mediation）这样一个概念，"调解"（mediation）是在教育、翻译、跨文化等领域都存在的一种言语行为（speech act），通过中立第三方的干预性介入（interventional engagement），对当事双方或至少一方动之以情、晓之以理，从而破解僵局，化解冲突，消除误解，达成和解，促成理解，建立或重新建立关系。

另外一个就是大家所熟悉的接受理论，其中一条是接受美学作品的关键是从受众出发。法国古典时代著名文学评论家圣伯夫（Sainte Beuve）说："最伟大的诗人并不是创作得最多的诗人，而是启发得最多的诗人。"接受理论创始人姚斯（Jauss）认为，一部作品，受众还没有欣赏之前，也只是半成品。

中国语言文化走出去是中国国际汉语教学推广政策的重要战略，可要突出强调的是走出去的关键在于引进来，在于对方特殊"气候"、背景是否有利于引进来。总而言之，走出去的关键也在于媒介、中介、调解。

法中关系源远流长，两国有着特殊交流关系，自从路易十四时代以来，两国之间的文化交流就具有独特性。中法文化的亲密交融是由哪一些背景和条件产生的呢？本文从历史、政治、意识形态、思想文化、教育、社会生活等方面，结合自身经历，辩证地介绍分析中法文化的许多相似点和不同之处，探讨语言与民族特征之间的关系。

法中文化的相同与不同能作为从科学认识论的角度研究中法对外汉语教育史的一个基础。文化在交流中传播，客观辩证地看待法中文化的异同，从历史和发展中汲取经验和教训有助于不断加深认识，提高语言文化素养，提高换位思考能力，培养跨文化意识。

"中国人是亚洲的法国人"，这是在法国不知何时传下来的说法，即使会有一些刻板印象的色彩，可是还是反映出一定的道理。19世纪学贯中西的大学问家辜鸿铭在《中国人的精神》中说过，"世界上似乎只有法国人能理解中国和中国文明，因为法国人拥有一种和中国人一样的非凡精神特质"。回顾一下中法关系的历史的几点事实会帮助我们理解辜鸿铭的名言。

20世纪70年代末中国开始改革开放，首次文物出国展览第一站选择巴黎。另外，法国总统马克龙2018年1月对中国进行国事访问的第一站选择西安，这也反映了两个国家之间的关系特质以及一种传承。

古法语真正用于官方文书始于13世纪初，法语的民族性地位因而得以巩固。16世纪，文学界提出统一民族语言的主张，促进了法国民族语言和民族文学的发展。16世纪末，法国规定今后的公证文书必须使用法语，以取代拉丁文。不久之后，法国以规范语言使用为宗旨，创立了法兰西学院。这样一来，法国建立了一套现代意义上的语言政策。《阿斯特雷》(*l'Astrée*)是杜尔菲(Honoré d'Urfé)创作的田园小说，也是西方文学史上第一部长篇小说，标志着法语是具有一定影响力的文学语言。

法中情缘是从康熙年间开始，非常重要的事件是路易十四太阳王派遣五位数学家于1687年7月23日靠近宁波港，1688年2月8

日来到北京，3 月 21 日面见康熙。这几位学者被称为"国王数学家"，他们带来了三十多部科学仪器，献上药给康熙，治好了他的疟疾病。他们的贡献包括参与绘制中国历史上首张全国地图，也跟康熙进行了严格意义的跨文化对话。康熙皇帝赠送了一些中国古文献，这为之后成立的法国汉学提供一定的帮助和珍贵的资料。在此之后，马若瑟神父因受当时在法国很流行的破尔洛瓦雅尔理性主义语法学学派的影响，坚决不愿意把汉语归结为我们语言体系之中，明确主张以比较独立的眼光分析汉语，写出了第一部科学的中文语法书《汉语札记》（*Notitia Linguae Sinicae*）。

　　沈福宗、黄嘉略和马建忠都是汉人，同时也是调解者。这三个中国人都是当时的天主教信徒。第一位是沈福宗，他 17 世纪末来到欧洲。他是第一位到西方国家的中国人，娱乐时事刊物《优雅信使》报道了年轻的沈福宗在凡尔赛宫见了路易十四国王，并与他进行了跨文化对话，回答了国王很多问题，并在国王面前表演中国人怎样用毛笔写汉字、怎样用筷子吃饭。这份报道，整个欧洲知识界都能接触到，从而获得一定信息。第二个中国人作为一个调解者，是黄嘉略，也是一个天主教信徒。他定居法国，娶了一个法国太太，开辟了非宗教色彩的汉学，因为他培养了与教会无关的两个弟子费雷莱（Fréret）和傅尔蒙（Fourmont）。所以，在一定程度上，黄嘉略是专业汉学的根源。另外，黄嘉略与法国著名思想家孟德斯鸠（Montesquieu）进行了几次对话，法国大革命前夕一些著名思想家也获得了对中国社会的重要信息。第三位调解者是 19 世纪在上海徐汇公学学的法语、拉丁语、语法学和哲学，后来到法国读法律的马建忠。他回中国以后写了《马氏文通》，这是第一部中国人写的汉语语法书。由此看来，耶稣会传教士是重要的调解者，尤其是法国耶稣会士写的《耶稣会士信笺》，有了他们才创造出第一个在外的全面的中国的形象。

　　18 世纪有一个重农主义学派在法国影响力比较大，18 世纪晚期非常流行，是最早较为完整的理论，以法国佛朗索瓦·魁奈

(François Quénet)为代表，亚当·斯密(Adam Smith)和马克思深受其影响，重农学派的经济理论认为，国家财富的根本来源是土地生产以及土地使用。法国是第一农业国，农业用地占全国面积 53.2%，法国的美食文化地位比较高，法式餐桌艺术被列为联合国教科文组织非物质文化遗产，这些与中国农业的地位及中国饮食文化的地位非常相似。

回到学术界、教育界，历史上有一个非常著名的调解者，他是全球第一位汉文教授，他是个中文自学者，叫雷慕沙(Rémusat)。因为法兰西工学院 1814 年年底创立了第一个汉文教席，由雷慕沙担任。他跟欧洲学界介绍、对谈中国语言文字的特殊性。

仔细观察分析法国 18、19、20 世纪的文学中，诗人扮演了重大的调解者角色。如著名诗人戈蒂埃的女儿朱迪特·戈蒂埃(Judith Gautier)，她的《白玉诗书》为传递中国文化及中国诗歌的风格做出了巨大的贡献。

另外一个富有调解意义的现象是哲学与汉语的交汇。一些中国启蒙运动的思想家，把中国作为他们进行思想及思想投射的长久之地。另外，法国汉学家当中，有相当一部分主修哲学和汉语两个专业。法国高中毕业班哲学被列为重要科目之一，哲学与汉语的交汇反映了这两门学科是具有好奇心和猎奇共性的学科。

以上列出的那些事实背后反映了一个普遍的道理，就是偶然性是不存在的。接下来，不得不提勤工俭学主要目的地是法国，大家都知道 1912 年 11 月孙中山创立的同盟会元老李石曾先生倡议帮助中国学生赴法勤工俭学，得到各方认同。1919 年年初到 1920 年全国先后有 18 个省 1600 多名中国留学生去法国勤工俭学。这些学生中，有向警予、蔡和森、赵世炎，还有周恩来、邓小平等一批党和国家领导人。

偶然性是不存在的，作为重要政治国家，法国是西方大国中最早跟中国建立外交关系的，1964 年中法建交，被誉为"外交核爆炸"。当时戴高乐总统说过一句话，"今后应该有更多法国人学习汉语。反过来，也应该有更多中国人学习法语"。到了最近几年，中法两国进行了几次语言政策会谈。中法关系源远流长，两国之间的镜子效应需要深入研究。

作者系法国国立东方语言文化学院教授、法国国民教育部原汉语总督学

同在一片天空下——以艺术构建人类命运共同体

吴为山

"在世界之中：中华文明的主体性"这个论题①，我以为关键是要通过中国与国外相互平和交流、对话，阐释中国文化的价值，获得彼此了解、理解，影响力会深入、持久。艺术的交流是更为广泛和有效的，艺术作品中所蕴含的历史、文化、情感及审美，往往是一个民族的根本价值所在。艺术作品的美及其创造智慧，则常常是超越国家、民族，成为人类共同的财富，就这一点而言，艺术是构建人类命运共同体的重要纽带。

因此，我今天发言的题目是：同在一片天空下。题目产生的缘由有两点：一是人类的生命本源是共同的，最终理想亦是共通的；二是我创作了许多雕塑作品，所表现的东方圣人或西方大哲，都可以在不同国度的天空下展开文明对话。

两千多年前的轴心时代，东西方不同区域的文明虽横亘千山万水，但几乎同时"获得了全人类所具有的共同的东西"，从此人类被"一个共同的起源和目标"联结在一起。如中国的孔子和古希腊的柏拉图近乎同时提出了大同思想和理想国，二者都旨在寻求建立一个有序、和睦、公正的社会，

---

① 本文系北京师范大学中国文化国际传播研究院第十一届年会论坛上的发言稿修改而来。

让我们看到了即使处于不同文明环境中的人也怀有相通的初心和目标。

基于这样的初心，世界不同地区的人们也早已开始了交流互鉴。公元前 139 年，张骞冲破汉朝与西域的阻隔，从此开辟了丝绸之路的千年繁盛；千年之后的 1405 年，明朝的郑和抱着"怀远以德"的观念，扬起和平的风帆，拉开了七下西洋的序幕。这一缔造了世界航海业发展里程碑的壮举，改进了国内生产，开拓了海外贸易，传播了中华文明，厚植了"一带一路"的文化底色与民心基石，书写了中国同其他国家友好交往的千古佳话。1492 年，意大利探险家哥伦布横渡大西洋，发现了美洲大陆；郑和下西洋后的 1497 年，葡萄牙航海家达·伽马开辟了由大西洋进入印度洋的航路；16 世纪初，葡萄牙航海家麦哲伦进行了环球航行，加速了世界连为一体的进程……人们不断打破地理的限制进行科学探索与人文交流，促进了人类文明的发展与进步，也越来越凸显出中外圣贤提出人类最终理想的必要与必然！

2012 年 11 月，习近平总书记从顺应历史潮流、增进人类福祉出发，提出推动构建"人类命运共同体"的倡议。这是一种以应对人类共同挑战为目的的全球价值观，其源于中华文明历经沧桑始终不变的"天下"情怀；源于中国文化"以和为贵"的和平思想；源于华夏民族"己所不欲，勿施于人"的处世之道；源于中国人民"穷则独善其身，达则兼济天下"的价值判断……"人类命运共同体"不仅包含中华文化薪火相传的重要基因，而且是对以往全人类文明发展经验的总结和推进。它超越了种族、文化与国家的界限，为思考人类未来提供了全新的视角，反映了世界各国人民的共同愿望和心声。特别是在今天，"人类命运共同体"倡导的文明对话，更彰显出其重大价值所在。

作为一名伴随着中国改革开放而成长起来的艺术工作者，我的经历和经验让我格外深切地体会到，人文艺术交流在国家与国家、民族与民族、人民与人民之间进行对话时，具有不可替代的作用。

用艺术和美进行对话，不仅是一种艺术创作的态度，而且是一种向世界展示民族文化的行为。如果把民族特色和世界潮流结合起来，积极运用创新的话语表达方式和精心构建的话语体系推进文化的传播，就能大大增强文化的吸引力和感召力。从 1985 年，我为家乡盐城创作了表现新四军东进的大型雕塑《东进》，36 年来，我创作了 600 多件古今中外人物雕塑作品，从表现中华历史人物到以文明对话为主题的创作，用中国艺术的写意精神来阐释构建"人类命运共同体"的理念。文明对话，语言是方式，艺术是载体，而透过这些方式与载体，可以看到其本质是心灵，是精神，是人类对真、善、美的永恒追求。随着我的雕塑作品在世界多个国家落成，它们也成为一个个精彩的中国故事，将艺术想象的"对话"延伸到现实的文化交流活动中，表征着当代中国的"对话"意愿和"对话"能力，折射着不同文明、不同人民之间情感的融汇、思想的互动和价值的共鸣。

首先，我谈哲学家之间的对话。2021 年 9 月 16 日，我创作的青铜组雕塑作品《神遇——孔子与苏格拉底的对话》在希腊雅典的阿果拉广场隆重揭幕。在爱琴海的阳光下，苏格拉底与孔子形神相遇，两尊沉甸甸的青铜雕像分立西东，面向彼此。苏格拉底身着古希腊经典装束，侃侃而谈，孔子温文尔雅，满面春风，二人共同向世人讲述作为东西方文明发祥地的两个古老国家——中国和希腊之间思想火花的碰撞的故事。卫城山脚下的阿果拉广场，是雅典古市集遗址所在地。雅典古市集是希腊城邦时期公民的重要社会活动场所，当年苏格拉底就经常在此演讲、辩论，向世人展示深刻的哲思与有趣的灵魂。将一尊出自当代中国艺术家之手的雕塑立于此学术思想与商业文明交汇、哲学精神与历史文化碰撞的核心场所，一方面，体现了希腊政府和人民对雕塑创意的认可、对孔子的认可和对华夏传统文化的认可；另一方面，更反映了他们对新时代中国的认可，对中希文明互鉴的认可以及对人类命运共同体理念的认可！孔子与苏格拉底在艺术创作中的相遇，成为中希文化旅游年的重要标志，其创意完成了历史上的不可能。

其次，谈诗人之间的对话。2021 年 7 月，我的雕塑《心灵之门——塔拉斯·舍甫琴科与中国诗圣杜甫对话》于乌克兰驻华大使馆落成。此雕塑的原型曾于 2017 年隆冬立于乌克兰首都基辅市中心。作品形如两本翻开的书页，又像是两扇正在打开的门：一边是中国家喻户晓的诗圣杜甫，另一边是乌克兰人民心中的英雄诗人舍甫琴科。两位来自不同国度的伟大诗人，共赴跨越千年的心灵之约，在中乌文化之间展开灵魂的对话，体现了"既要肯定自己，也要向他人学习"是人类进步阶梯的中心思想，同时也发出了"安得广厦千万间，大庇天下寒士俱欢颜"的诗人咏叹。

最后，谈艺术家之间的对话。2020 年 1 月，雕塑《超越时空的对话——达·芬奇与齐白石》立于意大利达·芬奇博物馆。达·芬奇是渗融着科学与艺术精神的智者之相，齐白石有飘逸朴拙、独立苍茫的仙骨之神。二者同置于一个对话空间，恍惚于梦境中，依稀于宇宙间，一西一中，一左一右，虽是青铜铸就却俨然拥有鲜活的灵魂，仿佛两株扎根于不同文化土壤而长成的参天大树，阐释了不同文明的互补，才是人类社会发展平衡的条件。达·芬奇的写实与齐白石的写意，以不同的审美视角和表达方式表现了对世界的认知，他们的对话超越时空，也充实这个世界的美好，所以，齐白石不用护照，不用讲意大利语，也成了深受意大利人民喜爱与尊重的中国老人。

我以孔子问道于老子为主题而创作的雕塑《问道》，也应邀落成于欧洲、美洲、亚洲多个国家。如立于法国塞纳河畔巴黎中国文化中心的《问道》，孔子和老子以身作则，体现了中国向世界学习的真诚态度，告诉世人只有将问道、传道相结合，才能产生世界范围内的广泛对话，才能增进了解，共谋发展。巴西库里提巴市为了能让孔子像永立，还将市政广场正式更名为中国广场。韩国于 2006 年将以我创作的老子、孔子为代表的一批中国贤哲雕塑集中于釜山仁济大学，建立了吴为山雕塑公园。

文明对话，要深入研究不同受众的文化传统、价值取向和接受心理，因地制宜、因人制宜。这是基于每一种文化的普遍价值和特殊价值皆能得以共存之平台而展开的价值的双向交换过程，也是推动人类文明进步和世界和平发展的重要动力。展望未来，我认为应当从以下几方面加强联系，促进往来。第一，多办展，用艺术经典增进相互了解与相互尊重；第二，多研讨，通过思想碰撞、交融，形成共识；第三，让网络交流常态化；第四，加大文化经典相互翻译的力度。

上述皆属文化交流。而交流贵在于三个"一"：一张脸，一颗心，一个魂。一张脸，是指民族、国家的文化特征；一颗心，是彼此坦诚、真挚、温厚之心；一个魂，是共同珍爱、维护世界和平之魂。只要我们大家面对面，心连心，平等、平和地对话，就能在同一片天空下，有我们的作为！

尊敬的各位朋友，老师们、同学们，北京师范大学是一所有着深厚历史和优良传统的著名学府，学高为师，德高为范，师范二字是闪亮的航标。黄会林教授的师德和才学是我们学习的榜样，我为她的人格和工作的热情所感动。2019 年，我在京师学堂接受以她名字命名的"会林文化奖"，这是对我的激励。北京师范大学中国文化国际传播研究院年会论坛今年已是第十一届，祝福大会论坛越办越好！

作者系民盟中央副主席、中国美术馆馆长、中国美术家协会副主席

《新中国之歌》及其中国故事的国际视角

蒋为民　张泽琦

2019 年以来，全世界遭遇疫情危机。在疫情期间，上海温哥华电影学院接过了接力棒，成为"看中国·上海行"的承办方之一。两年内共创作了 18 部优秀短片，从多个维度展现立体、多元的上海城市风貌和动人的中国故事，彰显了卓越的大国风采与文化自信，让世界看到了更加真实鲜活的中国形象。

在我深度参与"看中国·上海行"的过程中，对"看中国"活动的意义有了更深的认知和思考。当实践的步伐迈出了现有理论的边界，就会反转成为理论创新的来源。① 本文将以我的实践经历为依据，从主题、表达、形式、传播四个角度探讨近两年"看中国·上海行"活动中不断涌现的新内容、新方法对当下中国故事进行国际传播的启发意义。

一、主题先行：求同存异的题材选择

"看中国·上海行"采用主题先行的方式在具

---

① 刘江凯：《纪录片影视教育的跨国协同实践创新——"看中国·外国青年影像计划"的启示》，载《当代电影》，2018(10)。

体实施上给外国青年导演画定了相对的主题框架，确保对外宣传的政治正确性，表达了中国希望构建中外友好关系的美好愿景。但是中国故事的国际传播想要顺利达成信息的交流和传递，必须使中国创作者和他国观看者之间形成顺畅的关系，即两者站在同样的立场解读问题。因此，"看中国·上海行"在最初的主题选择上就倾向于以外国人的思维模式为基础来确定选题。

一方面，关注具有共同价值的通识性议题，搭建双方互动沟通的桥梁。如火爆全网的短片《新中国之歌》，即聚焦战争与和平这一历久弥新的宏大议题。不论何时何地，被压迫人民的反抗与斗争持续存在，令人振奋激昂的故事将持续激励着世界各族人民。另一方面，寻觅与众不同的中国现象，迎合外国受众的猎奇心理。短片《田野直播间》《我想有个家》《隔代带娃》就分别关注了直播带货、中国式相亲、隔代带娃等在外国人看来的特殊现象，从微观的角度将当代中国社会的百变姿态展示给外国友人。

二、表达主体：留学生的"他者"视角

谁来讲"中国故事"有两个维度：一个是"自我陈述"，涉及"讲什么""为什么讲"，以及"如何讲"的问题；另一个是"他者叙事"，涉及这个"他者"是谁，还涉及"他者的目光"如何凝视中国，"他者的思维"如何思考中国，"他者的话语"如何讲述中国。[①] 两者在中国故事的国际传播中长期存在，共同勾勒出外国人眼中的中国形象。长期以来，我国站在国家机构和官方媒体的立场上进行国际传播，着力于表现一个正在崛起的强大国家。然而这对异邦来说是一种压力，常常遭到偏见和抵制。

近年来，国际传播的视角逐渐向他者靠拢。"看中国·外国青年

---

① 王鑫：《从自我陈述到他者叙事：中国题材纪录片国际传播的困境与契机》，载《现代传播（中国传媒大学学报）》，2018(8)。

影像计划"以外国青年的视角凝视中国，正是希望通过他们的话语逻辑和思维体系，发现中国的别样魅力，将他们眼中真实的中国传递给世界。这种以个人为主导的讲述，更能触发人们的情感共鸣，有利于消除偏见、误解。近两年的"看中国·外国青年影像计划"将参与主体锁定为在华外国留学生。留学生的视角既根植于母国的思维逻辑，又对中国文化了解颇深，往往能够注意到常人忽略的地方。他们镜头下的中国客观、真实、深入而又让人喜闻乐见，以《新中国之歌》为例，短片的导演克里斯蒂娜在中国留学八年，而短片的创意来源、指导老师奥黛已经在中国居住了十年。她们热爱中国文化，并愿意为之付出热情，所以在偶然之中找到了这个故事。短片以平静的口吻陈述了中国国歌那段不为人知的故事，遂与观看短片的外国受众达成共识——她们只是将自己感兴趣的中国故事讲给他们听，不带有任何说教色彩。

三、叙事形式：与时俱进的趣味创新

近两年的短片不仅从内容上有所进步，而且形式上的突破非常显著；不仅增添了短片的趣味性和通俗性，而且将青年导演的创意、巧思，以及与时俱进的超前眼光展示给世界，促进了中国故事的国际传播。

"看中国·上海行"充分利用动画形式丰富纪录片内容，拓展了叙事时空。《一条船上的人》在开头使用动画生动形象地回顾了导演从家乡来到中国的过程，补充了镜头无法拍摄的部分内容；《酱油的故事》在融合相关影视资料的基础上，使用定格动画讲述了酱油在中国诞生、流传的历史；由于没有充足的影像资料，为避免历史细节和古老影像的枯燥感，《新中国之歌》全面采用了定格动画技术，使历史资料灵动起来，以全新的方式为观众生动形象地展现了那段风云往事。

另外，外国青年导演亲身体验、了解中国文化的过程本身就是一件趣事。《花糕》记录了外国导演跟随花角村师傅黄阿姨学习制作花糕的全过程；《中国保安——家园的守卫者》更是使用了近年来大为流行的视频网络日志（vlog）形式，短片中外国导演化身中国保安体验一日保安生活，以第一人称视角拉近了观众与拍摄对象的距离，挖掘了纪录片呈现的新方式。

四、传播渠道：短视频的年轻态传播

近年来，屡屡成为爆款的短视频以年轻化的语态、样态成功打入不同国家、文化背景的年轻观众的圈层，在 TikTok、YouTube、Twitter 等平台掀起一轮轮中国热，形成了国家形象、民族文化价值与主流市场相互重合的国际传播新局面，为我国国际传播能力的提升和传播融合创新提供了新的思路。

2020 年"看中国·上海行"共推出 12 部短视频，全球浏览量达 3.2 亿次。2021 年推出 8 部短视频，全球浏览量达 5.5 亿次，其中，《新中国之歌》在海外传播覆盖了全球 161 个国家和地区，包括美联社、法新社、俄塔社在内的三大海外主流媒体以及 40 家以上的著名媒体。相比于传统的传播形态，碎片化的短视频内容更富感染力，更加关注年轻群体的审美趣味，易于跨越文化间的樊篱，被国外年轻人所理解和接受。

五、结语（思考）

当下中国对外文化交流和传播仍然存在着严重的"文化交流赤字"，与欣欣向荣的美国文化输出形成鲜明对比。讲好中国故事、向世界说明中国不但是政府、媒体的责任，而且是我们每一个中国人的责任。

感谢"看中国"活动给予我们这样一个机会去向世界讲中国故事。

就活动本身而言，外国人第一次接触中国故事、拍摄短片的体验过程其实就是一部动人的纪录片。外国青年导演在亲身体验的过程中深入了解中国文化，在与被拍摄对象沟通的过程中达成了情感共鸣。活动中的年轻导演们已经体现出全球发展和人类命运共同体命题中一种弥足珍贵的文化担当和自觉意识，其在国际传播中的多种创新探索，也将逐渐内化为中国的国家形象和文化价值观，在全球的竞争格局中释放更多能量。

第一作者系上海温哥华电影学院执行院长，第二作者系上海大学上海电影学院电影学专业硕士研究生

"谐实力"：重新思考文化和全人类文明未来

[德]大卫·巴拓识

　　文化可能是当今世界政治和发展中被严重低估的术语之一。造成这种情况的原因是多方面的。日常生活中，人们常把"文化产业"①（culture industry）产品与文化混为一谈。即使在学术讨论中，我们也经常发现人们使用该术语时并没有给出一个定义，或者是对其范围理解过于狭隘，或者对其概念的界定非常模糊和不清晰。这个术语使用很频繁，但很少有人试图给一个明确的定义。对文化的定义大多都在概念的内涵或外延上存在一些缺陷。如果仅是笼统地使用"文化"一词，如"西方文化"，或用于专指某种文化，如"战略文化"，那么对于解释文化的实际含义并无益处。

　　可以注意到，人们越来越看轻甚至是漠视文化对建设和平的作用，尤其是在那些喜欢单边未来的有影响力的外交和政治圈内。人们似乎完全忘记了卡尔·弗里德里希·冯·魏茨泽克（1912—2007）的"世界内政"（Weltinnenpolitik）思想。不过，只要有正确的文化概念，就可以使它复活。

---

① Regarding this Famous Term by Theodor W. Adorno（1903—1969）See the Summary in Richard Klein，Johann Kreuzer und Stefan Müller—Doohm，Hgg. 2011. Adorno—Handbuch. Leben - Werk - Wirkung. Stuttgart：J. B. Metzler，12，13，255，278，etc.，especially 279："在霍克海默和阿多诺看来，文化产业的产品作为娱乐和无害的消遣被提供，实际上不过是社会控制的强大工具。"（本文作者从德文段落翻译而来）

　　然而，目前的情况似乎恰恰相反。由于对文化概念的范围的理解过于狭隘，文化外交仍被不少人视为是一种可有可无的点缀。在一个充满"现实政治"（realpolitik）的世界里，它似乎无足轻重。我们可以看到，文化总是和一些前卫的艺术作品或者是一些俗套的事物相提并论。① 文化对经济发展的创造性价值正在逐渐被一部分人所理解，但不是所有人。

　　文化经常被错误地与"软实力"（Soft Power）混为一谈。"软实力"的概念真的有助于我们理解文化吗？"软实力"一词的原创者们创造该词的目的是想利用它改变别的国家的思想和生活方式、思维方式和消费方式。换句话说："软实力"的本意是作为军事威胁和经济压力补充的非暴力征服形式。这个词的发明者约瑟夫·S. 奈（Joseph S. Nye）非常清楚地表达了这一点："当你能让别人欣赏你的理想，想要你想要的东西时，你就无须花气力在大棒和胡萝卜上，就能让他们朝着你的方向前行。"②这个词本身是有问题的，因为它根本不包含文化交流的意味。它的意义是单方面发挥影响力。为了避免误解，中国可以将其寻求在全球范围内在共赢基础上进行文化交流的尝试称为"谐实力"③（Harmonic Power）并加以普及。谐实力意味着要研究一种新方法，在互惠互利的基础上建立一个多极世界秩序。我们下面将探讨这种方法。相对于这种新方法，上述各种情况和方法实际上都未能发挥文化的潜力。我们必须重新思考"文化"！

　　为更好地理解谐实力，我们必须以一种全新的方式审视文化一词，并将其作为未来国际化多极发展进程中文化交流的理论和实践工具。那么，什么是文化？它与国际化有何关系？我们是否也必须重新考虑"国际化"？

---

　　① 当然也有例外。

　　② 参见 Joseph S. Nye, Jr. 2004. Soft Power. *The Means to Success in World Politics*. New York: Public Affairs, X。

　　③ 本文作者首先使用该名词，之前相关的论文参见：［德］大卫·巴拓识：《和谐的力量：为什么中国不会威胁世界》，载《国际传播》，2017(5)；David Bartosch. 2019. "Harmonic power of the New Silk Roads." chinadaily. com. cn，Opinion/Featured Contributors。

每个合理的概念都应有明确界定的概念内涵和外延。在我看来，首先，一个可行和有用的文化概念应该从人类生活本身着手，我们甚至应该可以根据这个概念来定义人类本身。其次，这个概念应该涵盖广泛，不是错误地把文化简单归结为美术和美学作品，而是要广泛得多，普遍得多。它应该把文化视为中心而非边缘化的存在。（德语文化哲学提出的文化的概念范围更为广泛，这是一个好的发展方向。）再次，新概念应使我们能够清楚地区分文化习俗和不属于文化层面的人类生活方面。最后，同样重要的是，我们的概念应该在各种社会制度的传统下都通用，也就是说，它不能仅仅根植于一个背景（如欧洲背景），而必须同时可以与中国、南亚、西亚、地中海、欧洲、撒哈拉以南的非洲等地的环境相关联。

关于最后一点，我想先从文化的多元文化根基开始，追溯文化一词在古罗马、中国和印度的起源。英语"culture"一词源自拉丁语"cultura"，是由哲学家和政治家西塞罗（公元前 106—前 43 年）引入古罗马的。但西塞罗从未单独用过这个词，他总是将它与"anima"一词结合起来使用，"anima"意思是生物的"赋予生命的原则"或"赋予活力的原则"。拉丁词"cultura animi"（"陶冶心灵"）由栽培植物（agriculture）引申而来。"cultura"的意思是"种植"[①]。种植农作物和其他可食用植物意味着提高植物的质量，提供和完善人类生命能量。西塞罗认为哲学是培养生命力和激励的原则。这是罗马最初的培养身心的隐喻。

在西塞罗之前的许多世纪，孔子用植物生长隐喻通过学习和自我修养实现自我提升和完善过程。[②] 尽管生活在不同的历史时期，但孔子的全面学习理念与西塞罗在罗马后期提出的"文化"一词的含义是基本一致的。此外，《易经》里也有类似的对文化的诠释。《易

---

① 英文"to grow"本意与植物生长有关，指的是"to become green"（变成绿色）。
② 参见《论语·子罕》，"子曰：'苗而不秀者有矣夫！秀而不实者有矣夫！'"在另一个系统性的平行意义上，植物生长的隐喻也可以在希腊化时代的新柏拉图著作中被找到。

经》中有一段文字提到现代汉语中"文化"一词中的"文"和"化"两个汉字。① 文中指出，星辰的有规律的运行，即"ornaments of heaven"（天文），进一步呈现为"embellishments of the human being"（人文）。② 仰望天空并认识到其中的美妙和规律性，人类开始完善自身和自己的生活方式。

这为我们提供了符合形势要求的文化的基本概念内涵："文化"③意味着提升、完善、自我完善，甚至最优化（refinement，perfection，self-perfection，and even optimization）。可以说，文化有"变得更好"的意味——因此，它是过程性的。从这个意义上说，文化实践，即"人文"（embellishments of the human being），是伴随人类历史的一个基本的惯常存在。文化对人类有强大的影响。因此，《易经》很早就已经隐含地表达了对文化的理解。我们也可以从古印度寻求对我们界定的"文化"的概念内涵的支撑：古代梵语单词"saṃskriti"字面意思是"提升"，这和我的定义一致。而在印度的主要语言之一印地语及其他印度语言中，这个词都被直接翻译成英语"culture"一词。

既然我们已经可以把文化的概念内涵直接与人类生活关联起来，那我们不妨进一步把人重新定义为一种文化生物。进行提升、完善、自我完善，甚至最优化，一直以来都是人类生存和社会制度发展的基石。但是，我们如何区分人类生活的文化和非文化元素呢？文化可以涵盖哪些范围？也就是说，文化的概念外延包括哪些？首先，所有文化都是关于提升、完善、自我完善，甚至最优化的，但是（请注意！）并非所有提升、完善、自我完善、最优化的事物都可以称为文化。为了说明这一点，需要引入我们的文化概念内涵的第二个特征：

---

① "文化"在中文里一个比较新的概念，首先在 19 世纪末被引入，用来翻译欧洲的"culture""Kultur"等概念。这一语言学背景被学界研究过。

② 参见《周易·贲卦》："刚柔交错，天文也；文明以止，人文也。观乎天文，以察时变；观乎人文，以化成天下。"

③ 这也适用于相对其他欧洲语言的对应词，例如，德语中的"Kultur"。

只有那些遵循黄金法则的提升和完善过程，才能算是文化或文化实践，即：在提升、完善、自我完善或最优化的具体实践中，必须确保这种实践不会伤害他人，也不会给他人带来任何形式的不利，或者阻止别人做同样的事情。违背这一原则将意味着阻碍人类的文化能力，进而阻碍人类的生活和前景。提升或完善的行为如果与文化的整体进程背道而驰，或者说没那么严重，只是扰乱文化进程，都不能被看作一种文化形态或文化实践。这种认识的基础就是"黄金法则"："不要对别人做你不想让别人对你做的事！"①

大多数古代文明中都有与黄金法则类似的记述。就像概念内涵的第一个特征（提升、完善、自我完善，甚至最优化）一样，第二个特征也同时植根于许多古代文明（这也正是我们的标准之一）。比较哲学家君特·沃尔法特（Günter Wohlfart）对此总结如下：

罗马皇帝亚历山大·西弗勒斯对奥雷亚的统治感到非常高兴，他在他的宫殿上贴着："Quod tibi fieri non vis, alteri ne feceris"。翻译成一首著名的德语诗歌就是："Was du nicht willst, das man dir tu', das füg auch keinem andern zu,""你不想别人对自己做的事，就不要对别人做"。目前发现的西方最早的有关黄金法则的记载是古希腊的伊索克拉底（公元前436—前338年）的一段话。《旧约》和《新约》的登山宝训中也有类似描述。在伊斯兰教、佛教和印度教中可以找到不同的版本。黄金法则有着全球影响力的道德准则，但是，最早提到黄金法则（regula aurea）的最著名的也许是《论语》："有一言而可以终身行之者乎？"子曰："其恕乎！己所不欲，勿施于人。"②

那么现在，我们的任务就是要界定当前文化概念的范围。问题是，人类生活实践的哪些领域可以被界定为提升、完善、自我完善或最优化，而且不违背黄金法则呢？首先，我们的理论和文化概念的标准之一是，它应该非常广泛，即能够包括上述意义上的所有实

_____

① 另外，同样的规则也有一个肯定的表述："己所不欲，勿施于人！"以及"永远像你希望被（所有）别人对待一样对待别人！"

② Günter Wohlfart. 2012. Philosophical Daoism. Zhuangzi-Lectures 2005—2012.

践（比如说，不仅是具有美学价值的实践）。

这一概念在中欧的历史发展，为我们进一步探索提供了良好的起点。德国博学家塞缪尔·冯·普芬多夫（Samuel von Pufendorf，1632—1694）是第一个明确界定文化一词的人，由此展现出非凡的哲学胆识。这是现代英语中"cultura"（文化）以及其他欧洲语言中对应词的词源。普芬多夫将文化定义为所有非人类的自然的活动的相反面，因而赋予了这一概念非常广泛的范围。他甚至已经首次将文化概念与人类社会联系起来。在约翰·戈特弗里德·冯·赫尔德（Johann Gottfried von Herder，1744—1803）的哲学中，"文化"（Kultur）一词成为思考人类历史的重要术语。历史学家雅各布·布克哈特（Jacob Burckhardt，1818—1897）首次使用了文化的复数形式。弗里德里希·尼采（Friedrich Nietzsche，1844—1900）听了布克哈特的讲座，然后进一步发展了多种文化的概念。① 这就是这个词的词源，或者说为什么我们今天能够说"中国文化"或"德国文化"，或者用"文化"和"亚文化"的复数形式的原因所在。

我们必须再次系统地思考，给文化概念界定一个范围，这也是在多极国际化背景下的迫切需要。我们可以做进一步的区分：不仅那些虽追求提升、完善、自我完善，甚至最优化的，但违反了黄金法则的实践不是文化的一部分，而且那些社会自组织过程中产生的社会子系统也不包括在我们的文化概念范围内。这些子系统有：主导意识形态、经济、政治和法律。当然，这种界定的依据不是黄金法则。这些子系统之所以没有被纳入文化的概念范围，是因为它们不是主要基于提升等实践活动。换句话说：尽管在现实中，提升、完善、自我完善，甚至最优化等文化元素并没有脱离这些社会子系统，但它们在其中只起着次要的作用，所以并非所有这些做法都被贴上"文化"的标签，比如军事综合体（作为政治领域的一部分）的活动。通常，文化不是这些子系统的主要特征。

---

① 参见 Rolf Elberfeld. 2008. "Durchbruch zum Plural：Der Begriff der Kulturen bei Nietzsche."Nietzsche－Studien 38：115－142。

至于德语哲学中旧文化概念和文明的区别，这里我们仍可以把社会自组织的这些子系统称为"文明"，文明的复数形式代表各种不同的文明。在特定的社会制度中，文明实践是文化实践稳定的基础，反过来，文化实践是文明的创造性引擎。没有当前定义的意义上的文化，自组织的社会系统就会腐败，甚至解体。我们文化概念范围内的四个主要领域是：（1）技术，即各种文化工具（符合黄金法则的技术的不断发展和完善）；（2）生命文化（医学、体育和娱乐形式、健康饮酒文化、健康饮食文化等）；（3）情感文化（美学创作、美术、音乐、诗歌等——所有培养我们想象力和情感的事物）；（4）心智文化（任何头脑开发形式，例如，在各类学科、科学、哲学中，以及像国际象棋或围棋这样的智力"活动"）。语言元素以各种方式贯穿于文化实践和社会自组织两个领域。对于其他更边缘化的因素，语言是将特定文化形态与特定的自组织子系统结合在一起以构成特定的历史"社会"的结缔组织。这里"社会"一词的含义非常接近世界历史学家阿诺德·J. 汤因比（Arnold J. Toynbee，1889—1975）在创造它时的含义。这样，我们可以谈论中国社会（作为一种历史现象，即，成为一种永久存在）、伊朗社会、希腊社会等。

现在，我们必须回到我提出的新词"谐实力"。上述文化定义不仅是一种理论，而且它要应用于全球文化交流实践。前文已有详细描述，谐实力主要代表了一种文化的力量。这里我不再展开陈述我的理论体系和概念背景。① 我只想就本文目前所涉及的内容进行讨论。本文的目的是为了说明所述内容对国际关系领域的现实意义。

首先，我们必须反思以下问题：为什么说必须将文化与黄金法则联系起来，而且这一点还很重要？值得注意的是，关于文化的许多定义中都缺乏这一要素，包括颇具影响力的伊曼纽尔·康德（Immanuel Kant，1724—1804）对文化的经典定义。在他那个时期，康德认为文化独立于道德之外。康德在《教育》（*Pädagogik*）一书中指

①　在笔者的思考中，上述概念应该被放入更为复杂的文化理念体系中。由于此处篇幅有限，就不再赘述。例如，关于个体还是个人、超个体还是集体的论述。

出，"我们生活在纪律、文化和文明的时代，但绝不是道德的时代。"①他显然一直在割裂文化和道德的概念。我认为这是错误的，尤其是在当今可以有计划地实现国际化未来的背景下，应该改进文化概念。

康德认为，文化实践的特征是能够提高技能的，这一点我们也赞同。但是，这只是隐含地表达出文化概念的内涵（提升、完善、自我完善，甚至最优化）。而且康德声称的文化没有目的是错误的。文化不是没有目的的！就其目前发挥的作用看，文化不是一种装饰品，而是一种驱动力，是社会系统内部的生命力。在《教育》一书中，康德抱怨说："以人类的生活现状看来，可以说，国家的幸福与人类的痛苦同时增长。"②康德所批评的"错误道路"过错不在文化，而在于对文化的错误理解，它忽视了任何人类文化实践的最为核心的和决定性的因素，这个决定性的因素必须而且永远是道德。由于文化多元性，这里所谓的道德基本上以黄金法则的形式表达。

康德对于我们新文化概念的主要内涵，即日臻完善的过程，充其量只是或多或少地隐隐约约地有所提及，不仅如此，更糟的是，他声称文化可以用于任意目的，即也可用于邪恶的目的。他关于这个概念的观点的最后一点从根本上是错误的！用于邪恶的目的，这意味着与黄金法则相矛盾，无论它可能多么巧妙和完善，都不能被称为文化。这是因为，邪恶的也是自私的做法，不会导致世界范围内人类文化进程的改进和完善，相反，它们总是一个不安定因素，以邪恶的方式实现提升、完善、自我完善，甚至最优化，对整个人类来说始终意味着倒退。

其次，我们必须澄清为什么我们不应该称整个社会为社会制度文化。也就是说，为什么我们必须从概念上区分（a）文化实践（包含技术文化、生命文化、情感和美的文化以及心智的开发四个重点领

---

① Immanuel Kant, n. d. 2022. Akademie Ausgabe, Band IX：Logik－Physische Geographie－Pädagogik. Das Bonner Kant－Korpus：Elektronische Edition.

② 同上。

域)和(b)某个社会或某种社会制度的自组织的基本社会子系统(意识形态和主导的世界观、经济、政治、法律)。这种区分的理论原因上文已经介绍过了。

我想重点谈谈国际关系中多元文化交流更为现实的方面。"谐实力"是指在不同文明(不同社会制度)的国家和子系统之间建立文化桥梁(文化实践)的能力。本文所指的意义上的文化从来不是压制或影响其他文明的手段,否则我们无法确定相关的实践活动是否是文化。这些实践甚至可能包含提升、完善、自我完善,甚至最优化的元素,但未能满足第二个标准(符合黄金法则),可以认为是利用经济因素进行征服的软实力战略,我们在分析时,可以将其视为一个特定社会针对其他社会的经济和/或政治子系统水平上的活动。谐(文化)实力从来不适用这种软实力(政治、经济或军事)战略。

谐实力仅适用于文化的四个重点领域。其基本原则是,利用这些领域的一种或多种文化实践来建立相互交流、熟悉和学习的框架,以造福所有相关方。因此,共同的文化创造性实践可以对有关各方的经济体系产生有益的影响。谐实力是实现长期可持续发展与和平以及增进相互了解的唯一途径。这种共同的友好型文化战略可以搭建起各个体系沟通的桥梁。这些体系的子系统中的意识形态或世界观、经济、政治管理或法律上呈现千差万别的形态,没有这个桥梁,这些体系就只能各自孤立存在。从这个意义上说,谐实力(而非"软实力")是通过建立桥梁来避免文明之间可能发生的冲突的手段,通过这些桥梁达成各方共同的愿景,以及各方对特定领域的提升、完善、自我完善或最优化的共同热情。按照目前的定义,文化之间是不可能发生冲突的;冲突只能发生在不同社会自组织的层面上。简言之:文明的冲突是可能的,但可以通过各个层面的文化交流来避免。例如,在生命文化的重要领域,奥林匹克运动会就是一个合适的例子。(请记住,该活动是当前文化概念范围的一部分,即生命文化领域。）①

　　最后，我想就"国际化"一词发表一些自己看法。我认为，进一步发展这个术语，尤其是从多学科的历史角度来看，非常重要。虽然从长远来看，文明进一步融合为一个多极的社会文化元系统的脚步不可阻挡，但同时我们也看到，媒体暴力、文化沙文主义和种族主义现象层出不穷。② 不久前被国际化（曾经是垄断的）成果拒之门外的人越来越多地参与进来，引起了前殖民大国地区的一些既定圈子的厌恶情绪并造成了混乱。这一事态发展的危险性不容低估。各方自身的消极特征只能通过文化和文化间的教育和实践来解决。恶意煽动的"对抗"会导致民族主义冲突复燃，那么对人类来说将是致命的。因此，要通过新型的全球对话展开相关哲学、人文学、国际政策制定的讨论，自觉构建谐实力，并对谐实力和软实力加以区分至关重要。在我看来，这只能由中国来倡导和实施，因为中国至少拥有必要的传统哲学和经验，来完成世界连接器和全球多样性统一提供者这一艰巨的"任务"角色。另外，中国只有能够从世界各地聚集足够的人才，才能打造建立多极世界所需的智力基础，真正领导这种文化和社会的"多重对话"。

　　就这一点，我想强调的是，在 19 世纪和 20 世纪，一些全球重要思想家已经预见到中国今天在文化（本文中所定义的更宽泛更清晰的"文化"）中所扮演的角色。早在 1845 年，德国哲学家恩斯特·卡普（Ernst Kapp，1808—1896）就预见到，一旦中国将其五千年的文明体系以及相关的古老文化习俗和经验现代化，那么中国将成为"最新世界"。卡普称当时正在崛起的北美为"新世界"。③ 卡普认为，中国必须充当 21 世纪的"世界统一者"。早在 20 世纪 60 年代中期，著

---

　　①　关于文化外交领域的更多想法和策略，还请参见［德］大卫·巴拓识：《论蕴含中国传统特色的文化外交》，载《国际传播》，2019(2)。

　　②　再次不涉及军事冲突和迫在眉睫的危机的话题，因为这不属于我们这里的文化的讨论内容。

　　③　参见 Ernst Kapp. 1845. Philosophische oder vergleichende allgemeine Erdkunde als wissenschaftliche Darstellung der Erdverhältnisse und des Menschenlebens nach ihrem innern Zusammenhang, Band 2. Braunschweig: George Westermann, s. 286—287。

名的世界历史学家阿诺德·约瑟夫·汤因比（Arnold J. Toynbee）也持此观点。中国文明必须承担起将所有其他文明连接成一个文明大家庭的艰巨任务，即避免人类的自杀性核战争，正如汤因比已经非常有远见地指出的一样。① 因此，中国及其他国家必须更好地理解中国文化习俗和中华文明的根源和哲学基础。只有把中国元素与其他文明的文化习俗的元素进行比较联系研究，这才做到这一点。要互相学习和研究所有古代文明没有别的办法。

在对文化的意义和重要性有更精准的理解后，我们必须对"国际化"有新的认识。虽然从广泛意义上讲，人类有共同的历史，但同时我们认识到，尤其是在当前，文明、民族、族裔和非政府行动者之间的紧张关系正在加剧。

如果想掌控多极国际化的未来，我们必须扩大视野，跨越多学科领域置身漫长的历史长河中审视问题，甚至可以追溯到地球上最早出现人类那一刻。虽然非常令人难以置信，但现在遗传考古学已经证实，早期人类能够在短时间内发展到地球各个角落。这些表明，我们都有着相同的基本起源，从人类无处不在的行星存在之初就形成了一个遗传互联网。我们甚至携带着曾共同参与这一过程的其他已经灭绝的人类物种的遗传基因。②

我们应当对欧亚大陆、非洲和美洲的古代文明的发展和相互作用进行更深入的研究和推广。在上面提到的《威斯特伐利亚和约》很早之前，丝绸之路③就已经成为一种较为成熟的对外交往形式。甚至在西汉时期丝绸之路正式成为国家项目之前，欧亚大陆的草原就

---

① 参见 Arnold J. Toynbee. 1992. Change and Habit：The Challenge of Our Time. Reprint of the 1966 edition. Oxford：Oneworld Publications，pp. 157、158。

② 概述见 David Reich. 2018. Who We Are and How We Got Here：Ancient DNA and the New Science of the Human Past. New York：Pantheon Books。

③ 也可参见 Абдугани Мамадазимов. 2014. Великий шелковый путь. История становления，расцвета и распада. Душанбе。

已经是许多文化交汇的走廊。① 经济交流以及相应的社会交往实际上比以前的欧洲中心主义观点认为的要早得多。② 可以对上面介绍的文化概念进一步细分和扩展，全面再现历史上的文化交流活动并进行系统化分析。

此外，我们还必须更加关注这样一个事实，即正在改变地球表面的全球科技网（关键词："智慧圈"和"技术圈"）并不是始于把人类"从有机的障碍中解放出来"③，这是恩斯特·卡西尔（Ernst Cassirer）阐述的马克思对第一次工业革命的深刻理解。从旧石器时代开始，技术和产品已经进行了远距离交流（关键词："旧石器时代全球殖民化"）④——随后的青铜器时期，在欧亚大陆这种交流进一步发展。后来，艺术品和生产工艺也被用于交换。铁器时代到来后，中国人已经被古希腊人称为"Σηρε§（seres）"（"丝绸人"）。⑤ 从那时起，许多今天我们仍在使用的元素、形式和物品一直在进行远距离交流。⑥

综上所述，我们必须重新定义新的国际文化关系，为此我创造了"谐实力"一词。谐实力的核心是，它必须属于本文界定的文化的

---

① 也可参见，例如，Nicola di Cosmo. 2002. Ancient China and its Enemies：The Rise of Nomadic Power in East Asian History. Cambridge：Cambridge University Press，13-43。

② 安德烈·冈德·弗兰克（Andre Gunder Frank）认为，经济全球化始于公元前 3000 年苏美尔人与印度河流域文明之间的贸易。参见 Andre Gunder Frank. 1998. ReOrient：Global Economy in the Asian Age. Berkeley：University of California Press。

③ 参见 Ernst Cassirer. 1985. "Form und Technik." In Symbol，Technik，Sprache：Aufsätze aus den Jahren 1927－1933. Verfasst von Ernst Cassirer. Herausgegeben von Ernst Wolfgang Orth und John Michael Krois unter Mitwirkung von Josef M. Werle. Philosophische Bibliothek，Band 372. Hamburg：Felix Meiner，73。

④ 也可参见 Ofer Bar-Josef and A Belfer-Cohen. 2000. "From Africa to Eurasia-early dispersals," Quaternary International 75. 1：19-28。

⑤ 参见 Stephanus of Byzantium，n. d. 2022. Εθνικά，§ S562. 20，in Stephani Byzantii Ethnicorum quae supersunt，edited by August Meineike（published originally in 1849）。

⑥ 正如罗马人珍视中国丝绸一样，中国人对罗马玻璃也是如此。此外，这种说法并不限于丝绸之路地区。例如，英语单词"chocolate"，其中文翻译"巧克力"，可以追溯到中美洲阿兹特克人语言中的"xocoatl"一词。同样，最初的相关产品也是由美洲人生产的。

范畴。这包括一个必要的标准，即所有被称为文化实践的东西都必须符合黄金法则。文化概念的内涵还包括提升、完善、自我完善，甚至最优化，这些是最古老的欧亚文明的原有之义。这些实践可以划分为四个重点领域：技术文化、生命文化、情感文化（和美）和心智文化。我想再次强调，关于文化最重要的一点是它本身就是道德的。任何不道德的东西都不能成为文化力量的一部分；文化本身从来都是康德准确地称之为"实践力量"（"praktische Kraft"）的隐含或明确表达。[①]

作者系北京师范大学全球化与文化发展战略研究院特聘研究员

---

① 也可参见 David Bartosch. 2019. "Karl Jaspers' philosophischer Glaube（Philosophical Belief）and Wang Yangming's zixin 自信（Self-Believing）." minima sinica 31：45-64。

融媒体时代中国对阿拉伯国家文化传播的路径与策略

刘欣路

中国自 20 世纪 50 年代开始建设对阿拉伯世界的国际传播体系，经过几十年的发展，已经建立起涵盖传统媒体和新媒体的相对完整、立体的传播网络。但值得注意的是，伴随着大数据、物联网、云计算、人工智能、移动通信、虚拟现实等技术的广泛运用，原有的信息生产方式和运营方式、推广手段都发生了巨大变化，媒体行业正面临着极大的挑战，酝酿着颠覆性的变革，其中媒体融合发展已经成为普遍共识和发展趋势，原有的单一发展路径已不能满足新时代的要求。我国对阿拉伯世界的国际传播也必须深刻理解这一变化，并积极行动、主动作为，争取在日益激烈的新一轮国际传播竞争中取得优势。

一、阿拉伯受众媒体接触习惯发生变化

虽然阿拉伯国家整体上经济、科技发展水平不高，但近年来在通信技术推广和网络基础设施建设方面投入较大、发展较快，阿拉伯国家的互联网渗透率已经超过了全球平均水平的 50%，其中海湾国家的互联网渗透率更高，阿联酋高达

99％，沙特阿拉伯也达到 79.3％，经济相对落后的埃及也达到了 57.3％。同时，阿拉伯国家的互联网已开始全面进入移动网络时代，4G 网络推广快，智能手机用户数量成倍增长，这在很大程度上改变着阿拉伯世界传统的生活方式和信息接收习惯。如果说电视、报纸、广播这三种传统媒体曾经长期是阿拉伯民众获取信息的主要渠道，那么这一格局则已开始被新媒体所打破，而且与世界其他地区以"社交媒体＋新闻客户端"相结合的方式获取信息不同，社交媒体在阿拉伯世界的地位更加突出。

不同于中国、俄罗斯等国积极自主开发社交网站，阿拉伯国家基本上直接引进西方国家的社交网站。2009 年后，以 Facebook、Twitter、YouTube、LinkedIn 等为代表的各种社交网站开始重视培育阿拉伯市场，陆续推出阿拉伯语版本，此后阿拉伯社交媒体用户逐年大幅增长。到 2010 年，阿拉伯社交媒体用户数量为 4000 万个，2012 年 6 月这一数字已翻倍，达到 8000 万个，2014 年年底数量超过 1.1 亿个，2016 年年底突破 1.6 亿个，2021 年已超过 2.2 亿个。埃及的社交媒体用户数最多，达到 4900 万个，渗透率为 47.4％，沙特用户数为 2780 万个，渗透率达到 79.3％，阿联酋用户数为 984 万个，渗透率已超过 99％。在这些社交网站中用户数排名前五的分别是 Facebook、YouTube、Twitter、Instagram、Messenger。总之，阿拉伯国家已经成为世界上社交媒体用户规模增长最快，也是活跃度最高的地区之一。

阿拉伯民众，特别是占人口总数 70％的青年人之所以青睐社交媒体，首先是与阿拉伯世界的社会文化环境有紧密关系的。当代阿拉伯社会的主流文化是传统的宗教文化以及这种文化与现代社会结合的、受到西方文化影响的阿拉伯文化，宿命、崇古、封闭、尊重权力是其基本特征。在这种文化环境中，阿拉伯人的生活是比较闭塞的，他们的信息源主要依靠政府主导的传统媒体，社交圈则主要局限在家族、社区、部落、教派内部，与其他群体的联系相对有限。社交媒体改变了传统意义上的点对点的交往模式，突破了传统网络交流的静态面，动态地网罗了社交圈中的交流个体，最大限度地帮助社交个体建立开放、多元的人脉关系网络。这对阿拉伯民众而言是一种前所未有的体验，带来了多种思想与意见的交汇和碰撞，推动阿拉伯民众主动融入社会、国家和世界。在迪拜政府管理学院发布的研究报告中我们可以发现，阿拉伯民众普遍认为社交媒体使自己能够参与到社会及国家的发展进程中，并且通过使用社交媒体感觉自己对社会的贡献增加了，自己与所处社区、社会的关系更加紧密了，自己作为世界公民的身份认同得到了强化，对不同观点持更加开放和宽容的态度。最新的数据显示，有近六成的社交媒体用户愿意通过社交媒体表达自己对国家相关政策的看法，超过七成用户愿意在社交媒体上讨论原本较为敏感的政治、宗教、女性权利等话题。

阿拉伯民众热衷于社交媒体的另一个原因，是自阿拉伯剧变以来社交媒体已成为重大事件最主要、最快捷的信息来源。社交媒体凭借其具有的成本低、即时性高、互动性强、受众范围广、信息易扩散等优势，已不仅是传统意义上的社交工具，而是成为政治人物和政治组织、媒体、普通民众均积极参与其中的综合性信息平台。从政治人物和政治力量来看，阿拉伯国家的政治人物和政治力量已深刻领会到社交媒体的作用，他们不仅通过社交媒体加强与民众的沟通和联系，而且也将社交媒体作为发布信息的主要渠道。比较典型的案例是埃及前总统穆尔西倒台的前后几天中，几乎各方面的所有重要信息均第一时间通过 Facebook 发布，而这种现象近几年来在阿拉伯世界成为常态，人们已习惯于通过社交媒体寻找相关信息。目前在北非和海湾地区，无论是国家元首、政府首脑，还是各部部长、各省省长等高级官员大都拥有 Facebook 和 Twitter 的阿拉伯语、英语双语账号，元首办公厅、各职能部门则开设了官方主页，各党派、民间组织甚至军方也都在社交媒体上开设了账号或主页，每逢重要事件首先通过社交媒体而非授权传统媒体发布信息。从媒体和民众方面看，社交媒体使得每一个用户不仅是传统意义上的新闻阅读者，而且可以通过社交媒体与其他用户深入互动，甚至直接成为新闻报道的参与者。目前，无论是阿拉比亚电视台、半岛电视台、阿布扎比电视台等电视媒体，还是《生活报》《中东报》《金字塔报》等平面媒体，都已经在 Facebook、Twitter 等社交媒体上开设了主页，其粉丝数量远远高于传统意义上的受众数量。这些媒体，一方面，通过社交网络及时发布各类文字、音频、视频新闻，吸引受众的关注；另一方面，还借助社交网络双向互动的传播特点，听取受众的反馈意见，搜集相关新闻线索，在近几年发生的重大事件中，各大媒体均大量采用了由普通用户在社交媒体中提供的新闻素材。这种参与感和获得感激发了阿拉伯受众使用社交媒体的热情。

总之，阿拉伯民众在信息获取方式、媒体接触习惯上较之以往已经有了极大的变化，社交媒体的异军突起给媒体行业，特别是传统媒体带来了根本性的挑战。

二、阿拉伯世界媒体行业发展逻辑发生变化

社交媒体的出现改变了阿拉伯受众的媒体接触习惯，而受众媒体接触习惯的改变又反过来对传统媒体的发展逻辑产生根本影响。经济学上有规模经济和范围经济的概念。一直以来，传媒竞争的基本逻辑就是通过规模化的扩张来追求自身的市场占有率，在市场占有率的价值逻辑之下，规模数量几乎成了衡量媒介价值的唯一指标。然而今天的传媒经济既是规模经济又是范围经济，前者表现在同一家媒介的产品要具备规模，而范围经济则表现在媒介集团中，一个媒介集团不能只依靠一个媒体打天下，必须是多家媒体、多项业务共同发展，走多种媒介的联合经营，为客户提供解决方案，以便提高其对于客户的个体占有率。在这一背景下，无论是阿拉伯世界内部的媒体，还是世界主要大国从事对阿拉伯国际传播工作的媒体，都在努力适应这一变化，并着力在传统媒体与新媒体，特别是社交媒体的融合上下功夫。社交网络平台实际上已经成为重要的国际舆论场，成为各国媒体开展传播活动的必争之地。

英国的 BBC 一直是阿拉伯民众最喜爱的外国媒体之一，曾在多

次受众调查中占据最受欢迎外国媒体第一的位置。作为一家老牌媒体，BBC 较早地认识到媒体融合的重要性，在 2007 年便提出了 Four Screens 战略，即电视、手机、平板、计算机四位一体的发展战略。值得一提的是，2007 年正是苹果手机及 iOS 系统刚刚推出的年份，BBC 对新技术具有极高的敏感度和前瞻性，成了最早开发 App 应用的媒体之一。对于社交媒体，BBC 亦高度重视并较早介入，甚至曾一度自主开发社交网站，希望借此抢占发展先机。但在与 Facebook、Twitter 等社交媒体的竞争中，BBC 开发的社交网站在资金、技术上并不占优势，因而收效欠佳。对此，BBC 很快调整战略，转而将重点放在与主流社交媒体合作上。2011 年，BBC 专门制定了新媒体发展指南，并在 2015 年重新修订。根据这份指南，BBC 将社交媒体作为重点和优先发展的平台，其内部的权力结构和资源分配机制也相应发生改变。BBC 与社交媒体的融合是一种全方位的融合，而并非简单地在内容上进行平台转移，其在题材设置、呈现方式、推广策略等方面都进行了深层次的探索。一个典型的例子是，2010年春，BBC 阿拉伯语频道创办了完全基于社交媒体的电视节目 710 Greenwich。在节目策划环节，由用户在 Facebook、Twitter 等社交平台上提供创意，策划节目形式；在制作环节，用户通过在社交平台上围绕话题展开讨论、上传视频和相关新闻，为节目提供素材；在播出环节，用户在线提出问题，参与实时互动。这样的创新尝试，对于 BBC 在新媒体环境中提升竞争力有重要意义，为其赢得受众关注创造了条件，目前 BBC 阿拉伯语频道仅在 Facebook 上的粉丝量就已达到 900 万。

俄罗斯 RT 电视台阿拉伯语频道虽然起步远比 BBC、CNN、法国 24 小时等欧美电视台的阿拉伯语频道要晚，但近年来在阿拉伯世界影响力飙升，得到阿拉伯受众的追捧。RT 电视台阿拉伯语频道快速发展的原因是多方面的，但多媒体融合发展无疑是其成功的主要原因之一。首先，俄罗斯政府将俄新社、俄罗斯之声广播电台和 RT 电视台整合为新的"今日俄罗斯"通讯社，使得俄罗斯 RT 电视台能够与俄新社、俄罗斯之声共享语言人才、传播渠道、记者站资源等，为自身发展奠定了雄厚的基础。同时，RT 电视台高度重视网络传播形式和传播价值，将自身定位为电视网络媒体，并把与社交媒体融合作为核心发展战略。2007 年起，RT 电视台就开始在 YouTube、Facebook、Twitter、Google＋等社交网站上建立自己的账号和主页，此外，RT 电视台还开发了新一代搜索引擎和精准推送软件，以便于把相关信息精准地投送给目标受众。借助社交媒体"病毒式"传播的特点，社交媒体成为 RT 电视台不同形态的媒体内容交汇的平台和用户互动平台，RT 电视台也较好地实现了其介绍俄罗斯文化、阐释俄罗斯不同于西方的观点和立场的目标。目前，RT 电视台阿拉伯语频道在社交媒体上的关注度已经超过 BBC 阿拉伯语频道和法国 24 小时阿拉伯语频道等老牌外国阿拉伯语频道，例如，其在 Facebook 上的粉丝数已超过 BBC 阿拉伯语频道和法国 24 小时阿拉伯语频道，其在 YouTube 上的点击量也远超过其他非阿拉伯国家的阿拉伯语媒体。

从阿拉伯国家自身来看，其媒体也正处于大分化、大调整时期。以阿拉伯世界受众最广的卫星电视媒体为例，自 20 世纪 90 年代末开始，在阿拉伯各国政府的推动和扶持下，阿拉伯卫星电视业进入高速增长期。根据阿拉伯广播联盟的研究显示：阿拉伯国家现有的 1230 个卫星电视频道中有超过一半是小成本、小制作的娱乐性电视频道，由于受众数量少、管理水平低、收入有限，目前基本处于勉强维持或停滞状态，很快会被淘汰。另外一半中的很多频道面对激烈的竞争态势也面临生存困境。报告指出，当前阿拉伯受众的注意力已经分散到各类新媒体中，因此各卫星电视频道如想继续生存和发展，则必须实现转型和融合。总之，鉴于卫星电视媒体的发展日益依靠资本集中和技术集中，阿拉伯卫星电视业已开始进入加速整合阶段。得到观众认可的是以沙特的阿拉比亚电视台、卡塔尔的半岛电视台、黎巴嫩的 LBC 电视台、阿联酋的阿布扎比电视台等为代表的大型传媒集团，这些机构作为阿拉伯媒体行业的引领者都在强化与社交媒体的融合发展。

综上所述，以社交媒体为代表的新媒体迅猛发展，甚至已经超越媒体的范畴而融入社会生活的方方面面，深刻改变着人们的生活，也相应地改变了媒体的发展轨迹。因此，媒体不能只在原有基础上做增量，而必须拥抱新技术、新媒体、新平台，社交媒体虽然有着这样那样的问题，但从发展趋势看，它可能成为一种重新构造世界传媒格局的力量。

三、融媒体时代提升对阿拉伯国际传播效果的几点思考

如前所述，经过几十年的发展，中国基本建立起涵盖传统媒体和新媒体的、使用阿拉伯语的对阿传播渠道，这其中主要包括平面媒体的《今日中国》、广播媒体的中国国际广播电台阿拉伯语广播、卫星电视媒体的中国国际电视台阿拉伯语频道、门户网站媒体的新华网阿拉伯语频道、人民网阿拉伯语频道、中国网阿拉伯语频道等。客观而言，在上一轮国际传播竞争中，中国在阿拉伯世界的国际传播能力和舆论话语权是比较有限的，西方媒体仍然是阿拉伯民众了解中国的主要渠道，掌握着关于中国报道的议题设置权。当前，以媒体融合为主要特征的新一轮的国际传播竞争已经拉开序幕，如果我们仍然用既有的整合逻辑去运营媒体，恐怕成本会越来越大，效果却越来越差。

近几年来，中央高度重视国际传播工作，习近平总书记多次强调，要加强国际传播能力建设，精心构建对外话语体系，增强对外话语的创造力、感召力、公信力，讲好中国故事，传播好中国声音，阐释好中国特色。在中央的推动下，中国国际传播在媒体融合方面迅速行动起来。"中央厨房"作为传媒领域的关键词，成为媒体融合的"标配"与"龙头工程"，各大媒体纷纷发力建设，在"新旧融合、一次采集、多种生成、多元发布、全天滚动、多元覆盖"上下功夫，在短时间内取得了令人瞩目的成绩。例如，《人民日报》、中央电视台、新华社在 Meta 开设的英文账号粉丝数量持续增长，与西方国家媒体相比不处于下风。但与此同时，我们也注意到，国内媒体在针对包

括阿拉伯世界在内的发展中国家进行的融媒体报道尚处于起步阶段，英语以外的其他语种社交媒体账号粉丝数量还不多，传播内容和传播技巧还有很多可提高的空间。

对此，我们必须首先从战略高度充分认识到加强对阿拉伯国际传播对中国实现和平发展的必要性和紧迫性。经过长期努力，中国特色社会主义已经进入了新时代，开始从迅速崛起期向稳定成长期过渡。如果说中国在过去几十年中的主要任务是利用各种有利的国际因素，全面发展自身的潜力，尽快实现物质性成长，那么现在的中国则更应重视社会性成长，因为在开放的、社会化的国际环境中，中国的国际地位不仅由物质基础决定，而且要实现与国际社会成员的良性互动，得到他们的信任与支持。没有良好的社会性成长，中国很可能跌入"修昔底德陷阱"。对此，我们必须通过有效的国际传播，化解阿拉伯国家对中国和平发展方向以及内外政策所持有的误解和疑虑，消除各种版本的中国威胁论和中国责任论，使阿拉伯国家与中国超越利益认同，真正结成命运共同体。事实证明，西方媒体对中国的立场并不会因为我们如何做而改变，但阿拉伯国家以及其他发展中国家则是中国获取政治支持不可或缺的伙伴，况且我国正在推进的"一带一路"倡议也要求相关媒体把工作重心向丝路沿线国家倾斜，在促进中国与沿线国家"民心相通"方面有所作为。

其次，必须从战术上做好各种准备，其中最重要的三点是"用户洞察""内容为王""技术创新"。用户洞察是融媒体时代做好国际传播的基础性工作，在受众注意力严重"碎片化"的情况下，只有认清和把握自己的目标受众，深入洞悉受众的信息需求、信息接收习惯、媒体接触习惯，并且在此基础上对他们实施有效的重新聚合等才有可能获得受众的关注，而这既需要大数据的技术支持，也需要扎实的国别区域研究和受众研究作为支撑。迪拜政府学院所发布的报告给我们提供了诸多用户洞察方面的参考信息，例如，阿拉伯社交媒体用户虽然同世界其他地区用户一样喜欢音乐、电影等轻松话题，但他们对地区和国际局势的关注程度大大高于西方发达国家以及南美、东南亚等地区的发展中国家，因而中国对阿拉伯传播内容应区别于对其他国家的传播内容；再如，与其他很多发展中国家在社交媒体中使用英语不同，阿拉伯语是阿拉伯社交媒体用户使用比例最高的语言，且这一比例还在逐年提升，这意味着我国媒体应当从受众接收习惯出发尽可能地使用阿拉伯语发布信息，特别是视频应当采用阿拉伯语配音而非字幕，俄罗斯的 RT 电视台、英国的 BBC、韩国的 KoreaTV 在这方面都有很好的尝试，取得较好效果。目前，我国媒体在阿拉伯世界还没有开展系统性的受众调查，相关研究机构对媒体的研究支持也还十分有限。

　　"内容为王"是任何时代媒体都必须遵守的铁律。尽管社交媒体从传播形式上带来了从"巨内容"到"微内容"的变化，但能否吸引受众终究依靠的是内容本身。就中国对阿拉伯国家的国际传播而言，我们应当认识到中国已经成为世界关注的焦点，近年来阿拉伯世界"向东看"倾向明显，越来越多的阿拉伯受众在关心中国、关注中国，因此，我国媒体应抓住这样一个机遇，把我们需要受众了解什么与受众自身的信息需求和信息偏好结合起来做好传播内容，以内容优势赢得发展优势。约旦著名中国问题专家、安曼市文化局局长萨米尔在接受笔者访谈时提出，中国对阿拉伯国际传播应从三方面突破：一是从新闻入手，但重点不是对各类新闻事件本身的简单报道，而应更加突出中国对各类国际、国内问题立场的阐释，要敢于回应敏感问题和阿拉伯受众的关切；二是加强对中国发展经验的具体总结和对"一带一路"倡议中阿拉伯国家的角色与作用的具体阐释，这是当前阿拉伯世界大众关心的热点话题；三是更加重视对中国现当代文化的传播，特别是反映当代中国人生活、爱情、思想变化的，具有较强时代性、大众性的内容。萨米尔认为，这种议题设置可以引起阿拉伯受众的关注，中国媒体可以围绕这些主题，用生动活泼的形式、从不同角度、以更加微观的视角进行传播，而不是习惯性地总是围绕功夫、中餐、京剧等话题展开。

　　"技术创新"在融媒体时代的作用是毋庸置疑的，但技术创新的作用并不仅仅在于实现平台的整合，"中央厨房"的真正价值是通过对新技术的使用完成高水平的内容制作和精准传播。俄罗斯 RT 电视台之所以在阿拉伯世界传播效果较好，技术优势是重要因素，率先使用裸眼 3D、虚拟现实等技术制作视频和新闻为其赢得了众多粉丝。同时，俄罗斯 RT 电视台大规模运用大数据、云计算技术，从性别、年龄、国籍、民族、教育程度、工作状况、文化偏好、发帖和点赞历史等各种维度，对受众进行详细的归类和分析，进而进行个性化的内容推送，实现了传播的差异化、精准化，提升了传播的有效性。实际上，我国媒体，特别是一些民间互联网公司在技术创新方面也有丰富的经验和好的做法，关键还是在于提高对国际传播工作重视度和加大投入，利用后发优势，尽快实现技术迁移，并真正用"互联网＋"的思维而非传统的外宣思维推进相关工作。

　　　作者系北京外国语大学阿拉伯学院院长、教授、博士生导师

话语体系建设与共同体美学

饶曙光

一、在国际传播格局中，西强我弱的格局将长期存在

原因当然是多方面的：既有历史原因，又有现实困难；既有主观认识不到位，又有客观投入不充分；既有内部体制机制不适应，又有外部国际传播格局制约。

国际传播能力是衡量一个国家软实力的重要指标。一个国家国际话语权的大小，很大程度上来源于媒体、艺术尤其是电影的传播能力，包括总体规模、实力和国际影响力。我们要有长远的、战略性的布局与规划，久久为功，功成不必在我。更重要的是，不能当"口头革命派"，天天把国际传播能力建设挂在嘴边嚷嚷，喊口号。而必须要有切切实实的行动，从现在做起，从我做起，从点滴做起，"绿我涓滴，会它千顷澄碧"。

二、人类共同价值与人类命运共同体

在社会主义核心价值观的酝酿讨论中，笔者曾经提出一个概念：人类价值的中国表达。那么，

这其中包含两个核心概念，一个是人类价值，另一个是中国表达，一个也不能少。我们现在提出了和平、发展、公平、正义、民主、自由的人类共同价值观，也夯实了人类命运共同体的价值理念和文化内涵。人类共同价值，人类命运共同体为我们国际传播能力尤其是话语体系建设奠定了理论基础，指明了前进方向。同样，人类共同价值，人类命运共同体，一个也不能少。

三、话语体系建设是国际传播能力建设的基础性工程

在国际传播能力建设中，必须把话语体系建设放在优先地位，必须要先行一步，无论怎样强调都不过分。无论如何，基础不牢，地动山摇。

我们在国际传播层面要千方百计地避免口号化、空洞化、模式化的概念体系，因为任何说教式、宣教式的语言不仅不能起到正面作用，而且会让受众听而生厌。从这一角度来看，对外传播必须解放思想，不能说教与灌输，而是要用充分且可信的事实说理，把真实的中国传递给国际社会……我们必须要加快构建中国话语和中国叙事体系，用中国理论阐释中国实践，用中国实践升华中国理论，打造融通中外的新概念、新范畴、新表述，让融通中外的新概念、新范畴、新表述富有亲和力、感召力和说服力。世界上最难的有两件事：一是把别人兜里的东西掏出来装进自己的兜里；二是把自己头脑的价值理念植入别人的头脑里。

四、话语体系建设与共同体美学

共同体美学是最早从电影理论领域提出来的，但共同体美学的意义和价值不仅仅局限于电影、艺术和美学层面。

曾经与新华社从事对外宣传的朋友有过深度交流，他们听到共

同体美学的概念非常兴奋。他们深感在国际交流和传播当中，我们缺少有亲和力、感召力、说服力的话语体系，难以进行有效的沟通，经常性陷入无话可说的尴尬局面，甚至是不欢而散。

第一，共同体美学的核心要义就是基于我者思维的他者思维。共同体美学话语体系就是强调在表达自己观点的时候，要考虑对方的感受，要能够形成与对方进行对话、沟通、交流的渠道、空间，因为只有对话才会形成更多的共识，哪怕是求同存异也是好的。

第二，共同体美学是开放、包容、共享的话语体系。共同体美学首先是开放的，也必须是开放的，因为只有开放才能够形成对话的空间。共同体美学话语体系是具有包容性的，因为只有包容才能够实现扩容，才能够形成更多的共识，也才能够在求同存异当中继续对话，而不至于陷入对抗。共同体美学是共享的话语体系。在这样一个话语体系当中，大家都能有"主人翁"的感觉，都能够找到自己的立足点，也都能够充分自由地发表自己的看法和意见。

第三，共同体美学话语体系，最终是实现美美与共，天下大同，也就是实现双赢、多赢和共赢。因为只有双赢、多赢和共赢才是可持续的。单赢，单极世界，唯我独尊，都是与人类共同价值，人类命运共同体背道而驰的。

共同体美学话语体系，或许对话语体系建设有一定的启示和借鉴意义。无论如何，话语体系建设是一个长期的、战略性的任务。我们要以文载道、以文传声、以文化人，向世界阐释推介更多具有中国特色、体现中国精神、蕴藏中国智慧的优秀文化。我们要千方百计打造融通中外的新概念、新范畴、新表述。找准最大公约数、最佳平衡点，是融通中外的基础。中外利益交汇点、话语共同点、情感共鸣点就是国际交流的公约数。我们尤其要通过电影创作和生产塑造既开放自信又谦逊谦和，可信、可爱、可敬并且更加立体的中国形象，提升中华文化的软实力，为中华民族的伟大复兴做出应有的贡献。

作者系中国电影评论学会会长、中国电影家协会原秘书长

第二辑

中国电影文化的国际化路径

在 21 世纪的人文维度上为世界银幕勾勒出一抹绚丽的中国红

黄式宪

　　21 世纪伊始，当中国梦被伟大民族复兴的火炬点燃而成为时代的亮点时，中国电影人需要在第一时间来响应它并有所作为。

　　从一个电影大国迈向电影强国，我们前面要走的路依然相当艰巨而漫长。从 21 世纪的人文维度上来看，尚存在着潜在的若干文化焦虑点：

　　其一，文化与产业是否和谐？什么是文化？文化是我们民族的血脉和精神家园。在电影创作里，文化主体的原创力与文化多样性本是融汇一体的，唯有在文化主体原创力的引领下，中国电影及其产业才能实现从大国走向强国的梦想。

　　其二，技术与资本此唱彼和，某些看似高端的动作大片或魔幻大片，竟陷于掏空信仰与价值观的泥淖。当下，中国电影产业恰恰需要借助高科技来升级换代，但是，万不可重蹈西方覆辙，令技术垄断文化并主导市场走向。

　　其三，本土与海外市场之间严重断裂，只见电影产业在中国大陆内生性的增长，却缺乏电影产业在国际空间外溢性的整体性提升，更缺乏国际博弈的战略决策与战略部署。长此以往，中国电影文化的国际传播及其竞争力就会落空。

　　好莱坞的力量，它究竟代表了什么？弗雷德

里克·马特尔一语中的："在美国，依赖强大资本的创意产业处于主导地位。"他还给出了更深层的描述："经济全球化以及由互联网带来的贸易格局的重构导致贸易各方力量的变化，客观上，这是一个重新洗牌的过程。"其结果是："以美国为主导的娱乐成了全球娱乐的主流。"

当今世界，我们需要在现代文明的高度上重塑电影叙事的观念，需要遵循时代审美的诉求并大力倡导现实主义精神，将中国式大片锻造为更具东方神韵和风骨，也更具多元风格特色的电影品牌；与此同时，以中低成本制作的艺术片和中国的类型片，则构成了我们电影产业的最大底盘，我们的艺术视野也还需要向文化和审美的多样性拓展。

在中国电影产业的总体规划与布局上，应坚持以文化主体智慧来实践艺术创新，努力克服目前市场普遍存在的浮躁和文化贫困现象，应做到不"以量多为喜"，而"以质优为胜"，重点在于提升电影叙事中民族文化的原创性，这诚然是当下我们为实现电影产业的文化良性整合并向现代化大产业升级的关键所在。

面对好莱坞"娱乐狂欢"西风东渐，中国电影产业应当尽快从文化下行线上紧急刹车，从剥离文化、唯 GDP 至上的误区里走出来，让物质文明与精神文明互相促进而达到均衡发展。

为抵制世界性娱乐狂欢的泛滥，我们应当从现有的文化"高原"向文化"高峰"努力攀登，讲好中国故事，塑造出为世界上更多观众所喜爱的中国形象。

环顾世界，在西方由电影高科技引发的"新技术美学"革命，已迈出新的步履。借用美国未来学家约翰·奈斯比特的话来说，在当今文化领域里，怎样克服"高技术"与"高情感"不相平衡，这是一个颇具挑战性与前瞻性的课题，他呼吁："我们必须学会把技术的物质奇迹和人性的精神需要平衡起来。"

中国电影艺术家需要保有一种文化的韧性和定力，坚持走民族文化主体创新之路，努力促成"高技术"与"高情感"的平衡与和谐，由此既赢得在本土电影市场上的主体文化优势，同时也赢得在国际主流电影市场上的民族话语权。

我们的电影创作及其产业，无疑面临着新的挑战。概括来说，有如下三组矛盾：物质与精神，谁为主体，如何实现良性文化平衡；资本与文化，谁来引领，如何实现良性文化融合；国内与海外，眼光盯住哪里，如何以文化的开放性展开世界对话。

在经济全球化大潮里，随着国内与海外主流市场逐渐贯通无阻，一个现象级的话题浮出了水面。目前中国电影产业的国际溢出力和美誉度，与我国政治、经济总体的国际影响力以及中国国际地位的日益提升显得很不相称。沉静下来反思，这恰恰暴露出中国电影及其产业存在着结构性矛盾。

由于资本扩张的盲目性，以 GDP 论英雄，让票房多寡成为衡量电影产业成败的决定性指标，导致电影剥离了自身作为精神文化产品的根本属性，一步步陷于拜金主义的泥淖，人们竞相角逐的无非是中国内地票房的增长。倘若将中国电影国内与海外市场相并置，其文化传播力由于缺乏向外拓展的锋芒，反倒是侧重于向内收缩。

它缺的究竟是什么？——它缺的是创意，而创意之所以可贵，因为它凝聚的是一种民族主体性的智慧，实践着文化软实力的提升。

在电影创作实践中，如何以创意为王，统领着艺术的总体构思和布局，将民族主体性智慧融入一个个让观众赏心悦目的故事里，这考验着一个电影艺术家的原创力。如何将电影的镜像叙事化为人物命运和性格的必然轨迹，则考验着一个电影艺术家在造型与技术美学上的功底。

未来国际文化高端的交手，首先要比的就是，电影叙事的主体创新和电影产业运作的智慧。与好莱坞博弈，中国电影要坚守"和而不同"的准则，不因循好莱坞的模式与套路，以自身文明的主体性与海纳百川的包容性，锐意拓展中国电影在艺术风格、样式、类型上的主体性创新，努力促成电影产业 GDP 与文化含金量的均衡与和谐；同时，更要注重推动中国电影在跨文化传播中外溢性的整体增长，不断推进我们从电影大国迈向电影强国的坚实步履，以中国特色的大家气派与世界展开有尊严的对话。

作者系北京电影学院教授

传承中华优秀思想文化 引领中国电影国际传播

侯光明

习近平总书记指出，"文明特别是思想文化是一个国家、一个民族的灵魂。无论哪一个国家、哪一个民族，如果不珍惜自己的思想文化，丢掉了思想文化这个灵魂，这个国家、这个民族是立不起来的。"①

中华优秀思想文化是中华文明的内核和支柱，对包括电影在内的文化事业产业具有内在支撑与引领作用。电影是当下影响最为广泛的大众传播媒介，中国电影正是传承弘扬与转化发展中华优秀思想文化的重要方式。以中华优秀思想文化的传承发展为引领，提升中国电影国际传播的效力，是提升中华文化影响力的应有之义。

一、中华优秀思想文化是文化自信的核心要义，在新时代更具引领价值

中华优秀思想文化是对于中华民族在长期发展过程中所形成的思想理念、传统美德、人文精神的沉淀和升华，体现了中国人民世世代代在生

---

① 习近平：《在纪念孔子诞辰 2565 周年国际学术研讨会上的讲话》，载《人民日报》，2014-09-24。

产生活中所传承的世界观、人生观、价值观、审美观等内容，蕴含着中华民族最基本的文化基因，积淀着中华民族最深层的精神追求，代表着中华民族独特的精神标识，是文化自信的核心要义。

特别是，我们在此所指"中华优秀思想文化"，不仅包括中华优秀传统文化的思想精髓，而且与当代文化相适应、与现代社会相协调，是在新的实践与时代中与日俱新、与时俱进的。传统思想文化在其形成和发展过程中，不可避免会受到时代条件、社会发展水平等方面的制约，存在陈旧过时或已成糟粕的内容，中国人民的理想和奋斗、价值观和精神世界在建设家园的长期实践中又随着历史和时代前进而不断发展。习近平总书记指出："当代中国是历史中国的延续和发展，当代中国思想文化也是中国传统思想文化的传承和升华。""只有不断发掘和利用人类创造的一切优秀思想文化和丰富知识，我们才能更好认识世界、认识社会、认识自己，才能更好开创人类社会的未来。"①中华优秀思想文化既源自中华民族几千年文明历史所孕育的中华优秀传统文化，又熔铸于党领导人民在革命、建设、改革中创造的革命文化和社会主义先进文化，还根植于中国特色社会主义伟大实践，与马克思主义基本原理相融相通，蕴藏着解决当代人类面临难题的重要启示。

近年来，中国电影发展态势持续总体向好，在银幕数量、市场规模、电影票房、电影产量等方面，中国无疑已是世界电影大国，面对疫情，中国电影依然保持强劲发展动力。然而，我们也必须认识到，与中国作为世界第二大经济体的国际地位相比，与世界其他电影强国相比，中国电影在思想表达、文化传播、精神引领等方面仍有一定的差距。中国电影强国建设征程已经开启，处于文化建设和文化传播龙头地位的电影行业，必须充分发挥中华优秀思想文化的支撑与引领价值，并通过传承弘扬、传播发展中华优秀思想文化，推进中国电影的国际传播，提升中华文化的影响力。

---

① 习近平：《在纪念孔子诞辰 2565 周年国际学术研讨会上的讲话》，载《人民日报》，2014-09-24。

二、中外文明交流互鉴，推动人类文明进步、世界电影发展

习近平总书记在文艺工作座谈会上指出："古往今来，中华民族之所以在世界有地位、有影响，不是靠穷兵黩武，不是靠对外扩张，而是靠中华文化的强大感召力和吸引力。"①包含中华优秀思想文化在内的中华文明，自古以来具有较强的对外辐射性，自秦代起，尤其是汉唐之后，中国已成为"世界性的大帝国"，中华文明逐渐被传播到周边国家，并深深影响了不同国家的政治体系、社会经济、文化结构等多方面，亚太地区更是逐渐建立起以中华文明为中心不断向外扩展的超越国界的国际体系。

韩国、朝鲜、越南、日本等国家受中华文明的影响最为深远。这些国家深受以汉字为基础、以儒家思想为代表的中华文明的影响，因而其电影至今也仍或隐或现地呈现包括中华优秀思想文化在内的中华文明的浸润。例如，近两年在国际上大获关注的《小偷家族》《寄生虫》等亚洲电影，正体现出中华伦理文化的深远影响。这两部电影都不约而同选择了从家庭内外部关系入手，映射亚洲社会现今存在的贫富差距悬殊、底层生活困境等现实问题，同时又从伦理道德的角度对剧中人物"偷盗"抑或"寄生"的行为予以审视，增加了叙事的复杂性与思想的深度。就此来说，家庭伦理叙事正是这些中华文化圈国家民族电影的重要代表，同时也是中华思想文化渗透到亚洲社会方方面面、影响了亚洲不同国家电影文化的重要体现。

然而，就印度文化圈、伊斯兰文化圈、斯拉夫文化圈国家，以及欧洲、美洲等西方文化圈国家来说，虽然在长期历史演化过程中，中华文明与其他文明一直保持着交流互鉴的友好传统，中国古代的四大发明也曾经对西方社会历史发展起到重要的推动作用，但也必须承认，在启蒙运动、工业革命、殖民扩张推动的世界现代化进程

---

① 习近平：《在文艺工作座谈会上的讲话》，载《人民日报》，2015-10-20。

中，中国相对而言落后了，这也一度动摇了中华文明的价值与世界影响。

加之电影这一由现代技术推动发展的文化艺术形式诞生于西方，西方电影发展具有先发优势，印度、欧洲、美洲等国家或地区的电影对于中华优秀思想文化的吸纳与表达便相对较弱，但其电影对于本国本民族思想文化的传承表达效果则在世界范围内受到普遍认可。例如，好莱坞对于美国文化价值观的形塑与全球传播起到重要作用，其电影常通过微观叙事与宏观叙事相结合等方式，向全球传达自由民主、个人英雄主义等美国文化价值观念。而就这些国家或地区的电影来看，中华文明对其影响多是体现为以中国功夫、服饰、音乐、风景、建筑等中华文化符码来整编资源、增加看点，虽在此类叙事中浅表地表达出以儒释道为代表的中华思想文化元素，但并未深入内里，有效互动。因此，无论是在历时还是共时的比较文明视野内，包含中华优秀思想文化在内的中华文明对这些海外地区的电影传播还不够、影响尚不足。

在开启全面建设社会主义现代化国家新征程的当下，中华民族已经迎来了从站起来、富起来到强起来的伟大飞跃，面向第二个百年奋斗目标，包含中华优秀思想文化在内的中华文明理应在世界范围内发挥应有之作用。

电影作为多门综合艺术与最新科技发展的结合体，是创造性转化与创新性发展中华优秀思想文化的重要方式，同时，电影也是全球观众最乐于接受的方式、易于理解的语言，可以搭建起中华文明同各国各民族文明有效互动的桥梁。伴随着新一轮科技革命和产业变革的深入发展，中国电影具有以中华优秀思想文化的传承发展为引领、提升中国电影国际传播效力的必要性与可行性，在与各国各民族文明相互交流、相互学习、相互借鉴的过程中，提升中华文化的影响力，实现中华民族的伟大复兴，将为人类文明做出更大贡献。

三、新时代传承中华优秀思想文化，
引领中国电影国际传播的若干思考

一是提升家庭伦理、武侠动作等特色类型质量，打造精品力作，引领国际传播。在新的时代背景与发展环境下，必须进一步提升以家庭伦理片、武侠动作片为代表的中国特色类型电影的质量，建立中国特色类型范式，打造电影精品力作，以工业化、规模化、品牌化的电影创作，推动中华优秀思想文化的创造性转化与创新性发展，使中国电影成为世界人民认识中国、想象中国的重要文化资源，提升中华文化影响力。

二是创新发展中国特色电影题材与类型，传承弘扬当代中华优秀思想文化。好电影首先要有好题材、好故事，然后是好班子、好创作，最后才能拍出好片子。例如，创新发展特区电影、抗疫电影、乡村振兴电影等具有中国特色、中国风格的电影题材与类型，以特区精神、抗疫精神、乡村振兴精神为引领，坚定文化自信，向世界展示真实、立体、全面的中国，努力塑造可信、可爱、可敬的中国形象。

三是加强交流互鉴，探寻共同价值，讲好人类命运共同体理念。习近平总书记多次强调，"和平、发展、公平、正义、民主、自由，是全人类的共同价值"，而这也正是中华优秀思想文化的重要内涵。中国电影必须注重对于中华优秀思想文化中蕴含的共同价值精髓的创造性转化与创新性发展，注重探索中国故事的国际化表达。

四是加强顶层设计和研究布局，探索实施多维度的中国电影国际传播战略。在我国由电影大国向电影强国迈进的关键时期，传承中华优秀思想文化，引领中国电影国际传播，必须充分发挥政府的主导性作用，加强顶层设计和研究布局，从地域、渠道、内容等多个维度，探索实施多层次、多元化的中国电影国际传播战略。

五是坚持系统观念，推进中国电影传承发展中华优秀思想文化

的全新创造。中国电影传承弘扬与传播发展中华优秀思想文化是一项全新的创造性工程，必须坚持系统观念，以艺术、技术、商业、工业等多方面的良性互动，以成熟的工业制作、全新的视听效果、艺术化表达、商业化探索等多方面的同频共振，系统推进中国电影的思想文化表达，展现中国故事背后的思想力量与精神力量。

上述五点将有助于提高国际传播影响力、中华文化感召力、中国形象亲和力、中国话语说服力、国际舆论引导力，对内更好构筑中国力量、中国精神、中国效率，巩固全党全国各族人民团结奋斗的共同思想基础；对外担当起时代重任，为世界文明提供中国智慧、中国经验、中国方案，共同推动人类命运共同体的构建。

作者系北京电影学院教授

中国电影"源代码"与中华文化国际传播

李道新

　　当我们说到"源代码"的时候，通过网络搜索，会发现它更多还是涉及计算机科学、信息科学以及图书管理学等各方面更加偏向于程序和技术性的命题。在我看来，我更愿意从电影实践角度去展开对"源代码"的研究，而这一研究也是同媒介考古学等相关理论紧密联系在一起的。

　　美国科幻电影《源代码》中，展现了一个自然的现实主义大都市郊区和城市景观，以芝加哥为外景。但影片发展到中间部分，一切都变得迷幻：主人公经过一番源代码操作之后，对整个世界的感受都变了。主人公感到自己命中注定要来到这里，整个都市建筑空间都已变形，人似乎在一个玻璃围城中，世界已发生根本改变。

　　到底发生了什么？源代码又是什么？电影《源代码》给出了答案。通过人物之间的对话，我们发现，源代码不是时空穿越，源代码是时间再赋值。也就是对过去和未来中间的那段时间重新赋值，从而使我们能够进入平行现实。在我看来，再赋值与平行现实这两个关键词就是影片《源代码》中提出的值得我们深入探讨的新命题。

　　在好莱坞科幻电影叙事中，"源代码"的功能是"反恐"，然而在文化技术和媒介考古视野里，

"源代码"的功能是"存异"并"求同"。我们可以将"源代码"的科学阐释转换为一种文化意义阐释——"源代码"可被用于解释海量数据时代介乎文化基因与表意符号之间的语词概念，在过去与未来的对话中，通过时间再赋值进入平行世界(当下)，通过反复不断地解码与再解码，传播独特的文化内涵，抵达交流对话的目标。

之所以从"源代码"的角度进行电影研究，还涉及一些文化传播问题，比如西格弗里德·齐林思基在《媒体考古学》中讨论了人类对于时间的理解。人类文明时间是很短的，在这样短的时间里，我们对时间的感知和从地质原理对时间的感知是完全不同的。所以，当媒体和视听技术通过地质年代寻求生存时间的时候，我们的时间观和历史观也会发生重大改变。这也正是齐林思基在《媒体考古学》这本书的序言中，鼓励各国学者努力寻找各自历史与文化的"源代码"的原因。我从这里得到启发：媒体考古学都是以一种学科为目标，但其实深植于欧美学术界，与中国学术的关联甚少。当媒介考古学与中国发生关联时，必须从中国的"源代码"当中去寻找。埃尔基·胡塔莫和尤西·帕里卡主编的《媒介考古学：方法、路径与意涵》同样主张不同国家和民族学者努力去发展自己的媒介历史和电影历史，这样一种思考对于我来说也是很有启发的。更有启发的是基特勒在《留声机 电影 打字机》一书中，不断重新界定媒介研究的范围，并且将媒介研究的物质性以及实体意义呈现在我们面前。同时，他也决然打破了人类作为媒体创造者的幻象——既然人类作为创造主体，已经不再主宰媒体和电影，我们如何重新面对媒体和电影？

我们不妨从媒体考古学和电影考古学的角度，从新电影学的目标出发，进入电影的物质装置、文化形式和审美心理层面开展更加深入的研究，助推各个国家之间的电影文化传播与交流。

在中国电影史上，通过大数据我们可以找出大量的"源代码"，这个"源代码"并非自然跃入我们眼帘，而是通过数据库建设、数据整理分析研究慢慢获取一些"源代码"。我们需要对这些"源代码"进行反复的媒体考古学意义上的阐释。当然，我们也并非说找到"源代码"的过程多么神秘，此前类似于"功夫"这样的概念本身也是中国电影的源代码，也正是因为有这样的源代码，中国文化才能自然融入世界文化体系当中，在国际传播中具有非常重要的意义。此外，像"气""太极"等这样一些概念，原本就是全球共同的概念，借由相应作者、文本和类型，最后成为中国电影的一种源代码。也正是对类似于"功夫"自身历史文化内涵，以及从 20 世纪 20 年代开始一直到当下对功夫电影的反复追索研究，在历史当中通过时间再赋值后，对当下平行世界的"功夫"意义进行探索，并呈现在具体电影创作实践中，"功夫"已然成为中国电影和中国文化国际传播的重要手段。

不同时代、不同作品都在对中国电影"源代码"进行与时俱进的探索。同当年电影《侠女》等一样，电影《太极》《功夫》《影》等，都在对中国电影"源代码"展开追寻。而我们的电影生产与传播者，通过在不同时代对中国电影"源代码"的反复讨论和意义生成过程当中，得以拥有一种传播力。我们唯有通过对"电影"之中国"源代码"的深入探讨亦即反复不断地解码与再解码，才能寻找到中国电影的思想与美学根基。

作者系北京大学教授、北京大学艺术学院副院长

中国电影的国际传播和再思考

陈犀禾

中国电影作为中国当代文化的一个重要方面，对讲好中国故事、展示中国形象、将中国文化推广传播到海外起到重要作用。改革开放四十多年来，中国电影为此做出了巨大贡献。中国电影的海外传播主要有两个渠道：一是参加国际电影节，通过在国际电影节上获奖，建立影片声望，从而促进海外文化传播；二是通过各种商业途径，直接打入海外商业市场，和海外观众见面。

一、国际电影节的成就

目前，国际电影制片人协会批准认可 60 个左右有质量的国际电影节。根据电影节的性质，可分为 A、B、C、D 四类，即竞赛型综合类电影节、竞赛型专门类电影节、非竞赛型电影节、纪录片和短片电影节。以下分析数据主要来自 15 个 A 类国际电影节，包括戛纳国际电影节、柏林国际电影节、威尼斯国际电影节、东京国际电影节和上海国际电影节等。

从 1980 年到 2020 年，我国内地/大陆在 A 类电影节上获主要奖项的影片有 101 部左右（另外港台地区还有 27 部左右）。相较于 20 世纪 80 年代之前中国电影的海外传播，改革开放时期中国电影不但在数量上大幅增加，所获奖项也突破了此前多局限于东欧和亚非拉地区的限制，在欧洲三大电影节（柏林、戛纳、威尼斯）上获各类奖项的影片有 50 部左右。从时间上看，20 世纪 80 年代，中国电影开始大踏步走向国际舞台，20 世纪 90 年代是中国电影海外获奖的一个爆发期和高潮期，2000 年之后保持平稳发展。

从 20 世纪 80 年代中期到 90 年代中期，第四代和第五代导演创作的"民俗电影"是海外获奖的主要类型。所谓"民俗电影"是指自 1984 年陈凯歌执导的《黄土地》、1987 年张艺谋执导的《红高粱》在国际上获奖后，中国中青年导演所开创的一种影片模式。这种影片模式一直延续到了 1996 年，该年度吴天明凭借《变脸》在第 9 届东京国际电影节获最佳导演奖。由于文化差异，一些西方观众对中国电影怀有猎奇和窥视心态。"民俗电影"在力图表达作者对中国历史和文化的反思的同时，有意无意地迎合了西方观众的某种期待视野。

20 世纪 90 年代中期以后，反映中国当代现实生活的影片逐渐增加。这些影片往往聚焦于城镇底层普通人或者是边缘人的生活，表现他们的喜怒哀乐。风格上慢慢趋向于纪实化。第六代导演贾樟柯在国际上广受关注，正是因为他始终将视角对准中国当代社会变迁中的小人物，在细腻地体察他们的哀乐人生中寄予宽厚的人文关怀和理解。另外，这一时期获奖的《十七岁的单车》《洗澡》《生活秀》等也属于此类。

近年来，表现中国当代生活的影片《我不是药神》《暴雪将至》《我不是潘金莲》《烈日灼心》《江湖儿女》《地久天长》等在国际各大电影节上也受到热烈欢迎，获得各种荣誉。另外，由中国政府和民间推动的中国电影与海外电影的交流合作在 2017 年后愈益增多，第二届金砖国家电影节、第四届丝绸之路国际电影节、第二十三届地中海国家电影节、匈牙利中国电影展等相继举办，为推动中外人文交流做出贡献。

二、海外商业市场的成就

改革开放以来，中国电影在海外商业市场上也有重大收获。由于北美市场目前仍是全球最大的电影市场，同时由于北美票房数据相对系统、完整和准确，本文在这里主要从中国电影在北美商业市场票房数据入手，看中国电影的海外传播发展。

根据美国 MOJO 网站公布的电影目录统计，1980—2020 年进入北美外语片票房排行榜前 700 名中，华语电影有 56 部。从时间上看，最早进入北美商业院线并取得票房佳绩的中国电影是 1991 年张艺谋的《菊豆》。在整个 20 世纪 90 年代，进入北美的 12 部华语影片全部是类似于《菊豆》的艺术片或历史剧情片，如《大红灯笼高高挂》《霸王别姬》《荆轲刺秦王》等。2000 年之后，伴随武侠大片如《卧虎藏龙》《英雄》《功夫》《无极》的崛起，艺术影片的权重份额有所下降，但仍然占有很大比重。

2010 年后，随着中国大陆电影市场和生产的起飞，反映当代历史和生活的剧情片如《心花路放》《港囧》《芳华》等后来居上。特别引人注目的是，近几年来，中国大陆电影大大加快了"走出去"的步伐，在北美院线上映并进入外语片前 700 名票房的电影有 25 部之多（2015 年至今是 25 部，2016 年以来是 21 部），相当于此前三十多年的总和。其中在大陆票房非常火爆的主旋律/动作片如《湄公河行动》《战狼 2》《红海行动》《我和我的祖国》以及商业片《唐人街探案 2》《流浪地球》《哪吒之魔童降世》等悉数进入北美市场。而 2020 年年初，受全球范围内疫情影响，海外电影市场整体处于低迷状态，在国内取得不错票房成绩的影片如《八佰》《我和我的家乡》《唐人街探案 3》《你好，李焕英》等大多都未能顺利在海外电影市场发行。

从票房纪录看，1980 年至今在北美票房最高的 10 部华语影片中有 8 部都是武侠/功夫片，如《卧虎藏龙》《英雄》《长城》《霍元甲》等。当然，艺术电影也表现不俗，因为进入前 20 名的电影中除武侠/功夫片外，就是张艺谋、李安、陈凯歌等导演的艺术电影。以张艺谋最早进入北美院线的《菊豆》为例，票房198万美元，是当年中国电影海外票房的第一名。它比2018年中国电影海外票房第二名《唐人街探案2》在北美的票房还略多一点（如果把通货膨胀的因素考虑进去，则远超《唐人街探案2》的票房），并且至今仍保持1980年以来北美华语票房第25名的纪录（《唐人街探案2》为第26名）。相比之下，中国的当代生活剧情片和主旋律/动作片的票房名次则都比较靠后。

但是就整体而言，与世界其他国家相比，如日本、韩国和印度，中国电影和华语影片在北美票房市场上表现还是相当出色的。在美国MOJO网站公布的电影目录统计中，1980年至今进入北美的全部外语片票房排行榜前十名中有4部中国影片，它们分别是《卧虎藏龙》《英雄》《长城》《霍元甲》，剩下的六部分别来自意大利、法国等国。直到今天，美国外语片票房排名第一的仍是李安的《卧虎藏龙》，近1.3亿美元；第三名是张艺谋的《英雄》，近5400万美元；第五名是张艺谋的《长城》，4554万美元。张艺谋作为国际电影节的"获奖专业户"和首先挺进国际商业市场并屡获佳绩的中国导演，不愧为改革开放以来中国电影"走出去"第一人。

另外，中国电影在世界其他地区也时有突出的票房成绩。据国内媒体报道，2017年中国电影本土票房冠军《战狼2》，在马来西亚、新加坡、澳大利亚、新西兰、英国、奥地利、法国、德国、泰国等30个国家和地区、50多个城市、40多条院线海外总票房760万美元，创造了年度华语影片海外发行的票房纪录。2019年国内票房冠亚军《哪吒之魔童降世》和《流浪地球》在海外发行后也分别取得了650万美元和900万美元的不错的票房成绩。

三、关于"走出去"和"讲好中国故事"

改革开放四十多年来，中国电影"走出去"成绩巨大。但是目前有一种倾向，即对于票房数字过于迷信。事实上，票房成绩中间的实际数据情况非常复杂，常常产生严重误导，特别是其中的合拍片。更重要的是，中国电影"走出去"不单是"中国产品"走出去，更要实现"中国文化""中国精神"走出去。从这一点看，中国电影"走出去"要从量的粗放型发展到质、量的共同提升，还有很长一段路要走。

据统计，2018 年中国电影海外票房第一名是《巨齿鲨》，全球票房截至目前约 5.2 亿美元，其中大陆票房 1.5 亿美元左右（人民币10.49 亿元），北美票房 1.4 亿美元左右，大陆票房略高于北美票房，其余票房来自世界各地。但这实际上是一部合拍片，在美国 MOJO网站公布的电影目录中，此片被看作美国电影（华纳兄弟出品），同样的情况还有《长城》《我们诞生在中国》等中美合拍片，这些影片在美国也并不被视作外语片。从文化上看，《巨齿鲨》中的中国元素亦十分单薄。

《唐人街探案 2》是 2018 年海外票房的第二名，北美票房 198 万美元。但这也是一部合拍片（和美国华纳兄弟公司合作生产）。而更为令人尴尬的是，相比在大陆票房 33.96 亿人民币（约 5 亿美元），占其全球票房 90% 以上，美国票房只占 0.4%，加上世界其他地方的票房一起也只是中国票房的一个零头。或许，作为一部合拍片，这部电影是在一定程度上"走出去"了。但是从好莱坞来看，它是利用一些中国元素为中国定制的影片，并成功"走进"了中国市场。

2018 年海外票房第三名是《红海行动》，北美票房 150 多万美元（约人民币 1000 万元）。虽然票房不如前两名，但确实是中国元素、中国制造。其他类似中国元素、中国制造的影片在海外的票房虽有斩获，但还是不那么令人满意。如 2017 年第二名《战狼 2》，北美票房 272 万美元（海外总票房 760 万美元），第三名《芳华》189 万美元。而 2017 年海外票房冠军《长城》，在北美票房 4554 万美元，遥遥领先其他中国电影的海外纪录。虽然该影片的中国元素在国内引起巨大争议，但是比起《巨齿鲨》，则无疑鲜明多了。

2019 年海外票房的前两名为《流浪地球》和《哪吒之魔童降世》，它们在北美市场上也取得了不错的成绩，分别为 597 万美元和 369万美元，并成功进入北美电影市场外语片排名前 200。但它们是否能够作为中国电影走出去的代表还有待思考，《流浪地球》被戏称为太空版的"战狼"，它的票房成功（尤其对国外观众而言）更多倚重的是科幻片中常见的末日奇观而非内在的中国特色的科幻理念和未来想象。而《哪吒之魔童降世》正如它在国内遭到的批评一样，被认为是依照好莱坞动画中的造型、叙事和主题模式进行的创作，它与此前的哪吒故事中蕴含的中国传统理念已相去甚远。但总的来说，这些电影都在努力地以更为多元的方式讲述中国故事，传递中国精神。

正像中国经济从体量的扩展走向质量的提高一样，中国电影的海外传播也面临着如何讲好中国故事的问题。我们可以把以上影片以"讲好中国故事"为标准分成两种情况：第一种是积极或较好地传播了中国元素和中国价值；第二种是一般性地展示了中国元素和故事，有助于世界人民了解中国、关注中国。目前，第二种影片占大多数，且票房较好；第一种影片应该是我们加大努力的目标。

习近平总书记在文艺工作座谈会上的讲话中指出，实现"两个一百年"奋斗目标、实现中华民族伟大复兴的中国梦，文艺的作用不可替代，文艺工作者大有可为。这应该是我们讲好中国故事的指导思想。中国梦作为一个宏大的社会理想，具有相互关联的多个层次。对国家而言，中国梦首先是强国梦；对人民而言，是一个幸福梦；对世界而言，则是一个进步梦和可为当代世界人民分享的梦。这为如何"讲好中国故事"和中国电影走出去提供了方向。

作者系上海大学上海电影学院教授、博士生导师

人类命运共同体意识与中国影视文化传播

孔朝蓬

一、人类命运共同体意识的提出与价值引领作用

2012 年 11 月，党的十八大报告明确提出"要倡导人类命运共同体意识"。此后习近平总书记先后多次在讲话和文章中都提到了"人类命运共同体意识"，并使之逐步实现了具体化与体系化。

近年来，单边主义、民粹主义等盛行，人类命运共同体意识已经从以国际关系为着眼点的基本构想，逐渐成为一种新经济全球化理念。这一理念，体现了世界发展的整体理念和文明观，为解决现在全球矛盾和国际冲突提供了一个基本思路。随着时间的推移，这种理念也得到了世界上越来越多国家包括人民的认同。2020 年，在疫情爆发和百年未有之大变局的时代背景下，习近平总书记再次提出构建人类命运共同体的重要性和紧迫性，他指出"和平与发展的时代主题没有改变，世界多极化和经济全球化的时代潮流也不可能逆转。我们要为人民福祉着想，秉持人类命运共同体理念，用实际行动为建设美好世界作出应

有贡献"①。

正如有学者所指出的："人类命运共同体理论以相互依赖、利益交融、休戚相关为依据，以和平发展与合作共赢为支柱，创造性地提出了一系列新的重大理论观点和战略思想，其先进性体现在对传统国际关系的扬弃和超越，是中国对 21 世纪国际关系理论的又一重大贡献。"②人类命运共同体的核心价值观就是求同存异、和而不同。说到底，就是努力追求人类共同利益的最大化，实现世界的共同发展。因此，用这样一个理念来引领人类文明走向未来是具有前瞻意识的。目前，中国社会已从"新世纪""新时期"进入"新时代"，而"人类命运共同体意识"应成为指导我们面对新经济全球化世界格局和国内系统化变革的基本方针。所以面对新时代，特别是新冠病毒感染疫情以来国内外的新形势，注重人类命运共同体的全球意识、人类意识，明确其在我们价值观体系中的重要性和引领性，也是我国影视文化建设的重要组成部分。

二、人类命运共同体意识与中国影视文化话语资源与话语体系理论建构

1."人类命运共同体意识"价值核心与"中国特色、中国风格、中国气派"基本原则的影视艺术话语转化方式

怎样使人类命运共同体理念同中国特色、中国风格、中国气派的影视艺术话语相结合，这其实涉及我们在面对中西影视话语资源时，如何辨别、吸收的问题。中西方影视话语方法立场、流派主张、视域角度的差异，会带来一些理论话语的圈层与隔膜。在肯定人类命运共同体意识的积极作用基础之上，将去国别化、去中心化的话

---

① 《习近平出席金砖国家领导人第十二次会晤并发表重要讲话》，新华社巴西利亚 2020 年 11 月 18 日电。
② 陈须隆：《人类命运共同体理论在习近平外交思想中的地位和意义》，载《当代世界》，2016(7)。

语进行差别对待是非常重要的一个方面。目前国内学界影视话语体系的建构，就是站在全球话语和中国立场的基础之上，很多学者致力于建构一个中国式的影视话语体系，而且已取得非常富有创新意义的成果。如黄会林先生提出的"第三极文化"及"第三极电影文化"理论建设，侯光明、王海洲、刘军、丁亚平、贾磊磊、李道新、陈犀禾等提出的"中国电影学派"，陈旭光、范志忠等提出的"电影工业美学"理论，饶曙光等提出的"共同体美学"等，其实都不仅是对中国电影或者中国影视理论民族化的建构，还是立足于经济全球化语境、站在人类价值立场的话语体系建设。

2. "技术赋权""数字化生存"背景下影视艺术话语研究的知识体系变革与创新

技术赋权、数字化生存意味着越来越鲜明的国际化、人类命运共同体的必然趋势。影视媒介话语是信息时代用以仿真客观事实、建构人类情感、构建社会关系的载体，传统的影视艺术话语注重媒介本体特质的讨论，有意无意地切断了人与人、人与生命之间的真实对话，生命被数字技术的运作规律禁锢。因此，数字背景下影视学科发展触发了影视研究思维上的焦虑，促使当下中国影视研究进行思维转向和范式转化，注重人的主体意识，注重数字化生存中影视艺术人文精神的坚守和审美情趣的提升。人类命运共同体意识强调尊重人的主体意识，在某种程度上，它为数字文化生存中人的审美提升提供了重要理论基础。

三、人类命运共同体意识与中国影视文化的国际传播

1. 有利于中华优秀传统文化的国际传播

人类命运共同体意识有利于中华优秀传统文化的国际传播。我们应站在人类文明观的整体性基础上看待中华优秀传统文化，影视文化中展示的是人类文明中民族的独特性和文化的建构性，我们也恰恰能够在这一理念基础上找到国际传播的立足点，找到融入世界

的契合点，像李子柒短视频、《舌尖上的中国》纪录片等视听文化产品在全球走红，不仅是由于它们具有民族文化的独特性，而且在于有人类共同意识和人类共同价值观凝聚在其中。

2. 有利于建立平等、互惠的中国影视文化国际化交流与合作

人类命运共同体意识还有利于塑造中国积极、正面、负责任大国形象，例如，《流浪地球》《大国崛起》等影片不仅仅关注如何解决人类共同面对的问题，同时也回答了在这种情况下中国可以起到什么样的作用，可以引导一个什么方向。人类命运共同体意识对建立平等互惠的中国影视文化国际交流合作平台同样具有重要意义。影视文化产品的国际化交流与合作不仅是一个商业性合作，更重要的是文化的交流。人类命运共同体意识不仅是国际关系的基本准则问题，而且有利于建立一个平等互惠的国际交流平台与沟通畅达渠道。比如北京师范大学的"看中国·外国青年影像计划"，每年拍摄主题各不相同，如"人·家·国""生态·生物·生活""风采·民族·文化""家庭·家园·家国"等，但都立足于人类命运共同体意识。

总之，以人类命运共同体意识为核心的"和而不同"的"新国际化"理念的确立，则将进一步推进中国思想对于世界发展的影响，其所包含的前所未有的超越性的价值必将得到国际社会越来越广泛的认同。这既是中国对于世界的责任担当和中国智慧的彰显，也是为世界文明发展所确立的尺度。① 同文明冲突观所不同的是，人类命运共同体理念是对以往经济全球化背景下一元论、线性发展论的深刻反思，它具有高远的前瞻性和超越性。而这一理念将会为我国影视文化建设和传播带来深远影响。

作者系吉林大学教授、新闻与传播学院副院长

---

① 张福贵：《人类命运共同体意识与"新全球化"理念》，载《学习与探索》，2020(12)。

通过民族性廓清中国电影的面目
——探讨几个关于写意电影的命名和定位问题

王　艳

为践行习近平总书记提出的四个自信，尤其是文化自信的号召，落实其关于"汲取中国智慧、弘扬中国精神、凝聚中国力量、传播中国价值、展示中国气派、创造中国品牌、传承中华优秀传统文化"等国家文化战略构想，中国文化艺术教育各界需要进行理论和实践的时代创新，反映中国的文化自觉，彰显中国的文化自信。电影作为不需翻译的"世界语言"、广受年轻人喜爱的大众传播媒介，中国作为世界上最有影响力的电影市场之一，几重因素使得"中国电影"在这一过程中将扮演重要的角色。而电影的民族化表达（或者中国表达）则是帮助中国电影在国际化视野中重新定位、寻找其独特性、彰显文化自信的重要路径之一。

中国电影民族化的成果是具有中国民族特色和美学特征的电影主体，是创作实践准则与理论原则、民族立场与国际视野、历史传统与现代发展、科技创新与美学精神等结合的叙事形态的共同体、美学精神的共同体、实践的共同体和价值取向的共同体。

一、关于写意电影的命名

我们尝试通过复兴中国古典美学中的一些概念，如"写意"，来命名和定位一部分这样的电影主体——"写意电影"，其本质是在第三极文化理论框架下，对电影民族化形式的一种探索，它和历史上以及当下诸多学者前辈探讨的"空气说""影戏"等观念是一种并置关系，多种可能性下是一个共同的目标：通过民族性廓清中国电影的面目，构建电影世界的中国学派。

我们认为，写意电影的代表是应具有中国美学的精神和品格，展现中国传统美学意境、体现中国艺术的特色、传承中国优秀文化、引领时代价值观的影片。

关于写意电影的命名还有两点要注意。

1. 此美学非彼美学

随着欧洲现代性进程，特别是在 20 世纪西学东渐的影响下，现代汉语中的学术话语欧化严重。艺术、美术、美学、审美等重要概念几乎都是西方概念的汉译。众所周知，美是西方美学和艺术理论的重要主题。[1] 但是，美并不是中国传统美学和艺术理论的主题。在中国古典美学体系中，"美"并不是中心范畴，也不是最高层次的范畴。以美为核心建构起来的美学和艺术理论，不能很好地传承中国美学和中国艺术。早在 20 世纪早期，老一辈美学家如王国维、邓以蛰、宗白华、朱光潜等人就力图将传统美学中的古雅、境界、气韵、意境、意象等概念纳入现代美学和文艺批评。进入 21 世纪之后，叶朗等美学家又将意象、意境、感兴、沉郁、飘逸、空灵等传统美学概念纳入美学基本理论，并明确地提出了"美在意象"的重要

---

① 顾彬、李雪涛：《中国对于西方的意义——顾彬、李雪涛谈第 61 届法兰克福国际书展》，载《中华读书报》，2009-12-02。

理论观念。①

因此，我们今天重提、复兴的中国传统美学概念，不仅是走出西方美学的固有体系概念，回到中国美学和艺术的语境中来探讨中国的一门具体艺术，而且是在经济全球化时代和跨文化语境中经历东西方文化激烈碰撞之后，重新发现的具有时代特征、更有生命力的传统。

2. 此写意非彼写意

我们在过去进行影视民族化的研究时，往往陷入具体的艺术形式中，将一种艺术如文学、诗歌、绘画的艺术概念直接移植到电影中，比如在进行影视批评时，常见直接引用诗歌里的意境、绘画中的情境、音乐中的韵味等，这当然是一种评价方法，但是我们也要谨慎，研究方向的正确性并不代表研究方法的正确性，直接的概念取代或移植可能会削弱不同艺术形态之间的本质差异，同时也降低了电影作为独立艺术类别的美学意义，因此，我们要考虑的是将中国传统美学的核心范畴直接纳入电影本体研究范式之中，避免用其他艺术门类的命题去指代电影的命题。"写意"虽然是起源于中国传统绘画的美学概念之一，但是我们将之归纳演绎，重新生成具有东方哲学内涵的"写意美学"，成为指导诸如写意绘画、写意雕塑、写意戏剧等具体民族艺术门类的美学思想。我们在本文中所指的"写意"自然是写意美学的写意，而非传统绘画艺术的写意。

二、关于写意电影的定位

1. 探索中国电影新主体，推动中国电影民族化理论的历史演进

中国传统艺术理论的表述以体悟为主，如《文心雕龙》一样的广博宏大又精微缜密的传统文艺理论著作较为少见。电影作为西方的舶来品，同时又是最年轻的第七艺术，诞生于科学技术、社会政治

---

① 彭锋：《写意美学的三个面向》，载《当代美术》，2019(6)。

快速发展的资本主义时代，受西方哲学思想和文化艺术的影响，西方电影理论形成一整套完整的体系和范式，中国的民族电影是具有中华民族美学特点的电影，因而对于中国电影理论的研究，需要建立一种既符合一般电影形态和规律的理论，又有别于传统电影理论的新形态、新范畴和新范式，并通过理论的建构指导创作实践，找到能充分表述中华民族禀赋、中华民族特点、中华民族精神的影视语言和美学风格，形成代表中国电影风格的电影新主体。

2. 寻找中国电影的主体性，推动其在更高层次上与世界电影体系对话

一个国家、一个民族的强盛，总是以文化兴盛为支撑的，中华民族伟大复兴需要以中华文化发展繁荣为条件。随着国家整体实力的提升和中华民族的复兴，中国已经成为世界上第二大电影市场和重要电影产出国，正从电影大国向电影强国迈进，基于这样的体量和影响力，必然会要求中国电影对自己的民族性进行表述，以在对外交流中显示自己的独特性和独特价值，这是市场的需求，也是时代的需求。习近平总书记多次强调，"增强文化自觉和文化自信是坚定道路自信、理论自信、制度自信的题中应有之义。如果'以洋为尊''以洋为美''唯洋是从'……跟在别人后面亦步亦趋、东施效颦，热衷于'去思想化''去价值化''去历史化''去中国化''去主流化'那一套，绝对是没有前途的"。只有立足本民族，理解和尊重本民族的文化传统，发展和发扬本民族的美学风格，才能真正立于世界艺术之林。换句话说，带有中华民族特色的中国电影才能在更高层次上与世界电影体系进行平等有效的对话，而这是专业群体的诉求，甚至是国家和民族的共同愿望。

三、打造共同的民族想象，以电影讲述中国故事

在以麦茨（Christian Metz）为代表的电影叙事学家看来，"电影手法实际上就是电影的叙事法"。换句话说，电影是一种叙事体系，

包含题材、风格、主题、视点等一系列叙事方法。中国电影的根本任务就是讲好中国的历史故事、当代故事、未来故事，为时代画像，为时代立传，为时代明德。同时，电影作为大众文化的载体，对内，中国电影通过运用审美化的、民族化的电影叙事风格和叙事策略，可以提炼中国传统美学与时代精神，用影像的方式记录、传播、传承中华民族的历史和特色、荣耀和苦难、文化和精神，从而塑造共同的民族想象。"历史和现实都证明，中华民族有着强大的文化创造力。每到重大历史关头，文化都能感国运之变化、立时代之潮头、发时代之先声，为亿万人民、为伟大祖国鼓与呼。中华文化既坚守本根又不断与时俱进，使中华民族保持了坚定的民族自信和强大的修复能力，培育了共同的情感和价值、共同的理想和精神"①；对外，基于电影作为一种具有无国界的世界性语法的语言，无须翻译就能传递信息和传播思想情感，中国电影又可以作为一张"文化名片"，通过这种世界性语言对外呈现真实的中国面貌，传递真实的中国声音。

四、以电影推进当代中国国家形象的文化建构

中国正处在砥砺前行、民族复兴、为实现中国梦奋斗的重要时期，中国的软实力需要与时俱进、全面提升，习近平总书记在中共中央政治局第十二次集体学习时强调打造国家形象的重要性，"要注重塑造我国的国家形象，重点展示中国历史底蕴深厚、各民族多元一体、文化多样和谐的文明大国形象；政治清明、经济发展、文化繁荣、社会稳定、人民团结、山河秀美的东方大国形象；坚持和平发展、促进共同发展、维护国际公平正义、为人类做出贡献的负责任大国形象；对外更加开放、更加具有亲和力、充满希望、充满活力的社会主义大国形象"。国家形象的重塑和传播需要政治、经济、

---

① 习近平总书记 2014 年 10 月 15 日在文艺工作座谈会上的讲话。

文化、社会等方面的全面深度参与，而文化艺术在其中扮演的角色更为符合中国传统文化"以德服人、以文化人"的理念。中国电影要从民族传统文化中汲取精华和营养，将传统美学精神注入现代艺术创作实践中，阐释中华民族禀赋、中华民族特点、中华民族精神，形成一套具有中华民族特色的、独特美学特征的影像语言和电影理论体系，从而以润物细无声的方式推进当代中国国家形象的文化建构。

作者系北京师范大学中国文化国际传播研究院博士后

央华版《雷雨》的跨文化传播实践

田卉群

过往我们更多是探讨如何让中国电影文化得到国际性传播与理解，而本文研究案例央华版《雷雨》的跨文化传播实践主体则是西方创作者，笔者旨在从这些西方创作者的角度对中国经典文本进行解码、再解码。央华戏剧的多位创作者都来自北京师范大学艺术与传媒学院，本文拟通过对其创作思路和演绎方式的研究，来寻找中西文化共建的可行路径。

《雷雨》的版本很多，大多数人看过的是人艺的版本。从置景来看，早先是比较写实的中国庭院大宅，有点像《大红灯笼高高挂》里的大宅。最新版的《雷雨》中，濮存昕选择用写意的方式来建构。央华版《雷雨》海报给观众留下的印象，似乎超出了大家此前对于所有《雷雨》的舞台记忆：这里有硕大而空旷的空间，这一空间被高度抽象化。似乎想要说，我们生活在同一个世界，我们可能在某时某地有过相似的命运。

由法国人担任舞美设计的《雷雨》故事版在很大程度上同现场舞台置景相一致，整个环境空间由大理石建构而成，并非中国式建筑。它传递出的信息在于，这是一个舞台，是一个表现生活富足的一群人所存在的空间。这一空间本身不见得是中式的，也可能是西式的。由于这一空间高度简约，所以能够被赋予多重想象，你可以想象成古希腊的建筑，也可以想象成罗马庭院。因为它足够简化，空无一物，所以我们才有可能在里面放很多东西。就像电影《卧虎藏龙》里说："你把手握紧了，什么都没有。你把手打开了，万物都在手中。"这一空间也是如此，里面充满诸多想象。

舞台上白色大理石的置景，很多道门通向不同空间。《雷雨》的第一幕、第二幕发生在富人家中，即周家的大房子中的一间，这个房间从地板到天花板被白色大理石覆盖。再往后我们看到了《雷雨》对于穷人家庭的呈现，即鲁家的一间小房子，用到了大量原木场景。这两个场景的差别，让我们联想到《卧虎藏龙》中的空间形式：我们不仅可以看到北京城灰色的城墙，而且可以看到竹林和原木色建筑中传递的庙堂和江湖意向，以及沙漠所代表的激情。在观摩央华版《雷雨》法国设计师的精彩呈现时，我感到他用坚硬冷酷的大理石象征富有人家的生活样貌，使用原木色表现鲁家穷人的生活状态，这是一种有意味的形式。穷人的房子外面是无尽的黑暗，置景强化了这一视觉冲击。

悲剧无可避免而至时，整个戏剧空间都敞开了，这座大宅再也没有办法把权力、安全感、富有固定在这个世界上，通向的是命运的不可逆转、不可预知。

主创团队对于《雷雨》文本也有一种全新阐释。过去，我们认为《雷雨》是正剧，但是央华版《雷雨》有时呈现为喜剧，有时呈现为悲剧。央华版《雷雨》尤其独特之处，是甚至直至看过央华版《雷雨》，才算看懂了《雷雨》。张艺谋导演拍《满城尽带黄金甲》时，我曾问过他为什么将"雷雨"这一戏剧情节放在唐代，他说，编剧很难写出像《雷雨》这么工巧的故事。

《雷雨》中有大量巧合，此外还有阶级的强烈对立：比如鲁大海成为罢工运动的领袖，成为自己父亲的敌人。这个故事的阶级对立对我影响很深。但是看央华版《雷雨》，一些东西被突然打破，就像它的置景被敞开，有更多黑暗、更多光打进来一样，这个工巧的故事也被击碎了，似乎有一种对人类命运不可知的感受萦绕其间。央华版《雷雨》中，我们看到它时刻有着欢乐喜剧和人性丑恶的小愿望，时刻有着人在面对命运的无可奈何。周朴园面对鲁侍萍的时候同样无法面对真相，他也无法掌控命运。命运的捉弄下，多年之后周朴园同鲁侍萍复合，现场有两个孩子，而两个孩子成为对立者。他们知道发生了什么，观众也知道发生了什么，但是这两个孩子不明所以，于是这个现场变成了固定的现场——我们在命运的捉弄之下，命运怎么把我们这些人放进了红圈。在这个红圈里有阶级因素，也有人性的弱点，但这些都不是决定性的，真正具有决定性的是没有人对抗得了命运。这些房子象征着人物的身份，也象征着在这个世界上完全不存在永远固定的东西，它会像流沙一样消失掉，最后会融合在一起，被整个抛到完全陌生的宇宙里，因为他们命运插曲的形式改变了。

央华版《雷雨》的成功在于，把我们惯常理解工巧的故事以及包含阶级对立、阶级批判的文本还原成了巨大的、不可控、不可知、充满抽象意味的命运悲剧。这是一个经典的中国故事，也是在中外双方主创共同努力下，把经典中国故事解码成为一部经得起世界观众审视的舞台呈现的经典案例。

作者系北京师范大学艺术与传媒学院教授

第三辑

中华文化与美学的国际传播

打造有速度、有深度、有温度的国际传播新品牌

王雪莲　王　甫

2021年8月15日19：02，中央广播电视总台《央视财经》播发了"阿富汗总统即将辞职"的消息，作为中国权威主流媒体的首发新闻，被国内外各大媒体纷纷转载。世界正在通过中国的报道关注来自阿富汗的最新消息。

进入喀布尔后，塔利班于8月17日举行首次新闻发布会。中央广播电视总台报道员几经周折进入会场，并且经过反复协调，将标有CCTV标识的采访话筒放到主席台中央。8月31日，塔利班举行新闻发布会，宣布20年的入侵结束了，他们有能力建设自己的国家。在发布会主席台上，塔利班发言人面前只有两只话筒：一只话筒连接着会场的音响设备，另一只标有中国国际电视台CGTN的话筒连接着媒体。中国成为第一信息源，报道马上被CNN、BBC、FOX、CNBC等国际主流媒体转发。德国电视一台、法兰西24小时电视台、日本NHK电视台、俄罗斯RT电视台也都使用了中国的信息源。大约在三周时间内，中央广播电视总台连续播发了12次塔利班官员专访和13次前阿富汗政府官员专访，人物专访、动态消息、现场报道、新闻连线以及评论综述等各种节目，在全球95个国家和地区1599个电视台播出，平

均每天有 66 个国家和地区，526 家电视台引用达到 2770 次。截至 9 月 5 日，中央广播电视总台播发的有关阿富汗新闻，跨媒体总触达人次达到了 73.33 亿。

中央广播电视总台阿富汗报道所取得的巨大成功，为彻底扭转在国际传播中西强我弱的旧格局提供了新的支点。中国媒体在国际传播中长期只做"二传手"的历史正在被改写，通过中国报道了解天下大事正在成为业内同行的新共识和广大观众的新体验。

2021 年 5 月 31 日，中共中央政治局就加强我国国际传播能力进行了第三十次集体学习，习近平总书记在学习会上发表重要讲话。他指出，要深刻认识新形势下加强和改进国际传播工作的重要性和必要性，下大气力加强国际传播能力建设，形成同我国综合国力和国际地位相匹配的国际话语权，为我国改革开放稳定营造有利的外部舆论环境，为推动构建人类命运共同体做出积极的贡献。①中央广播电视总台面对突发重大国际事件，准确研判，快速反应，迅速形成合力，记者和报道员不畏危险，第一时间抵达现场，抢发头条新闻，推出独家报道，用饱满的工作热情和严谨的专业态度，在阿富汗新闻大战中打了一场漂亮仗，把中国国际传播思想理念扎扎实实落实到外宣工作每一个环节之中，用中国声音报道全球新闻，及时、准确、客观、公正地满足了全球观众了解阿富汗瞬息万变最新战况的迫切需求。

在阿富汗报道所取得的成功，是中央广播电视总台国际传播能力提升到新阶段的里程碑，受到了国内外舆论界广泛的关注和好评。2018 年中央广播电视总台成立后，对原有的中央人民广播电台、中国国际广播电台和中央电视台各个职能部门进行了重新组建，机构设置更加有利于新闻的采集、编发和传送。特别是在外宣方面理顺了机制，强化部门功能，实现优势互补，更加完善了适应国际传播的工作流程。驻全球各个地方的总站和记者站更加充实，人员组成和技术条件都有了很大的改善。

―――――――――

① 习近平主持中共中央政治局第三十次集体学习并讲话，新华社，2021-06-01。

阿富汗局势稍稍平静，9月5日8点左右，地处非洲西海岸的几内亚首都科纳克里多处枪声大作，断断续续响了一个多小时，道路被封锁，人员禁止通行。军队扣押了总统，控制了国家电视台，宣布解散政府。一场政变瞬间震惊了非洲，震惊了世界。枪声就是命令，几内亚政变发生之后，总台驻非洲总站迅速开启应急机制，进入直播状态，法语"几内亚政变特别报道小组"应时成立并开始紧张工作。政变发生一个半小时后，新闻中心国际部与非洲总台联系核实报道内容，在《东方时空》播出了字幕滚屏新闻。事件发生两小时后，总台中国国际电视台英语新媒体发布消息："几内亚首都传出激烈枪声"，比路透社、彭博社、BBC等西方媒体都更早地报道了这一突发新闻。

9月6日零点，总台报道员第一时间获取了发动政变军队指挥官的讲演和已被控制的孔戴总统的画面。在总台统一调度下，前方报道小组不断传回文字、图片、视频等最新消息，不同内容、不同题材、不同语言的信息源源不断地在各个平台上相继播发。中国北京，再一次成为全世界及时了解几内亚政变最新动态的资讯中心。

在争时间抢速度，不断提高新闻时效性和现场感的基础上，中央广播电视总台几内亚报道还具有一个突出的特征，就是非常关注新闻核心人物的采访，鲜明地传达新闻核心人物的立场观点和态度，让全世界对新闻事件有更深入更全面的了解，对事件发展态势做出理性的判断。9月5日当晚，总台科特迪瓦报道员妮亚邬蕾克服了种种困难，完成了对政变指挥者几内亚特种部队上校马马迪·敦布亚的独家采访，并在第一时间回传总部及时播出。在采访中敦布亚介绍了发动政变的原因以及孔戴总统的最新状况，直接回答了当时新闻记者和全世界最关注的主要问题。围绕军事政变的发生发展，总台对相关重要人物的专访都是非常及时、非常深入的。

2021年9月8日专访几内亚主要反对派领导人、几内亚民主力量同盟主席赛卢·达莱因·迪亚洛，以及几内亚人民联盟副秘书长赛库·那那·希拉。2021年9月10日专访西非国家经济共同体委员会主席让·克劳德·布鲁。2021年9月10日独家专访刚刚返回几内亚的前总理、共和力量同盟主席西迪亚·杜尔。2021 年 9 月 13 日采访联合国秘书长西非和萨赫勒问题特别代表穆罕默德·萨利赫·安那迪夫。

从一个新闻现场到另外一个新闻现场，总台记者和报道员克服了新冠病毒感染疫情带来的困难和各种障碍，手持写有总台 CGTN 字样的话筒，采访各方政要、军人、民众、学者，把不同年龄、不同职业、不同身份、不同政治立场的人们的意见真实全面地传播出来。特别是他们在第一时间采访了中国驻几内亚大使馆发言人岳少文，并在央视《朝闻天下》栏目 9 月 6 日早 6 点播出报道，回答了中国国内观众特别是一些国内驻几内亚人员亲属密切关注的问题。关注人的安全，关注人的心态，关注人的命运，体现以人为本的新闻报道核心理念，总台报道不仅是连接几内亚与中国的信息桥梁，而且是沟通全世界各国人民心灵的情感纽带。

牛津学者伊吉纽·加利亚多曾经说过，中央电视台非洲分台的报道关注到了非洲的崛起并进一步加强了对非洲的正面报道。这是中国媒体在积极为非洲发声，让世界对非洲的看法更成熟而全面。从阿富汗到几内亚，从亚洲中部到非洲西海岸，短短不到一个月的时间里，连续发生的重大国际事件，重新考验了国际新闻界的应对能力。中国中央广播电视总台的新闻工作者不畏艰险，第一时间出现在新闻现场，及时发回独家报道和专访，以鲜活准确的事实和客观公正的态度，赢得了同行们的赞许和广大观众的欢迎。事实证明，中国国际传播能力正在得到稳步的提升，来自北京有速度、有深度、有温度的全球报道，正在成为国际舆论场上一道闪亮的新品牌。

香港凤凰卫视前副总裁、资讯台台长，中国传媒大学中国网络视频研究中心主任、博士生导师钟大年教授曾说："传统新闻业所追求的所谓'公信力'，正是在近二百年时间内逐步建立起来的诚信指标，它包括三个主题：①信息来源——传播者的可信度；②信息——内容可信度；③渠道——媒体可信度。这些可信度需要制度（行规）和从业者的品质（操守）的保障，而记者正是这种价值观最直接的实践者和捍卫者。

中央广播电视总台，作为国家主流媒体，随着中国综合国力的增加，自身不断守正创新，传播者的可信度得到了国内外各界普遍的认可和接受。新闻工作者业务能力和专业素质迅速提升，在阿富汗和几内亚报道中，总台报道员不是临时仓促上阵的，恰恰相反，他们是从当地具有丰富工作经验和良好职业规范的优秀人员中精心选拔出来的，有些已经在总台工作了多年。他们熟悉中国广电行业的基本专业流程和工作规范，接受总台的统一指令，严格按照总台工作标准，完成各项报道任务。以现年 39 岁的阿富汗报道员卡里姆·法耶兹为例，他手持 CCTV 话筒出现在喀布尔大街小巷和机场医院等各个新闻现场，出色地完成了任务。作为一名阿富汗人，他在中央广播电视总台中东总站已经工作了 10 年。在实践中，他的业务水平有了很大提高，中文水平也有了进步，更重要的是英文水平得到了长足的发展，已经可以使用英语进行采访报道。他使用流利的英语在现场做报道的画面，出现在全球各大主流媒体的平台上，法耶兹很快成为媒体明星和网络红人。在本地人中挑选具有良好职业素质的专业人员加入我们的报道队伍，充分发挥他们的地域优势、语言优势、文化优势和社会资源优势，通过深入的信任和坦诚的合作，使他们能够应对复杂局面，顺利地完成报道任务。外籍报道员的出色表现，成为总台提高国际传播能力改革创新的一个亮点，使国际传播活动成为具有本地特色、民族气质、中国语态和国际视角的完美统一，受到各方面信赖和支持。他们是全面提升中国中央广播电视总台国际传播力、影响力和公信力的有力抓手。

在关键时刻找得到人、说得上话、办得成事，及时、客观、全面传递各方声音，充分体现了总台突出的报道实力。在几内亚与塞内加尔复航伊始，总台驻达喀尔站记者韩蓄快速出击，不惧疫情和政变双重危险，"逆行"勇闯几内亚，成为政变后进入科纳克里的首位中国记者，第一时间发回大量独家报道，及时发出准确、真实、权威的中国声音，展示了总台作为国际媒体的专业性和影响力，展现出中央广播电视总台人"舍我其谁，敢战必赢"的工作作风。中央广播电视总台正在奋力打造国际一流新型主流媒体，全球各地记者站不断发回更多来自一线的独家报道，以优质作品提升总台在国际舆论场的引领力、传播力、影响力，向世界展示中国作为世界和平建设者、全球发展贡献者、国际秩序维护者的良好形象。

第一作者系中央广播电视总台高级编辑，第二作者系中国传媒大学教授、博士生导师

文明交流互鉴观与中国特色战略传播体系建构

戴元初

2021 年 5 月 31 日，习近平总书记在中共中央政治局第三十次集体学习时强调加强和改进国际传播工作，展示真实立体全面的中国。习近平总书记在主持会议时发表讲话，他指出，必须加强顶层设计和研究布局，构建具有鲜明中国特色的战略传播体系，着力提高国际传播影响力、中华文化感召力、中国形象亲和力、中国话语说服力、国际舆论引导力。

战略传播这一概念源自冷战结束之后的美国，核心定义就是服务于国家战略利益和国家战略目标，整合战略性的传播资源而进行的系统化的传播活动。当今中国身处百年未有之大变局，我们能够看到西方一些国家逆全球化倾向明显，狭隘的民族主义思潮一度较为盛行，甚至可以用"甚嚣尘上"来形容。人类社会应该向何处去？国际舆论场应该有怎样的竞争格局和平衡机制？在这一时代背景下，这些问题被凸显出来。与此同时，我们有必要思考，中国的国际传播战略框架如何构建，它的底层逻辑应该是什么？

美国学者约瑟夫·奈，在特朗普执政时期看到他放弃了很多国际公共产品主要提供者角色的时候，曾经非常担心地提出了这样一个问题，就是当美国放弃国际公共产品主要提供者这个角色的时候，中国是不是有能力和意愿填补这个空白。如果没有，那么世界就可能出现公共产品供给短缺的危机，这就是通常所说的"金德伯格陷阱"。

在国际传播中具体讲一个故事其实很容易，以中国的眼光去看某一个事件和事实也相对比较容易，但是要通过合适的方式，让不同文化背景，甚至是不同文明背景下的用户或者受众能够体会到底层的价值，这相对来说是有相当难度的。所以，我想我们在讨论中国特色战略传播体系建构的时候，一个基本思路是要基于中国文化在不同文明之间交流沟通的底层价值，也就是天下观、和合观，还有和谐观，以开放包容的精神，积极地实现当代转化。

关于交流互鉴，习近平总书记在多种场合曾经反复强调，并且多次和国际社会交流时重申这个非常重要的观点。在联合国教科文组织的一次讲话中，习近平总书记说"文明因交流而多彩，文明因互鉴而丰富"，他还提到"历史告诉我们只有交流互鉴，一种文明才能充满生命力，只要秉持包容精神，就不存在什么'文明冲突'，就可以实现文明和谐"。我想这是我们今天要讨论中国特色战略传播体系建构的一个非常重要的底层基础。

在讲文明交流互鉴观的时候，我同时想到黄会林先生曾经在阐释"第三极文化"概念的时候，也说过欧洲文化在世界的传播是基于殖民主义的理念，他们通过坚船利炮将鸦片送到东方国家，使他们成为自己的殖民地。而我们的文化根本就在于和谐，我们要与世界和谐共处，"和谐共处"这四个字的核心就是交流互鉴。

所以，在我看来文明交流互鉴这个观念或者理念，应该成为我们建构中国特色战略传播体系的一个最基础的思想资源。文明交流互鉴的核心关键词，就是"交流"与"互鉴"。交流就是传播，那么应该以什么样的心态进行国家间的传播？互鉴就是一个非常重要的基础。互鉴最关键的一点在于尊重不同文明主体之间自身价值的同时，还尊重他者的价值，过去是以主体性的态度去观看对方，现在可能要进入一种主体间性，或者对于他者的宽容性。在这一点上，随着人类文明的不断进步，越来越多的思想家能够认同这个观点。我们大家都非常熟悉的费孝通先生留下的 16 字箴言，其中最后两句就是

"美美与共，世界大同"，这也同样是这一观点的基础。

　　关于文明交流，在东西方都有两种不同的交流观。一种就是所谓的基于文明冲突立场的交流观。汤因比在《历史研究》当中曾经对于文明冲突这种观点之所以产生的历史渊源做过梳理，后来安德森也进一步说传播科技和人类语言的多样性使民族这个共同体成为可能，同时，它们也在不同文明之间设置了交流的障碍。另外，提出"历史终结论"的福山也认为人们可能更愿意保留本民族的历史宗教传统和集体记忆，而不是全盘接受以美国精神为基础的所谓的共同价值的文化世界。比如以美国的战略传播方法，从"美国优先"的战略立场去传播它的文化，就有可能形成所谓的文明冲突。另一种交流观，就是从包容的立场上来看，我们甚至可以追溯到与马克思、恩格斯相关的全球共享公共资源思想。还有思想家哈贝马斯，他认为随着各类生产要素流通的经济全球化，当今所有民族国家都面对着共同的历史挑战。因此，在经济全球化持续深入的今天，以包容多元的立场对文化交流进行研究，有它的必要性和紧迫性。哈贝马斯还曾经提出过所谓的"全球公共领域"这样的概念，希望不同的思想观念和立场，在一个全球性的公共领域当中相互包容交流，在这个基础上最终达成共识，解决不同的立场和现实的问题。

　　当然，背后可能会有一些非常现实的问题，有些问题可以通过讨论，通过观点的碰撞最后达成共识，有些基于不同国家利益的严重冲突、互不相让的时候，究竟最终的解决方式是什么？这需要一个比较温和的、具有包容性的交流互鉴的方式。也有一些学者认为，从历史上看，没有证据表明文明的冲突是真正存在的，相反文明的共存才是常态，非西方国家的崛起将加速这种文明的共存和交流互鉴。这点已经让越来越多的人认识到。特别是美国和一些西方国家，他们在面对新兴经济体，特别是像中国这样一个发展中大国不断走向世界舞台中央的时候，整个心态和交流的方式，甚至相互之间的交流机制设置，都已经做好了一定的调整和准备。在这个意义上，文明交流互鉴观为中国特色战略传播体系建构过程中存在的问题提供了中国智慧，起码是一种解决方案。

作者系山东大学教授、舆论研究中心执行主任

中华文化需要创意传播

庚钟银

习近平总书记曾指出，"要加强对中华优秀传统文化的挖掘和阐发，努力实现中华传统美德的创造性转化、创新性发展，把跨越时空、超越国度、富有永恒魅力、具有当代价值的文化精神弘扬起来，把继承优秀传统文化又弘扬时代精神、立足本国又面向世界的当代中国文化创新成果传播出去"。其实关于这样的表述，习近平总书记不止一次说过，这是习总书记给特定历史条件下的中华文化传播者提出的一个任务，对于传播者来说，这个任务目前完成得怎么样？事实说明，中华文化传播近些年来取得了可观的进步，但是依然面临着是否做到了更广泛、更深入地让接收者读进去、看进去、听进去的质疑，依然面临着如何让用户更好地触摸到中华文化脉搏、品味到中华文化精髓的追问。

无论是域内传播还是域外传播，如何使人全感官体验到中华文化的震撼，避免在文化上漠视中国、固化中国、曲解中国，我想，有效传播、高能传播不仅是一个长期任务，而且是一个紧迫任务。有效传播、高能传播，需要创意传播观念的介入赋能。文化传播离不开创意，但是在这里，我们需要特别放大强调创意传播这一概念。在中国文化传播理论体系上和实践过程中，创意传播是需要特别突出认知的一个概念。尤其是在媒介生态剧变的现实情况下，传播学理论虽然又有了新的发展，但是传播依然离不开传播者、接收者、传播渠道、传播内容等要素。谈到中华文化传播的时候，这些要素都需要创意的浸润，中华文化"创造性转化、创新性发展"需要抓住这些要素不断进行创意传播。

就传播者创意而言，谁是中华文化传播者是需要厘清的一个基本问题。理论上，人人都可以是传播者，无论你是老人还是孩子、普通人还是名人、中国人还是外国人，大家都可以肩负起中华文化传播者的使命，形成中华文化传播共同体。北京师范大学的"看中国·外国青年影像计划"活动，还有一些中外影视合拍作品等，借助不同载体，外国人很好地成了中华文化的传播者。国内现在有很多人到国外留学，中国留学生理应是传播中国文化一个重要方面军。不光中国留学生可以到国外去传播，甚至还可以通过他们的父母以及同学进行国际的经纬传播、复合传播。中华文化也可以对动物、植物进行传播物身份塑造，丰富传播主体内涵，延伸传播意义，这样的文化产品早已有之、还可有之。另外，利用智能机器人进行中华文化的传播是不是也可以引人注目，可以产生奇特的效果？从传播者创意来看，我们可以进行全方位、多角度思考，把我们能够挖掘到的传播角色挖掘出来、排列出来，组合施策、因材设计，发挥其积极的传播能量。

就接收者创意而言，我们或可把接收者精研细分，对中华文化接收者进行算法传播。我们早就提出了大众、中众、小众这样的概念，是否还可以提出微众、超众、特众等这样的概念呢？想来应该是可以的。中华文化传播不仅是面向国外的，而且是面向国内的。所以我们在强调面向国外传播的时候，首先要考虑到国内的中华文化传播是一个怎样的状况，面向国内不同传播对象如何才能取得更好的传播效果。国外传播，我们更多的是面向发达国家，而对发展中国家是不是也要用心用力去研究如何传播，如何抓住不同国家的不同群体来进行对话交流？无论从哪个角度考虑，接收者选择、确立、聚拢，都是传播创意的重要课题。

传播渠道也具有可以创新的空间。谈到中华文化传播，我们更多提及的是主流媒体、主流渠道，其实也有民间媒体、民间渠道。现在"全媒体"已经不是一个陌生的概念。那么，全媒体到底是什么意思？全媒体有多少种媒体？须知，万物皆媒！全媒体概念的生成拓宽了渠道创意的思路，我们可以利用所有渠道、所有媒体来进行中华文化生动而丰富的传播。习近平总书记曾指出，要"提高对外文化交流水平，完善人文交流机制，创新人文交流方式，综合运用大众传播、群体传播、人际传播等多种方式展示中华文化魅力"。中华文化可以硬传播、可以软传播、可以巧传播，可以在传播渠道创新中熠熠生辉。

传播者也好、接收者也罢，归根结底，是内容的传播和接收，内容一定是创意的产物。我们要强调对中华文化优质内容的探寻与挖掘，并选择与之相匹配的形式传播出去。选择就是取舍，创意伴生选择。中华文化创意传播需要去伪存真。我们不能忽略选择适合青少年接收的内容来传播。此外，我们有必要深入研究国内外不同受众的文化传统、价值取向、接受心理，因人制宜、因地制宜、因时制宜地进行内容创意。中华文化在海外，可能最具影响力的是中医、饮食等，实际上，能够代表中华文化的远不止这些，还需要我们进一步挖掘、选择，进行创意表达。

中华文化创意传播的意图在于要让中华文化走向更广大的世界，让世界人民更多、更好地了解中华文化、接受中华文化。创意传播就是要把中华优秀传统文化的精神标志与文化精髓提炼出来、展示出来，真正做到有效创意、精准创意、科学创意，把中华优秀传统文化的真意、善意、美意精致地传播出去，把中华民族的心意、情意、民意精确地传播出去。

作者系辽宁大学教授、马可·穆勒电影艺术研究院院长

视觉文化转向助推传统文化进入"精神交往"的视野

孟　建

如今正在进入一个愈加注重"社会全面视觉化"的时代，眼睛越来越成为生活的主宰。依赖我们眼睛的"观看"，远不仅是视觉生理上的动作，它还是一个由个体走向他人与外在环境的传播行为，具备自己的机制和生命力，甚至形成思想观念、行为方式、审美取向的引导。因此，有哲人说，这个社会的全面视觉化不是个体的行为，而是时代的一种新的姿势。

现代社会视觉传播中的文化转向与理论认知。对现代社会的认知而言，可以有不同的视角和路径。如果从人类生存的环境来看，人类社会生存的环境是由自然、社会体制、符号三类总体构成的。在这三种环境中，前面二者的研究和分析不去赘述。而对于后者"符号环境"，是近年来为人们越来越强烈感受到的。从文化意义上看现代社会，显现着现代文化特征的社会，某种意义上说是各种符号系统通过传播而构筑的社会现实。没有符号的处理、创造、交流，就没有文化的生存和变化。传播媒介是文化发生的场所，也是文化的物化。在现代传播科技作用下的媒介变革，正使得这一"文化发生的场所"起了翻天覆地的变化。

接触媒介和使用媒介已成为个人与社会交往

的重要方式。而在这其中，视觉文化的符号传播系统正在成为我们生存环境的重要部分。我们所讲的"视觉文化"是指文化脱离了以语言为中心的理性主义形态，在现代科技，特别是传播科技的推动下，日益转向以视觉为中心，特别是以影像为中心的感性主义形态。由此引发"视觉文化传播"也许可以这样概括：视觉文化传播特指通过各类形象媒介，特别是影像媒介，形成的一种文化现象和传播形态。视觉文化传播时代的来临，不但标志着一种重要文化形态的转变和形成，而且标志着一种全新传播理念的拓展和形成。当然，这更意味着人类思维范式的一种转换。随着现代传媒技术的发展，视觉传播开始与听觉及文字传播结合，形成视听一体化的传播形式。

现代社会视觉传播中的文化变迁与文化传承。视觉文化的理论被认为主要源自两个方面，即罗兰·巴特的符号学和英国的文化研究。然而，如何将视觉的观看当作一个历史文化问题来思考，即将它放在历史的、文化的甚至是技术的变迁当中来看待，目前支撑视觉历史论的观点认为：视觉体验会在历史进程中以各种方式变化。这些研究的深刻之处，在于视觉文化传播揭示了人类文化行为尤其是视觉文化传播行为中"看与被看"的辩证法。实际上，这一视觉文化的历史性转向，开启了重新认识现代社会的可能。这种称为文化转向的看法，不啻是一种文化变迁的思考。

文化变迁与社会变迁密切相关。人类向基于互联网的、基于社交媒体的、基于移动终端的视觉文化传播时代的全面迁徙，是一个现代社会中文化研究的重要命题。一切媒体的发展与变革就其本质来说，都是马克思早就论述过的"精神交往"方式的革命。今天，我们深入探讨视觉文化传播这一重要命题的理论内核并阐释其特点时，最根本的就是要探讨当下媒介化社会中人类如何运用视觉"观看"的方式去实现更为别样、更加深入、更高质量的人类"精神交往"问题。这才是对视觉文化传播本体性与规律性的真正把握。

中华优秀传统文化如何进入"精神交往"的视野，是一个历史唯物主义的重要命题。习近平总书记指出，"提高国家文化软实力，要努力展示中华文化独特魅力。在5000多年文明发展进程中，中华民族创造了博大精深的灿烂文化，要使中华民族最基本的文化基因与当代文化相适应、与现代社会相协调，以人们喜闻乐见、具有广泛参与性的方式推广开来，把跨越时空、超越国度、富有永恒魅力、具有当代价值的文化精神弘扬起来，把继承传统优秀文化又弘扬时代精神、立足本国又面向世界的当代中国文化创新成果传播出去"。今天，我们应当站在实现中华民族伟大复兴的高度，深刻洞察中华优秀传统文化与中华民族发展的内在关系，赋予其崭新的时代内涵。与此同时，如何用视觉文化表现的方式，解读好、传播好中华优秀传统文化，既是重大机遇，也是一大挑战。当下，视觉文化传播正呈极速发展态势，它使人们的思维方式、行为方式、生活方式都发生了很大变革。人类向视觉文化时代的全面迁徙，已迫使我们对这一问题做出回答。

一、视觉生产方式为传统文化的现代性塑造提供新路径

不能把视觉文化单纯看成现实反映的观念形态，而是要把视觉文化看成构成和改变现实的一种现代方式。在视觉文化传播研究中，对视觉文化传播的理解有着广义和狭义之分。广义的视觉文化传播，泛指由视觉媒介传播信息所形成的一种社会文化传播现象。狭义的视觉传播，侧重于纯视觉媒介传播信息所形成的一种社会文化传播现象。本文运用的是狭义的视觉文化传播概念，且主要侧重"以影像为主导"的视觉文化传播分析方法来进行实践考察。

影像作品对传统文化的现代性塑造。近年来，国产电影中出现了一批以中国传统文化为背景、展现优秀传统文化精神的影视作品，如《西游记之大圣归来》《哪吒之魔童降世》等。这些影视作品在题材内容、人物塑造、场景展现、服装道具等方面都从传统文化的历史本源中汲取营养，积极创新，体现出中国传统文化的哲学思想、人文精神、审美理念。在视觉的表现上特征鲜明，是一种新的以电影为载体的视觉文化创造。因此，从中华优秀传统文化中寻找创作源

泉，将其理念、符号通过一种新的艺术方式呈现出来，是传统文化在当代艺术创作中的新发展，也是当代国产电影艺术的一条探索之路，它体现出当代国产电影作为一种视觉文化的独特价值。

电视以及社交媒体平台的数字化传播，让观众在电子荧屏上直接接触中华优秀传统文化，从而增加观众的凝聚力和文化的认同感，使观众深刻体会到传承中华传统文化的重大责任和历史使命。近年来，承载着中华优秀传统文化的电视节目继《中国诗词大会》等竞猜类综艺类节目在全国热播后，《国家宝藏》《上新了·故宫》等一批文博类节目也成为全国以及各大卫视和新媒体平台热衷的节目。按照以往的理念，文博题材很难成为电视热播节目的资源，难以进入主流电视节目的视野，更不用说成为备受观众喜爱的热播节目了。但是这些承载着中华民族文化基因，折射着中华民族文化智慧的文博类电视节目，恰恰焕发出了很大的精神生命力。《国家宝藏》将国宝情感化地融入电视综艺节目的仪式场域中，在高度凝练并生动阐释"国家宝藏"极为丰富的文化含量和文化意蕴的同时，这些电视节目还在现场设置宣誓仪式环节，增加文化的崇高感，创设文化的庄严氛围，努力营造"文化想象共同体"。《上新了·故宫》则是选择了另一种"带入式"的表现方式，引领观众"走进"神秘的故宫。这一节目远不只是展示故宫珍宝的价值连城，而是伴随着观众的"走进"，让观众体悟故宫所传承的历史文化记忆。该节目通过影像的"情景再现"复活了故宫的历史，明星嘉宾进行复盘演绎时也会置身于场景展示之中，力图实现逼真的记忆重建。

格外值得注意的是让全国观众瞩目的"河南卫视传统文化爆棚"现象。这一现象是从 2021 年的春节晚会开始，河南卫视创作出了连续火爆的晚会节目。这些爆款节目都不是凭空创造的，都以深厚的历史文化底蕴为依托。"伸手一摸就是春秋文化，两脚一踩就是秦砖汉瓦"的河南厚重文化为什么直至今日才有视觉文化传播的惊现？这一方面得力于河南卫视对中华优秀传统文化资源的重新发现，另一方面是河南卫视对中华优秀传统文化和本土文化的认知提升与奋力开掘。当然，在视觉文化的表现方式与传播策略上，河南卫视在如何通过创新让年轻人喜欢这种视觉交流方式和视觉语境营造方面，进行了十分积极并有重要意义的探索，提供了一个传统文化创新表达和守正创新的样板。

网络视听对传统文化的现代性塑造。我们今天来论及作为视觉文化传播中影视作品对传统文化的现代塑造，不得不关注这样一个事实：一方面是传统影视作品在这方面仍然不懈努力，另一方面是新兴的网络视听正在异军突起；一方面是网络视听本身的创作生产，另一方面是网络视听平台对所有节目的整合传播。这也就是说，在今天的视觉文化传播格局中，传统影视作品的创作生产和机构传播只是视觉文化传播大格局中很有限的一部分。

2017 年国家新闻出版广电总局正式启用了"广播电视与网络视听"的全新提法（以前仅仅是提"广播电视"），并于同年发布《关于进一步加强网络视听节目创作播出管理的通知》，要求网络节目与广播电视节目同一标准、同一尺度。进入"十四五"时期，我国更是加快了广播电视和网络视听高质量创新性发展的步伐，并将"视听中国"列为国家战略。国家广电总局对网络视听节目进行了四大类的界定。其间，与视觉文化传播息息相关的节目形态有五方面，即网络剧、网络大电影、网络综艺、网络直播、网络短视频。据《2021 中国网络视听发展研究报告》，截至 2020 年 12 月，我国网络视听用户规模达 9.44 亿，2020 年泛网络视听领域市场规模为 6009.1 亿元，较 2019 年增长 32.3%，增长的主要来源是短视频和网络直播。2020 年短视频用户达 8.73 亿，短视频市场规模为 2051.3 亿，由此可见短视频在"网络视听"大系统中已占据绝对的重要作用。

网络视听所造就的是一个前所未有、复杂多样的生产体系，即由 PGC（专业生产内容）、UGC（用户生产内容）、PUGC（专家生产内容）、OGC（职业生产内容）、MCN（多频道网络）网络视听产品生产构成的媒体矩阵。其间，我们必须极为关注一个问题，即现在的传播格局早已从"点对多点"的大众媒体传播时代进入了"多点对多点"的自媒体传播时代。这也就是说，人们前所未有地获得了"传播权利"，甚至在这一基础上进一步获得了"传播权力"。处在当下的自媒体传播时代，个人在视觉文化传播中充任起了视觉文化创作者角色和传播者角色，这就决定了这一时代迥然不同于以往的"质的规定性变化"。

这点反映在视觉文化中传统文化的现代性塑造上，不得不说是一项翻天覆地的变革。2019 年，李子柒的短视频在国际互联网新媒体平台广为传播，快速成长为中华文化走出去的一支生力军，充分体现了中华传统优秀文化在国际市场中的独特魅力，充分展示了自媒体在当前国际传播中的独特优势，为提升中国文化软实力和中国国际影响力，探索了一条新路径，值得参考借鉴。这些冒着烟火气、沾着露水珠、透着人情味的中国式诗意田园生活视频，在工业化、城市化、商业化、网络化的快节奏时代，以其独特的中国故事、东方气韵和诗意气质，巧妙地跨越了价值观、意识形态和文化屏障，成为深受全球观众喜欢的中国视频内容。当下，要获得视觉传播中社会效益与市场效益的更大成功，都将寻求这个"媒介矩阵"的"共振效应"。如中央电视台的电视节目《典籍里的中国》，就组织许多人员专门针对网络视听新媒体平台进行了大量的深度开发，设计网络衍生综艺、短视频、新媒体互动产品等多种内容产品，以期实现大小屏联动的"叠加刷屏"。

二、新视听生产与视觉元素赋能传统文化的国际传播

习近平总书记在 2021 年 5 月就加强我国国际传播能力建设进行中共中央政治局第三十次集体学习时强调，"必须加强顶层设计和研究布局，构建具有鲜明中国特色的战略传播体系，着力提高国际传播影响力、中华文化感召力、中国形象亲和力、中国话语说服力、国际舆论引导力"。视觉传播时代，需要创新传播路径，推动中华文化走出去，向世界阐释推介更多具有中国特色、体现中国精神、蕴藏中国智慧的优秀文化。

重视创作国际化运营机制，共创共享精品内容。2018 年，《国家

宝藏》受邀参加戛纳电视节，并推介了一系列的海外版权，得到了海外媒体的关注，并和恩德莫尚集团达成合作协议，共同打造节目国际版。2019 年，《国家宝藏》节目组和 BBC 世界新闻频道合作，推出纪录片《中国的宝藏》，透过文物，以国际视角讲述现代中国和国人生活。在这两大国际媒体巨头的助力下，中华文化深厚底蕴和艺术之美走向了更广阔的国际舞台。全球观众都可以通过这些电视节目了解中国，以文物牵线搭桥，激发海外受众对中华文化的向往，产生对中国文化的认同。这些节目播出后，索福瑞媒介研究有限责任公司对美国、澳大利亚和印度三个国家的观众进行了调查，调查结果显示有近九成的观众表示"我很喜欢纪录片《中国的宝藏》"，高达96％看过节目的观众表示非常愿意把它推荐给朋友。对于创作主体来讲，视频创作国际化共享是自身发展的关键步骤。

创新海外运作方式，搭建中华文化的线上"朋友圈"。在海外社交平台上，李子柒、阿木爷爷、弹吉他的小女孩 miu miu 等发布的视频引起海内外用户的高度关注。这种新视听生产方式和传播形式既带动了视频的自主生产，搭建了海外中华文化的多元应用场景，又带动了网络社交圈层的建构，形成了中华文化的线上"朋友圈"。这对于在世界范围内传播中华文化，提升中华文化的影响力有着不可低估的作用。随着中华文化的自媒体讲述风格在海外市场的走红，有更多的 MCN 制作机构和 UGC、PGC、OGC 自媒体创作人才加入海外视听内容创作中。例如，蓝海传媒的《自得琴社》在 YouTube 上总播放量超过 5000 万次。其中，《醉成都》这个视频，洋葱国际传媒联合其他 18 个海外 IP 频道进行矩阵推广，共同向海外用户展示成都的美好生活，传播中华文化。其最火的曲子改编自《长安十二时辰》中的插曲，其中的演奏者全部复原了唐代的服饰，一经上映全网播放量超过 600 万次。众多基于短视频叙事与运营机制的视频作品在海外的成功传播，使得更多的创作者意识到，海外社交媒体平台在传播中国文化上具有独特的优势。

运用东方美学视觉元素，赋能传统文化对外传播。中国传统美食、中国古典音乐等这些文化元素无关乎国界，在海外流传甚广，使国外用户直观感受到中国文化的魅力。比如，2021 年走红的中国舞者杨柳，将芭蕾和黔北的民间绝技独竹漂结合了起来，让足尖上艺术的东方美韵，在竹子上绽放。许多海外媒体报道了杨柳的故事，在 YouTube 上获得了几十万次的播放量。网友们不仅为杨柳惊叹，而且被她舞蹈中的东方美所震撼。此外，我国非物质文化遗产也通过短视频再次变得火热，在海内外传播平台上熠熠生辉。我国有非物质文化遗产 1318 项，2019 年在抖音上有 1275 项被短视频化，涵盖了非遗传承人水墨画、传统戏剧、传统汉服、传统手工艺等，这些"中国视觉"的元素赋能视频，受到大量观众，特别是年轻观众的喜欢，在海外更是受到网友们的追捧。这些"视频＋内容"的媒介矩阵培育起来的中国文化圈层，正在形成中国文化走向世界的重要平台。

作者系复旦大学新闻学院教授、博士生导师，复旦大学国家文化创新研究中心主任，复旦大学视觉文化研究中心主任

论中国非物质文化遗产保护的国际化背景和国际性贡献

向云驹

一、非遗保护的国际化可能和被可能

联合国教科文组织开展的非物质文化遗产（简称非遗）保护，是一场前所未有的全球性文化保护运动，没有建立起全球统一的共识，它不可行也不可能；没有建立起全球协调的法律性规则，它不可行也不可能；没有建立起全球认可的文化价值标准，它不可行也不可能。中国非遗和中国非遗的保护，两个方面如今都成为举世瞩目的对象。这一切的肇始，都在于经济全球化的到来。而经济全球化的启动，却不能忽略中国在世界历史中的作用和曾经发生过的催化意义。

世界历史的国际化时代是以哥伦布、麦哲伦的全球航行为标志开启的。大航海证明了地球是圆球体，哥伦布发现了美洲大陆，麦哲伦完成了哥伦布寻找东方中国的航海目标。人类完成了对整个地球（陆地）的发现，也就建立起真正的全球观，人类的历史从此进入真正的世界史，启蒙主义思想家从东方获得批判的武器成为可能，达尔文的人类起源和生物进化论成为可能，孟德斯鸠的比较法学和世界三种政体的划分成为可能，马克思主义的社会发展理论成为可能。这些伟大的历史人物和他们的理论背后，都有中国的精神在其中徘徊。哥伦布是大航海时代打开国际化大门的关键人物。哥伦布的航海勇气和灵感都来自早于他几个世纪的西方著名的旅行家马可·波罗。元朝时不远万里从意大利经陆路来到中国的马可·波罗，在中国停留了 17 年之久。他在中国的足迹几乎遍及全中国。他回国后讲述和笔录下来的《马可·波罗游记》风靡西方数个世纪。从民俗学的角度看，有一些民俗事象作为局外人的视点被聚焦，并且呈现其准确的细节，如果没有到达现场并亲自观察亲身体验，就不可能被描写。风俗的被描写程度和其中的深广度，是亲历与否的一个重要试金石。马可·波罗在观察、记录、讲述风俗方面是有天才般能力的，他自己似乎也对此做过刻意的训练。马可·波罗讲述的中国包括了大元帝国时代的蒙古统治阶级，也讲述了元统治下的南方，以及西北丝绸之路沿线和东南沿海商业通向海外的港口城市，最后还包括处于相对原始落后的西南少数民族地区的社会风俗状貌。这种中国描述空前绝后，不仅完全符合中国人文地理历史史实，具有丰富的历史层次性和文化的多元一体性，而且使后世所有描写中国样貌的亲历者的图书都难以达到这样的高度。他的讲述，描画了从陆路再到海路、从西方到东方又从东方回到西方的欧亚大陆的圆圈形路线。他的讲述中的中国是满目繁华、遍地黄金的中国，也是风情万种的中国。他首次向西方呈现了奇风异俗的中国。在他看来，奇异的中国风俗包括丝绸、陶瓷、桥梁、纸币、火器，此外还有蒙古包的形制和建造，哈密的歌舞，沙州及多地的葬礼，驿站的运行模式，十二生肖和纪年，元朝的节日，逆水行舟的拉纤和竹缆，云南少数民族地区的巫师施法治病，以及云南地区所见到的产翁制，等等。马可·波罗的游记，不仅长期刺激着西方人的东方想象，而且在参与和推进经济全球化中发生了直接的作用。法国著名科幻作家、地理学家，著名作品《海底两万里》的作者儒勒·凡尔纳在其《地理发现史》中对此评论说："这位著名的旅行家的一生就是这样。据他口述所记录的著作给地理学的发展以巨大的影响。18

世纪中叶以前广泛流传着的这本以《世界奇迹之书》(即《马可·波罗游记》——引者注)为名的著作,被用于开拓到印度、中国及中亚贸易路线的指南。马可·波罗这本著作的更大功绩还在于它在开辟新大陆的历史上所起的伟大作用。因为书中讲到的东方国家如此丰富的财富,刺激了欧洲人要寻找一条到印度和中国海岸的较短的航路,并引出了伟大的地理大发现。"①

完成了地理大发现,也就完成了地球上不同国家、不同种族、不同文化、不同动植物资源的地理分布的大发现。大航海时代的经济全球化在已知的人类历史特别是欧亚大陆历史的基础上,又发现了一系列的土著民族,包括印第安人、夏威夷人、毛利人、因纽特人等。人类学和民族学得以迅速发展。原始文化、民间文化、口述文化登上西方学术殿堂。在所有活态的和湮没了的文明(包括美洲大陆新发现的玛雅文明、印加文明、阿兹特克文明)都被纳入学术视野后,土著文明为人类的史前史即原始社会提供了"活化石"即活态的佐证。马克思、恩格斯在《共产党宣言》初版时,只是从阶级斗争史开始历史叙事,后来在人类学家摩尔根研究美洲印第安易洛魁人的《古代社会》的基础上,他们才得以重新叙述人类社会的原始时代。这样,在纵向上和横向上,历史叙事都可以被全面地敞开。于是,比较文明和比较文化成为可能。任何地域、任何国家的任一时期历史和任一形式文化,都可以在世界史的坐标中找到自己的定位。以利玛窦为代表的耶稣会传教士在向中国传播基督教神学思想以外,也同时把中国文明的基本形态和主要内容带回到西方。与此同时,陆地和海上的丝绸之路把中国的丝绸、陶瓷、茶叶、香料等源源不断地运往西方,导致长达几个世纪的欧洲"中国风"文化、艺术、建筑、园林、装饰、审美的流行,历经文艺复兴到巴洛克风格,至18世纪的洛可可风格达到顶峰。这个"中国风"可以说是中国非物质文化遗产首次集群在西方隆重登场,具有深远的历史影响和意义。英

---

① [法]儒勒·凡尔纳:《地理发现史》,戈信义译,75页,海口,海南出版社,2015。

国《每日邮报》2020 年 4 月 21 日报道，一支名叫"谜团沉船计划"的英
国考古探险队 2020 年使用精密的机器人在黎凡特海面以下 1.2 英里
（约 1.93 千米）的海床上发现了 12 艘古代沉船。这些船据信在埃及
和土耳其伊斯坦布尔之间航行时于 1630 年左右沉没。沉船中发现大
量完好的青花瓷器。这些古代沉船中有一艘是地中海地区发现的迄
今为止最大的古代船只，这艘船在塞浦路斯和黎巴嫩之间东部海底
的泥泞部分被找到。这艘沉船是具有象征意义的。它似乎象征着曾
经的陶瓷的辉煌，后来沉默在时间的深海中，而今又重露旧时的荣
光，迎来大放异彩的新时代。这正是中国非物质文化遗产历史命运
的真实写照。

二、非遗的全球关联和濒危性全球挑战

人类的足迹踏遍地球的每一寸土地的时候，人类学家发现了人
类历史的许多奥秘和文化的许多奇迹。人类文化不仅在地域、人种、
民族、国家、宗教、语言各个方面展现出无比的丰富性，而且在心
理、情感、形式、本质、意识等方面展示出高度的一致性和共同性。
东海西海，心理攸同；南学北学，道术未裂。说的就是这个道理。
人类学正是在这样的时代背景中诞生和发展的。一部人类学学术史，
就是人类非物质文化遗产调查和研究史。

人类学的发展，一开始就特别关注人类文化的传播。线性传播
和波圈传播是最为突出的现象。联通东西方的中国的丝绸之路可能
是线性传播中最经典的范式。至今，我们依然可以从丝绸之路上看
到很多一连串的文化关联现象，如十二木卡姆的沿途分布无数国家，
从新疆地毯到波斯地毯到土耳其地毯，阿凡提故事一路西行，雕塑
从古希腊到犍陀罗到西亚、新疆再到云冈和龙门石窟，等等。圈式
传播后来逐渐演变为对文化圈的研究。传播学派的文化圈理论认为，
某些文化元素或文化特质，起源于某个地方，通过传播到了另外的
地方；当一个别种文化元素到了自己的文化之中时，是通过己方文

化的接受、互动、吸收、学习种种方式得以站住脚的。传播论者感兴趣的是追溯文化现象或作品在时空方面的起源以及某种现象或文化产品的传播过程。美国人类学家博厄斯对欧洲传播学派理论进行了丰富和发展。他认为，复杂文化要素很少能够独立产生，"我们必须记住这些文明没有一个是某一单独民族的天才的产物。思想和发明是从一个民族传到另一个民族的；而且，虽然这种相互交流很缓慢，但每一个在古代参与了文明发展的民族都对整体进步做出了它的贡献"。① 他特别对民间故事的传播现象给予高度关注："没有其他东西比富于奇特想象的故事更易流传了。我们都知道若干复杂的故事，其复杂性使人们不可能第二次发明它们。这些故事摩洛哥的柏柏尔人讲，意大利人讲，俄国人讲，居住在丛林中的印第安人和青藏高原、西伯利亚平原及北美平原的人也讲。这种传播的例子不胜枚举，使我们开始认识到人种之间的早期相互联系几乎遍及世界各地。"②传播学的欧洲学派在芬兰也有与美国博厄斯学派的相同的发展。利亚斯·隆洛德从 1835 年出版他搜集整理的首版《卡勒瓦拉》，后又陆续出版《康泰莱女歌手》《芬兰民间谚语》《芬兰民间谜语》《芬兰民间咒语》等。从 1831 年开始，芬兰学者就建立了采集民间诗歌、故事、谚语等民间文学的档案库。故事的比较研究也随之展开。关于故事的传播，芬兰学派认为，故事是从一个发源地中心波浪式地扩展开来的，其间也有大跨度的跳跃式传播，而且其跨度之遥远可能超出人们的想象。就像弗雷泽运用经济全球化以后传教士、旅行家、商人、殖民地官员等的人类学记录，在孟德斯鸠的比较法学之后，以他卷帙浩繁的《金枝》写作，完成了比较巫术学的集大成之作一样，以阿尔奈、汤普森为代表，集全球视野和世界性资料，就民间故事推出了他们的世界故事分类法——"AT 分类法"。此后，世界各国学者都据此推出了不断丰富其内容和范围的民间故事类型索

---

① ［美］弗兰兹·博厄斯：《原始人的心智》，项龙、王星译，4 页，北京，国际文化出版公司，1989。

② 同上书，92 页。

引，多达百余国家。中国也从钟敬文先生开始陆续加入这个世界文化体系研究。中国台湾学者金荣华先生长期坚持用中国故事对应此一分类，不仅把中国台湾民间故事悉数纳入其中，而且随时跟踪大陆三套民间故事集成的进度，集数十年之功，将中国民间故事融入其中，使"AT分类法"国际化程度大大提升。我们必须在这里强调指出，芬兰学派的传统得以继续和传承，是当代国际性非物质文化遗产保护的重要发动和推进力量。芬兰当代人类学和民间文艺学家劳里·航柯先生，不仅主持了联合国教科文组织的《保护民间创作建议案》草拟和出台，而且是"人类口头和非物质遗产"重要推手，此一遗产的最初定义即出自他的手笔。

国际化使人类在只有一个地球、生态一体化的共识中，越来越发现人类是一个命运共同体。发展的国际化和可持续性是必然的选择。而人类面临的共同的挑战、困难和问题却越来越多。非物质文化遗产之所以被推上国际保护的层面，也是由于两个原因：一是它的价值是世界性的，具有人类共同文化财富的高度；二是它们同样面临着紧急的、濒危的、严峻的消亡形势。非物质文化遗产的消亡形势比其他遗产形式面临的挑战更加严峻，它的原因更加复杂、更加难以应对，更加需要国际合作。

三、非遗保护的国际化价值导向与价值统领

中国非遗保护不仅是参与经济全球化时代的国际合作和国际事务的重要活动，而且是中国通过非遗恢复、重塑和复兴中国文化的重要举措。这个过程中的一个关键词就是文化自觉，亦即非遗的主体——民、民间、非文化人、"下里巴人"——发现和自觉自己所传承的文化是一种伟大的、世界的、人类的文化或者文明的瑰宝。民间文化通过非物质文化遗产的概念转换，进入人类文化遗产的天地，无疑是一次普及广大民众的改革开放的文化变革，也是一场规模宏大的文化观念上的思想解放运动，更是一出全民性接受国际化事实

并汇入国际化进程中去的重大历史事件。加入世界文化遗产和人类非物质文化遗产保护序列和国际行动，就是人类文明各美其美、美人之美、美美与共的生动的文化实践。

1. 把低位的民间文化提高到世界巅峰

"非遗"处于濒危境地的一个重要原因，就是处在民众层面的"非遗"传承者不以自己传承的文化为美，传承的和传统的美学标准坍塌了，民间的美学趣味转移了。或者转向上层高雅系统，或者转向西方他者系统。本来，雅与俗是一个互补关系和互生的关系，为"礼失求诸野"预留可能的空间，也为"礼崩乐坏"留下"别求新生"的转型机制；内与外也是一个内因和外因的关系，没有内因的作用，外因都是无所依附的。民间文化的自我解构，就必然导致我们文化基础的大量的水土流失。民间传统文化的保护不是去努力实现上述两种转向，而是应该将民间文化的低位价值观直接提升到世界文化的巅峰位置。这就是世界"非遗"名录的作用与意义。联合国教科文组织为此通过多个文件、规约指出，世界遗产不论属于哪个国家的人民，都是无可替代的遗产，都对整个世界具有重要意义；需要把世界遗产作为全人类遗产的一部分加以保护；整个国际社会都有责任援助和参与到对这些遗产的保护行动中来。"人类非物质文化遗产代表作"的标识和殿堂级的地位，以及联合国教科文组织为代表作设定的文化标准和价值解读，是基于国际化的历史进步和全球性的覆盖广度做出来的。这是人类文明史迈出的巨大进步，也是影响中国文化发展路向的重要历史机缘。高度决定广度。非遗文化地位的直线提升，直接拉高民众作为非遗传承人对自己传承的文化的文化自觉，全民性非遗保护热潮在中国的出现，呈现出一幅波澜壮阔的图景。

2. 非遗保护的国际伦理原则重塑民众的世界观

2014 年 3 月 27 日，中国国家主席习近平访问联合国教科文组织总部，他在演讲中高度肯定了教科文组织与中国的各种合作，肯定了教科文组织"通过文明交流、平等教育、普及科学，消除隔阂、偏见、仇恨，播撒和平理念的种子"，"忠实履行使命，在增进世界人民相互了解和信任、推动不同文明交流互鉴方面进行了不懈努力"。① 在推动各种文化遗产保护的过程中，联合国教科文组织基于人类和平、全球可持续发展的原则，基于国际普遍认同的伦理法则，将遗产的保护和相关的人道主义原则结合起来，推动了人类命运共同体的若干原则的贯彻落实。在"非遗"保护的国际公约中，联合国教科文组织强调了《世界人权宣言》《经济、社会、文化权利国际盟约》《公民及政治权利国际盟约》《保护民间创作建议案》《教科文组织世界文化多样性宣言》《伊斯坦布尔协议》等国际条约及其原则，将非遗保护与联合国和国际社会努力致力于人道主义、反对种族歧视、生态与环境保护、消除贫困、动物和濒危物种保护、尊重知识产权、维护和平等统一和协调起来。只有在这样的文化语境中，妈祖之类的民间信仰文化才能脱离封建迷信的桎梏，作为人类海洋文明、世界华人华侨精神家园文化纽带的世界"非遗"代表作惊艳世界。2015年11月30日至12月4日联合国教科文组织保护非物质文化遗产政府间委员会(IGC)第十届常会在纳米比亚温德和克市乡村俱乐部举行。会议审议并通过了《保护非物质文化遗产伦理原则》(Ethical Principles for Safeguarding Intangible Cultural Heritage)，采纳了12项伦理原则，旨在防止对非物质文化遗产的不尊重和滥用，涉及道德层面、立法层面或是商业利用层面。其中，第三条、第五条、第八条尤其值得关注。即"三、相互尊重以及对非物质文化遗产的尊重和相互欣赏，应在缔约国之间，社区、群体和个人之间的互动中蔚成风气。""五、应确保社区、群体和个人有权使用表现非物质文化遗产所需而存在的器具、实物、手工艺品、文化和自然空间以及纪念地，包括在武装冲突的情况下。接触非物质文化遗产的习惯做法应受到充分尊重，即使这些习惯做法可能会限制更广泛的公众接触。""八、非物质文化遗产的动态性和活态性应始终受到尊重。本真性和

---

① 习近平：《在联合国教科文组织总部的演讲》，见《论坚持推动构建人类命运共同体》，76页，北京，中央文献出版社，2018。

排外性不应构成保护非物质文化遗产的问题和障碍。"①这几条都涉及国际环境中的"非遗"关系和"非遗"的国际交流原则。也就是说，进入世界"非遗"体系，就是加入一种公认的国际关系，就必须有一种高屋建瓴的世界观，有经济全球化的语境。这对中国民众的文明素质和修养是一个很高的要求，也是很大的挑战。"非遗"的文化范围到达了活态文化、民间文化、身体文化的方方面面，在中国这个传统文化无比深厚的国度，几乎具有全民性质。在二十余年的世界和中国"非遗"保护中，民众过去很少关心的生态环境问题、文化平等问题、人道主义原则、文化多样性问题、种族歧视问题等都在申报"非遗"名录，特别是在申报世界"非遗"代表作时，屡屡经受调查、核实和质疑，反复获得价值强调。加入世界非遗的项目无不是反复确认了持有项目的精神高度和价值标准。这是贡献世界和参与世界的过程，是广大民众层面的面向世界、面向未来、面向现代化的将开放意识深入民间的文化运动。随着非遗保护的深化和非遗伦理原则的不断强化，中国民众的开放意识、世界知识和世界观，都将与国家改革开放的大门越打越开的必然趋势相结合、相适应，为中华民族伟大复兴注入民间的力量。

四、中国非遗保护建立的国家形象和国际性文化贡献

以中国非遗的体量和进入世界非遗代表作的数量世界第一的事实，中国非遗所代表的中国文化形象，让整个世界刮目相看。在中国的世界非遗项目中，有可与荷马史诗相提并论的三大史诗，有曾经震惊世界历史的雕版印刷，有惊艳世界的丝绸文化，有举世无双的中国书法和篆刻，有享誉世界的陶瓷技艺，有自成表演体系的中国戏曲，等等。就像当年风靡欧洲若干世纪的中国风一样，中国非

① 教科文组织保护非物质文化遗产政府间委员会：《保护非物质文化遗产伦理原则》，载《民族文学研究》，2016(3)。

遗的风采再一次在世界非遗的舞台集体亮相，重新获得世界的瞩目。中国积极参与国际非遗保护行动，不仅使很多中国非遗从中获得了世界性声誉，而且在这项参与行动中，也包括中国为国际社会贡献了很多非遗保护的独特智慧与经验。这里略述其中突出的三点。

1. 文化生态保护区实践和整体性保护理论

人类非物质文化遗产代表作的类别里，有一项是"文化空间"。我国的非遗项目和非遗分类中都没有"文化空间"。非遗的文化空间与人类学的文化圈理论有密切关系。但是，在联合国教科文组织的世界非遗代表作中的文化空间一般都相对封闭，是一个可操作的文化对象。中国在非遗保护中探索性地开展的文化生态保护区实践，在理论上和实际情形中与人类学的文化圈更吻合。2007 年，文化部①正式设立了第一个国家级文化生态保护实验区——闽南文化生态保护实验区，标志着国家级文化生态保护实验区建设工作在我国正式开展起来。2011 年通过的《中华人民共和国非物质文化遗产法》专设第二十六条，运用整体性理论通过文化生态区保护非物质文化遗产。中国的这一实践，既没有拘泥于国际保护的规定，又创造性地对非遗开展了更加科学有效的非遗保护。虽然文化生态区保护并没有出现在世界非遗保护的条规中，但是《中华人民共和国物质文化遗产法》第二十六条明确规定："对非物质文化遗产代表性项目集中、特色鲜明、形式和内涵保持完整的特定区域，当地文化主管部门可以制定专项保护规划，报经本级人民政府批准后，实行区域性整体保护。确定对非物质文化遗产实行区域性整体保护，应当尊重当地居民的意愿，并保护属于非物质文化遗产组成部分的实物和场所，避免遭受破坏。"从 2007 年到 2018 年，文化部先后批准设立了闽南、徽州、热贡等 21 个国家级文化生态保护实验区，这 21 个实验区涉及福建、安徽、青海等 17 个省（区、市）。参照国家级文化生态保护实验区的理念和做法，各省（区、市）也设立了范围有大有小、特色

---

①　2018 年 3 月在原文化部、国家旅游局等机构职责整合基础上组建中华人民共和国文化和旅游部。

鲜明的 146 个省级文化生态保护区。每一个国家级文化生态保护区都以一种文化样式为其文化中心，构成对一种非遗的整体性保护和对一个区域多种相关文化的集群保护（整体性）。这里有双重叠加的"整体性"。它们的共同特点是将非遗的生态保护、活态保护、业态保护、物质与非物质一体保护、文化圈整体保护等，予以集中实施，将非遗的集中连片分布突出的地区予以与符合文化特点的行政管理体系配套，使保护的力度具有刚性。非遗在文化空间赖以生存的生态环境、生产方式、经济形态、民俗传统、节令时序、文化场所、物质材料、社区群体等都以就地化和在地性为原则，这是基于文化空间项目式保护又超越项目实现本真意义上的文化空间的保护。这是中国非遗保护最具创新价值的探索。

2. 传承人保护与传承人口述史实践

作为一种身体遗产，非遗存续和非遗保护的关键就在于传承人和传承人传承的在场。教科文组织在保护非遗时注意到了传承人之于非遗保护的重要性，日本等国也有过"人间国宝"之类的保护实践和经验，但是把传承人保护作为提纲挈领式功能加以突出并大力推行，在国际非遗保护中依然是一个空缺。中国非遗保护在这方面再一次做出了突出贡献。首先，中国学界在理论上厘清了非遗的本质是"人传人"的传承和传播，是以人为本的遗产，人是此一遗产保护的主体也是它的客体，保护的成功与否，既取决于传承主体的文化自觉与否，也取决于对客体的间离意识保护的好坏。在身体与活态的意义上，没有一个人能把自己排除在非物质文化遗产的习得、遵从、传承之外，但是，作为身体性的遗产，我们又会在主体与客体的同一性上产生哲学悖论。也就是说，在当下非遗保护大热，发生全民性非遗狂欢的语境中，我们自己会出现既是保护的主体，也会是被保护的客体即保护对象的现象。这往往会导致在通常情况下，特别是在传承人群体中，主体与客体角色混乱，两种需求互相矛盾，使传承和保护都无所适从。或者主体与客体浑然一体，传承和保护的内在需求和外在要求，要么都被置之不理，要么很好地融合，这取决于传承人文化自觉的程度。这使非物质文化遗产的传承和保护都十分复杂化。这完全有别于文化遗产保护只要对对象施以科学的方法就可以解决问题的局面。国家级非遗传承人名录工作，是破解这一难题的第一把钥匙。从杰出传承人开始，确立传承人的文化自觉，确定非遗保护客体(对象)的重点和重心，从而抓住了非遗保护的牛鼻子。迄今为止，已经公布国家级非遗代表性项目传承人 3068 人，往下还有梯次递传的各层级传承人，极大地保障了非遗保护的有效性和本真性。

破解难题的第二把钥匙是传承人口述史实践。这也是中国非遗保护的重要创新和关键性实践。濒危性是非遗保护的重要原因。2001 年，联合国首次向全球公布人类口头和非物质遗产代表作，非遗保护从此正式进入世界文化视野。从联合国实施此遗产保护行动伊始，濒危性就是促成此一遗产保护所有举措的重要原因。非遗在它丰富的地域性、民族性、差异性中，也存在一个最大的公约数和共同性，那就是传承人。传承人是非遗的根本特征。人在艺在，人亡艺绝。传承人是非遗的主体，他们也是非遗是否濒危的检验标准。有生动的、活跃的、活力的、可持续的传承和传承人，它就不会濒危，相反则濒危。解决传承人问题，就是解救濒危问题，记录传承人，也是记录、抢救、保护、延缓遗产濒危的根本举措。对传承人的记录又分两种：一是记录传承人的作品和他们的技艺，二是结合作品记录他们的口述史和技艺记忆。国际上各个国家过去普遍采取了很多亡羊补牢的办法加大了抢救性记录工作。但不得不说基本上是侧重在第一种传承人记录上，第二种记录还没有真正在国际上全面地推广开来。中国首先开始了传承人口述史的实践。借鉴历史学的口述史实践和研究，总结人类学口述调查的传统经验，结合中国民间文艺调查的访谈方法，中国学界制定了传承人口述史的方法论，逐渐实施规模越来越大的传承人口述史调查、记录、整理、建档、研究、出版，开创了非遗保护的新格局，在世界非遗保护中独树一帜。

3. 重大自然灾害中的非遗抢救与保护经验

自然灾难对人类文化遗产的摧毁是国际化形势下人类遗产保护

面临的最大挑战和最不可预见的突发公共危机和遗产危机。2008 年汶川大地震，一时间震惊全世界。这也是联合国教科文组织在全球开展非物质文化遗产保护以来，遭遇到的首次自然大灾难对非物质文化遗产的巨大破坏。全世界都还没有过这样的经历和经验。其中要解决四大难题：一是救人生命还需救其被灾难毁坏了的精神支撑，二是易地搬迁如何使其可以携带其文化，三是灾后重建中的文化重建，四是灾后恢复中民族特性的可持续存续和发展。中国非遗专家和政府针对这些难题，采取了相应的应对措施，包括：抢救非遗必须与救灾同步进行；国家级和省级传承人尽量安置在羌民群体中；灾时为传承人提供文化传承便利；在避灾期间的安置地恢复灾民的民俗生活；古碉楼尽可能按传统样式和传统建造技艺（具有抗震设计）恢复重建；异地重建尽可能形成一种新型的又符合羌族文化传统的羌族聚落，充分考虑传统的羌族文化环境、场所、空间的复原和功能再造；清理地震废墟时及时保留非遗的物质遗存，建立非遗博物馆；全面整理羌族非物质文化遗产；碉楼、羌年等物质和非物质遗产紧急申报联合国教科文组织世界遗产名录和代表作名录；将一批羌族非遗列入国家级非遗代表作名录；羌绣等非遗技艺纳入生产、生活恢复的重要内容；等等。中国开展的汶川大地震救灾和灾后重建，在当代世界救灾史上留下了浓墨重彩的一笔；其中非遗抢救和保护不仅是对遗产的保护，而且是受灾羌族群体身心康复不可或缺的内容，可圈可点。另外，通过恢复重建，羌族文化得到极大的张扬和保护传承。仅羌绣一样，就在民间大大激活，市场影响和社会知名度传遍全国。这是中国非遗保护为世界创造的一个成功案例，是自然大灾难中救人救灾救精神救文化多位一体同步跟进的成功案例。这也为国际非遗保护留下一座中国纪念碑。

作者系中国文艺评论家协会副主席、北京师范大学京师特聘教授、天津大学特聘教授、中国文学艺术基金会常务副理事长兼秘书长

多方合作中国题材纪录片国际传播效果分析

倪祥保

在中国共产党领导下中国胜利完成第一个百年奋斗目标的今天，如何在世界范围内更加有效地讲好中国故事、传播中国声音、提升中国形象，其文化意义和政治影响都不容小觑。其中，中国题材纪录片创作通过多方合作提升国际传播效果及正面影响力，值得研究和不断做得更好。这里所谓的多方合作，不仅有纪录片创作者和被拍摄各方之间进行很好配合的意思，而且更为主要的是指不同国家、不同民族专业人员在创作纪录片方面进行的多方合作及传播效果的提升。

一、多方合作：使"他们"总在现场

旅英学者孙书云导演的多集纪录片《西藏一年》，在国际传播方面，曾经成为一个不是"现象级"而胜似"现象级"的作品。说它不是"现象级"，是因为当时好像还没有产生"现象级"这个词，或者说还从来没有人使用"现象级"这个词来定义或赞美一部中国题材纪录片；说它胜似"现象级"，是因为被称为"现象级"的不少影视作品的国内外传播影响力，其实很多都不如它——至少在深度和力度方面来说是如此。其中重要原因之一，就是直接参与创作的专业人才具有多方合作的特点——这至少是获得世界多国及各种不同政治力量多方认可，因而非常有效地扩大了传播影响力的一个重要因素。

与改革开放初期中日合拍《丝绸之路》的中国题材纪录片拍摄方式不完全一样——纪录片内容是各自成片的，纪录片《西藏一年》和北京师范大学黄会林先生发起推动的"看中国·外国青年影像计划"则不仅体现了更好的多方合作精神，而且后者更多以外方为主，所以其传播效果，即便范围还不够广大，效果也很好。其中最主要的道理就是，中国题材纪录片和所有现实题材纪录片一样，不仅需要有物理实在的"可索引性"，而且必须具有真切的现场感。而作为多方合作拍摄外方人员的"他们"总是在并主导着拍摄现场的情况下，这种纪录片的非虚构属性更容易为国外观众所认可，于是其传播影响力也相对会更好。

二、多方合作：我们总让"他们"说

这里的"他们"具有多重意指，一是指被拍摄对象，二是指纪录片外方导演、摄影和解说词撰稿人等。

"我们不说，他们说。"这是《南方周末》对于一种纪录片现象的评论，强调创作者不用自己的想法去引导被拍摄者，更不将自己的意图去强加给被拍摄对象。言下之意，就是希望被拍摄对象能够自然而然地出现在纪录片拍摄镜头之前，想怎么说就怎么说，想怎么做就怎么做，一切都像他们生活中原来的样子，而不像创作者希望和要求的那样。这涉及纪录片的真实性，或者说非虚构。这确实是保证纪录片传播影响力的一个重要方面。伊文思和他的夫人在拍摄系列纪录片《愚公移山》的时候，从来不将事先设计好的问题和希望怎么拍摄的想法提前告诉助手和翻译。这不仅体现了伊文思夫妇对于纪录精神的敬畏和尊崇，而且由此提升了纪录片的真实可信和令人信服的传播效果。

时代在发展，纪录片创作理念和方法也在不断演进，多方合作中国题材纪录片创作成果的重要原因之一，就是充分强调"我们不说，他们说"。以中英合拍的《美丽中国》和《中国春节》等中国题材纪录片来看，有一点概括也许没有问题：所有的画面及同期声都非常符合中国当下客观现实，但是所有的解说几乎都充分代表了英方创作者的认知及感受——这应该是另一层面意义上的"我们不说，他们说"。

三、多方合作：让"他们"相信我们

尽管纪录片本身在理念及属性层面总让人认识到应该是非虚构的，但对于中国题材纪录片而言，能够让更多外国受众——尤其是西方国家受众无障碍地接受这一点，还有一个很好的做法，就是与西方主流媒体直接合作，让部分中国题材纪录片成为他们特定播出栏目的节目。因此，本文这里所谓的"他们"，主要指外国受众。

由于西方主流媒体的宣传在很多方面至今持续不断有失偏颇，导致欧美国家相当一部分受众对于中国的印象还是非常刻板而不够正确的。因此，如何让中国题材纪录片能够为更多欧美国家受众理性对待和客观接受，有一点非常有效，那就是与相关国家媒体进行合作拍摄，而且可以将拍摄主导权主要由外方人员来掌控，即让该纪录片完全成为外方主创的作品而进入某个国家主流媒体播放。2018 年，我参与央视法语频道和法国国家电视台联合创作的电视栏目系列纪录片《乘坐高铁去看中国》关于苏州部分的工作。该纪录片导演和主摄影师都是法国的。在需要我配合拍摄之前，法方导演和摄影师，事先安排了与我进行非常全面深入和很长时间的交流。很显然，他们要在对即将拍摄内容和我的讲述有非常深切了解的基础上才开始拍摄。比较有意思的是，他们在拍摄的时候，基本不需要中方人员配合将游客安排到很远的地方去。他们就像拍摄新闻镜头那样拍摄栏目纪录片，其真实感大大加强了。当然，在我看来，这样拍摄纪录片的传播效果，不仅不会让欧美国家部分观众有心理障碍，而且进入其主流媒体变得自然而然，其受众面会比较广泛，传播影响自然也相对更大。

作者系浙江传媒学院教授、电视艺术学院院长

第四辑
艺术新媒体的国际触达

游戏研究及其文化传播

［丹麦］艾斯本·阿尔萨斯　刘梦霏译

我的名字是 Espen Aarseth（显然在中文中拼写为"阿尔萨斯"），是哥本哈根 IT 大学的游戏研究教授，我们也是历史悠久的提供游戏教育的机构。我是期刊《游戏研究》（*Game Studies*）的编辑。该期刊是首个也是历史最悠久的致力于研究现代游戏的期刊。我也是北京师范大学数字媒体系的教授，在那里我协助我的同事开展中国游戏研究。

我有比较文学和计算机科学的背景。我的博士研究方向是人文信息学。我研究游戏的文化、交流、美学和哲学。我所研究的游戏不仅仅是电脑游戏，还有其他类型的游戏，从古埃及棋盘游戏塞纳特（*Senet*）到《堡垒之夜》。我对游戏与现实之间的关系、游戏中的叙事如何运作、游戏与意识形态的关系、游戏作为地理空间的表现以及所谓的游戏成瘾特别感兴趣。

游戏一直是文化的一个组成部分，用于政治、国家建设、教育和培训、社交和娱乐，包括大众娱乐。想想运动吧。而今天，我们有电子竞技。但游戏不仅仅是比赛，也是一种前卫的文化发展形式。游戏是一种艺术形式。今天，游戏是一种占主导地位的艺术形式。游戏是年轻人了解世界的最重要平台。主导我们社会的文化、技术和社会现象通常首先出现在游戏中。

对于年轻人来说，游戏提供了一种认识和理解世界的方式。游戏是他们第一次与来自遥远大陆的希腊神话经典和动植物相遇的方式。在诸如《刺客信条》之类的游戏中，玩家第一次并且可能是唯一一次体验古典文学、历史事件和地点。最新的《使命召唤》游戏包含大量有关20世纪70年代和80年代冷战时期的信息。

而且无论他们的母语是什么，世界各地的人们都在玩像《堡垒之夜》《英雄联盟》和《部落冲突》这样的游戏。人们一起玩——这一事实使游戏与其他娱乐形式相比具有独特的跨文化性，而这只有音乐和视觉艺术可以匹敌，不过它们虽然也是跨文化的，却不会将人们直接聚集在一起——除非它发生在游戏中。通过游戏，孩子们开始了解外国文化和其他国家的历史，他们结交了国际朋友，也了解了其他国家最突出的当代文化产品：游戏本身。

今天的游戏并不是传统意义上的真正游戏。重要的是要意识到我们看到的不是三四十年前流行的只能做简单动作和对抗的街机游戏。在那些老游戏中，玩家会一遍又一遍地重复相同的动作。如果你本身没什么事情，这些游戏就是有趣而无害的娱乐，也是与朋友共度时光的好方法。但从这些游戏身上学到东西的机会可并不多。如何像青蛙一样过马路？如何采蘑菇和收集金币？我们大多数人都知道这一点，我们不需要马里奥来教我们。

今天最流行的游戏则要复杂得多。这些游戏往往牵涉到需要玩家进行艰难决策的场景，并令玩家可以深入了解复杂的系统和组织。在2013年卢卡斯·波普制作的游戏《请出示证件》中，玩家扮演边防警卫的角色，必须做出判断，是否允许游戏中的入境人员越过国境。在玩家做出此类决定时，他们面临的道德与时间困境是怎样的？在《王国风云》（Crusader Kings）中，玩家扮演中世纪君主的角色，必须保护王国免受邻国的侵害并使其繁荣昌盛。600年前，这些社会的主要关注点和制胜策略是什么？

但这些游戏不仅是游戏。它们包含了大量的文化信息，有些游戏的文字量比莎士比亚全集的字数还要多。这些游戏为玩家提供了各种各样的文化资源：建筑学、城市规划、音乐、绘画、雕塑，以及历史学、心理学与哲学的见解。将这些巨大的艺术作品称为"游戏",就相当于将奥运会称为"比赛"——它们远不止于此。

这些"游戏"的作用是给其背后的文化一个独特的机会,对玩游戏的年轻人的文化视野施加影响。正如我们所知,西方对日本有着巨大的兴趣,而这几乎完全是由日本获得巨大成功的文化产业推动的,其中日本游戏产业又是个中翘楚。游戏角色 Kyara(伽罗)是日本最大的出口产品之一:皮卡丘、林克、固蛇这样的游戏角色,则在世界各地都得到了承认。

任何一个不重视游戏这种艺术形式的国家都会被世界上最大的游戏开发商索尼、微软、育碧、任天堂等产品所淹没。在我所在的斯堪的纳维亚半岛,我们培育了能与更大规模游戏文化相竞争的游戏产业,但这并不容易。我们的政府仍然偏爱更传统的形式,例如,文学、戏剧、电影。游戏销售与任何其他产品一样征税,但国家游戏产业并没有像电影产业那样以补贴和支持的形式获得回报。然而,在丹麦,游戏产业目前的出口额超过了丹麦电影和电视制作的总和。中国是否也面临相同的情况呢?

毫无疑问,中国游戏有潜力成为向世界传播中国文化的关键一环。但如何才能做到这一点呢?有哪些障碍?游戏是否被视为一种强大的文化传播媒介?实现这一目标的最佳策略是什么?有几种途径可以实现这一点。中国已经有一些非常大的公司,它们在国际上也处于有利地位。但这就足够了吗?在丹麦,最成功、最有创意的公司都是从小规模开始发展起来的,其中一些是由我以前的学生经营的,他们通过艰苦的方式学会了如何制作成功的游戏。促进国家和地方游戏设计的一个关键因素是提供相关教育,让最优秀和最有才华的学生聚在一起,形成个人网络和初创企业,并在安全的环境中从失败中学习。你需要至少上百次失败才能创造一个国际热门的成功案例。创新是通过 95% 的浪费产生的。要建造一座高大的金字塔,首先需要的是一个非常宽阔的底座。

游戏是 21 世纪最强大的文化传播媒介。对于世界各地的儿童来说,这是他们了解地球过去和现在种种状况的主要来源。只有为游戏设计、游戏批评和游戏分析营造良好的研究环境，一个国家才有希望以自己的方式传播和推广自己的文化。谢谢大家。

作者系哥本哈根信息技术大学、北京师范大学教授

从"主旋律"到"新主流"：论当前电视艺术的年轻态创新

张国涛　高　帆

自"新主流"的概念在世纪之交被提出已过去了二十余年，中国电影在"新主流"道路上的探索已取得了很大进展。近年来，电视艺术作品的"新主流"发展也逐渐跟上脚步，取得了一定的高质量发展成果，尤其在 2021 年，以《山海情》《觉醒年代》为代表的许多电视剧、以河南卫视春晚节目《唐宫夜宴》及中国节日系列节目等的成功"出圈"，获得了年轻群体的广泛讨论，使"新主流"电视艺术成了青少年关注的一大焦点。

"新主流"艺术作品"常以中国故事、红色经典为题材原型或 IP，以塑造国家形象、表达集体主义精神的国家主流意识形态为宏旨，或以国庆、扶贫等时政主题表现为宗旨，打造打动人心、凝聚国族意识的中国故事和中国人物，或正面弘扬社会主义核心价值观，以比较宏阔的视野甚至是一种'宏观全景构架'的格局，凸显中国气派、中国风度和中国形象"①。"新主流"之"新"更加在于这些成功"破圈"的"新主流"电视艺术作品的年轻态创新实践，主要表现为对价值表达、内容呈现和宣传营销的年轻态风格表达的积极探索，正是

---

① 陈旭光：《当下中国"新主流影视剧"的"工业美学"建构与青年文化消费》，载《电影新作》，2021(3)。

这种年轻态，使国家意志与年轻受众的需求得到了深度的统一，吸引了广大年轻受众的喜爱与关注，从而实现了"新主流"电视艺术作品将社会价值、艺术价值与娱乐价值的有机融合。

一、价值表达：主流本位与青年话语的交织

传统主旋律作品所承载的主要是主流意识形态的宣传功能，传递的通常是国家重大主题、红色革命精神、积极的正能量精神和时代精神等宏旨，"新主流"并未忽视这些主旋律价值的表达，而是在其基础上进行守正创新，融入了适当的青年文化和青少年意识形态等，呈现一种对青少年受众的倾斜和尊重，从而获得了大批青少年的认同。

1. 以主流为本位的守正创新原则

"新主流"的创新是以主流为本位原则的，主旋律价值和观念的表达仍然是其最核心的特征。青年对于社会的基本认识，对游戏规则的把握，甚至人生观、价值观的形成，90％以上的影响来自传播媒介。[①] 以主流意识形态和价值观作为核心的"新主流"作品是对青少年进行思想渗透和正面引导的良好媒介。无论如何创新，"新主流"都要以"主流"作为根本的创作原则。

革命历史剧《觉醒年代》提醒人们铭记历史、不忘当前的幸福生活从何而来；扶贫剧《山海情》赞颂了扶贫与脱贫中脚踏实地、艰苦奋斗、牺牲奉献的精神；河南卫视的《端午奇妙游》展示了端午节的传统文化习俗，宣传了优秀的中国传统文化。这些作品对青少年观众进行了隐性的思想教育，让他们在观看时受到了潜移默化的影响，在心理上对这些主流价值观念形成认同和接受。这样的价值传递和主题表达功能正是"新主流"电视艺术作品不能忽视和抛弃的。"新主流"电视艺术作品应当牢牢把握这一点，坚持主流价值观的本位原

---

① 喻国明：《传媒的负面影响与青少年教育》，载《中国青年研究》，2005（2）。

则，将社会价值和现实意义摆在头等地位，在"守正"的基础上进行创新，以严肃、厚重的历史观和具有深度的思想性与现实性引导青少年的情感认同和心理共情。

2. 青年文化的意识形态表征创新

对于现如今的青少年来讲，刻板的说教往往不会有明显的效果，甚至会适得其反。"新主流"的主题表达在主流价值观念的基础上，加入了青年文化和青少年意识形态的表征，引起了青少年观众的兴趣和关注。这些"新主流"电视艺术作品不约而同地塑造了一批鲜活的"年轻"形象、讲述了"年轻"故事，因而，表达的自然也是一种青年文化语境下的当代主题。值得注意的是，青年精神与"新主流"作品中所传递的精神主题并非矛盾，而是有机融合在一起的，表现为一种个人精神追求的成长和国家命运融为一体的描摹，不是单纯的主旋律价值观的输出和刻板的正能量说教。

缉毒剧《破冰行动》讲述了年轻缉毒警李飞与"制毒村"斗智斗勇的故事。李飞作为一个毕业不久、刚刚踏入"职场"的小年轻，虽勇敢却莽撞、虽聪明却又常常聪明反被聪明误，在一次次的行动中，不断成长，渐渐成为一名合格的缉毒警。李飞这种个人精神的进化，表现了当代青年在社会中奋斗而不怕困难、不怕犯错、勇敢成长的青年精神。河南卫视 2021 年春晚的舞蹈节目《唐宫夜宴》中，唐代的乐俑们在一幅幅古籍名画和现代博物馆建筑之间穿梭，将"穿越"这一现代性叙事情节编织进古代的宫廷背景中，用一种生动、活泼的方式展现了我国文化艺术遗产的古风韵致。[①] 这档节目融合了当代青少年喜爱的"穿越"文化与中国传统文化，它的"出圈"证明了当代青少年对中华优秀传统文化的接受和认同，这种对于传统文化的创新话语表达，也显示出了当代青少年锐意创新的青年"潮"文化。同样，央视的《上线吧！华彩少年》以大众喜闻乐见的方式让青少年深度参与其中，让青少年精神气质得以升华、文化品位得以涵养的同

① 张国涛、欧阳沛妮：《解锁河南春晚成功"出圈"的密钥及其启示》，载《中国电视》，2021(5)。

时，推动中华优秀传统文化在青年一代中扎根发芽，这既是对传统文化的充分尊重，又是推动传统文化代代传承、流传不息的不懈努力。① 这档节目既显示出了当代青少年对中华优秀传统文化的接受与认同，又体现出了他们对国粹技艺的传承精神。

二、内容呈现：多元艺术风格与审美特征的融合

在内容的呈现方面，"新主流"电视艺术作品呈现出显著的多元、融合的年轻态特征。无论是在作品题材与类型的选取、叙事与审美风格特征的表现还是数字技术的广泛应用等，都体现出了年轻态的风格表达创新。

1. 多元的题材与类型创作创新

不同于传统主旋律影视作品主要选取战争、革命历史等红色题材，"新主流"电视艺术扩大了受众的市场，充分考虑到了青少年群体市场的需求，呈现出向年轻受众群体逐渐倾斜的趋势，提高了在青少年观众当中的影响力和传播力。

《觉醒年代》作为一部国家重大革命历史题材剧，并没有把重头戏放在战场，也没有刻画惊险的谍战，而是创新地将"校园"融入题材中，以 1915 年《青年杂志》问世到 1921 年《新青年》成为革命刊物为贯穿，展现了革命先进分子和中华民族的"觉醒"历程。青春、校园元素的融入，使《觉醒年代》的题材更为多元、层次更加丰富，也感染了许多还在校园里和刚出校园不久的年轻人。《经典咏流传》推动了中华优秀传统文化的创造性转化，采用了"和诗以歌"的节目类型，将现代流行音乐创新地融合到经典诗词的演绎中，既向观众传递了经典诗词中深刻隽永的美学和文化内涵，又以流行歌手的演绎满足了年轻观众群体的审美和娱乐需求，是推广中华优秀传统文化

---

① 张国涛：《创新传播优秀传统文化——谈〈上线吧！华彩少年〉》，载《人民政协报》，2021-01-18。

的良好创新实例。

题材和类型的年轻态拓展主要在于创作者对当下时代社会中青年群体的新风尚、新气象和生活中新现象的把握，进而将这些元素融入"新主流"电视艺术作品的内容当中。作品的题材和类型表征，是其展现给观众的"第一印象"，如果这个"第一印象"能够引起观众的兴趣，那么观众才能进一步去了解作品。因此，"新主流"电视艺术要想吸引年轻受众的关注，就必须要先从题材和类型入手，进行能够获得青少年观众青睐的"年轻态"创新。

2. 审美与叙事风格的融合创新

"新主流"电视艺术"身兼数职"，除了是对人们进行思想价值引导和文化宣传的"宣传品"外，还是艺术品和文化消费品。青少年观众尽管会对刻板宣教有些抵触，但对于艺术审美和文化消费还是具有一定热情的。根据调查，"高校学生观看主旋律电视剧最初的关注点是故事本身……观看的首要原因是消遣和娱乐，是不是选择观看更多还是看故事讲得是否有意思"①。因此，在这个"内容为王"的时代，"新主流"电视艺术作品想要获得青少年观众的持续关注与喜爱，必须在作品内容的主旋律特征基础上，进行审美与叙事风格的年轻态创新。

《山海情》的主要特征在于一种"严肃活泼"的交融，作为一部脱贫攻坚剧，以其独特的审美和叙事风格突破了此前大量扎堆播出的扶贫剧的瓶颈，一反此类电视剧空洞说教大道理、一味歌功颂德的套路式扶贫英雄传记特征，在青少年观众中收获了口碑。《山海情》避免了"扶贫英雄"的脸谱化形象塑造，借由一个个鲜活平凡的小人物作为扶贫的缩影，以生动的时代群像映射了宏大的国家主题；该剧的叙事风格十分朴实、踏实，情节的设置也以"接地气"和"烟火气"为主要特征，极大降低了年轻观众对于这种陌生主题的接受成本；同时，该剧还自然地融入了喜剧元素，使原本沉重的故事变得可看性十足，满足了年轻观众的娱乐取向，也加强了年轻受众黏性。

---

① 王宏：《新世纪主旋律电视剧的青年认同研究》，载《山东社会科学》，2021(10)。

戏剧元素成为当前电视综艺节目创新的"常客"。河南卫视"中国节日"的第四集《端午奇妙游》采用"网剧＋网综"的形式，将戏剧故事和综艺融合在一起，每个节目单元之间还穿插着漫画，充满了青少年观众喜闻乐见的艺术形态，显示出极强的年轻态特征，能够获得青少年观众的喜爱也在意料之中。央视《典籍里的中国》节目也将戏剧元素融入历史典籍的展示当中，以舞台剧的形式，将历史搬上现代荧屏，上演了跨越时空的古今对话，建构了一种"穿越"式的美学景观，极大满足了青少年的审美需求。

在其他节目中也有大量融合创新的尝试，《见字如面》《朗读者》采用了朗诵、戏剧加文本的模式；《一路书香》采用了户外真人秀加名著的模式；《国家宝藏》《上新了·故宫》《经典咏流传》采用明星加传统文化的模式等。这些融合模式也为"新主流"文化类综艺的融合创新起到了良好的推动作用。

"新主流"电视艺术的创新主要在于放下了高高在上的"身段"，以一种下沉式的思维进行创作，将主旋律和年轻态风格进行巧妙融合，让年轻观众在娱乐与文化消费中潜移默化地受到思想和心灵洗礼，使"新主流"的传播效应和社会价值得到了前所未有的提高。

3. 技术赋能语境下的形式创新

全媒体环境下，数字技术的渗透，极大改变了电视艺术的生态。技术的赋能为电视艺术的呈现打开了多种可能性，丰富了电视艺术的视听表现力。视听手段运用的创新，为电视艺术注入了年轻态的新活力，不但推动拓宽了电视艺术的题材和类型挖掘，而且有助于叙事和审美风格的创新。

数字技术对文化类节目的增益是最为显著的。数字技术的应用有助于文化类节目营造视觉奇观。例如，在河南卫视春晚中大放异彩的《唐宫夜宴》，在传统舞蹈中融入了 3D 与 AR 等数字技术，使舞者在进行舞蹈表演时，实时与水墨画、星空、唐代皇宫和各种国宝文物的虚拟影像背景产生交互，营造了一种"沉浸式"的"时空穿越"奇观，震撼了观众的视觉体验。这种视听形式尤为符合年轻受众的期待视野，不但为节目增添了源自中华古典文化的历史韵味，而且丰富了中华优秀传统文化的视听呈现手段，可以说是一种相互成就的双赢尝试。

电视剧中，数字技术的应用主要在于增强画面呈现的真实感与震撼力。例如，革命历史剧《大决战》将 AI 修复影像、3D 特效制作等数字技术手段融入实景拍摄的画面中，营造了真实、震撼、惊心动魄的磅礴气势，雨景、雪景等细节建构不但形成了极富视觉冲击力和戏剧张力的影像奇观，而且冲击着观众的内心，尤其让对历史缺乏深刻体认的年轻观众在这种视听营造出的故事时空中领略到战争的残酷及幸福生活来之不易。

数字技术的运用显示出的是"新主流"电视艺术对商业化的探索创新。青年受众群体大部分成长于电视艺术的繁荣发展时期，在这样的媒介环境中，青少年早已对传统电视艺术的视听形式形成审美疲劳，因而，对电视艺术的视听呈现进行必要的创新探索，才能进一步吸引年轻观众群体的关注，从而拥有与网络视听作品相"竞争"的资本和动力。

作者张国涛系中国传媒大学研究员、博士生导师，传媒艺术与文化研究中心执行主任

作者高帆系中国传媒大学传媒艺术与文化研究中心博士研究生

中国艺术治疗

[奥地利]沃尔夫冈·马斯特纳克

创建一个具有中国文化特色的艺术治疗学派是北京师范大学艺术治疗研究中心的首要任务。其学术范围涉及两个方面：艺术和研究。

艺术领域包括音乐、舞蹈、戏剧、影视、美术、书法等。除了中国传统艺术和现代艺术外，我们中心还聚焦于跨文化比较研究，例如，亚太地区的艺术治疗。

科学领域包括四个基础领域：1. 医学、临床、卫生研究，例如，妇产科或肿瘤学；2. 关于艺术治疗潜在机制的研究，例如，神经科学、深层心理学、量子心灵/量子意识理论；3. 文化人类学、民族学，例如，维吾尔族舞蹈的治疗潜能；4. 艺术学和美学，例如，道教的自然哲学观与和谐人格塑造论。

在此基础上，我们中心将努力推广中国艺术治疗活动，全面贯彻《健康中国行动（2019—2030）》，并为国际艺术治疗做出贡献，例如，帮助美国提高其艺术治疗的水平。具体的要点和项目如下。

古琴：中国传统智慧和临床经验认为古琴带有一种神秘的治疗潜能。古琴音乐是中国古代礼乐文化中的重要部分，以它宁静悠远的独特音色使人在与琴的互动中，分泌多种有益的生化物质，重获身心合一。本人的博士生毛琦近两年来一直致力于心理肿瘤学临床与古琴音乐治疗之间的研究，尤其是针对胃癌患者及其伴侣的治疗。这项研究也会极力促进未来国际心理肿瘤学领域的改善。

二胡：虽然二胡音乐在中国文化语境下常表达悲哀心境，但是对于西方人而言截然不同，它的音色往往会激发西方人的恍惚状态，因而一种以二胡音乐作为催眠治疗的方法由此产生，例如，重建/激活自我精神系统的潜力。

敦煌乐舞：飞天舞蹈象征着幻境。例如，模拟飞天运动，精神分裂症的患者能够挖掘疾病的创造潜力，而且能有创造性地表达艺术。并且类似活动也会缓和强迫型人格障碍和强迫症的相关病征。

书法：中国的老年神经病学领域相关研究已证实，书法活动能够减轻帕金森病的症状，并且影响大脑功能。虽然理解其潜在机制还需要研究，但是这些颇有见证的疗效也会影响国际老年医学的发展。

京剧：北京舞蹈学院的谢呈老师在慕尼黑攻读博士学位期间，其论文关注京剧与奥尔夫教育和音乐律动之间的比较研究。一个中国的研究团队也逐步发展了中国的音乐律动治疗，该研究极大影响着国际儿童少年精神病学领域。

声音冥想和气功：心理压力、倦怠症、身心系统失调均为国际卫生系统正面临的严峻挑战。中国传统文化中包含了许多与健康相关的实践活动，这些活动能够缓解上述疾病，例如，佛教的禅坐、道教的练气术以及中国的气功。我们可以大胆尝试将它们与国际上现有的艺术治疗方法相结合，产生新的方法，以改善国际艺术治疗领域。

社区音乐/舞蹈治疗：虽然在西方社区音乐治疗（community music therapy）算是一个新的学科，但是类似的实践活动现普遍存在于中国的社区中，例如，广场舞、打陀螺。这些活动不仅改善了老百姓的情绪，而且增强了居民的心肺耐力。

理论：艺术治疗研究也涉及元理论知识方面的研究。虽然西方的艺术治疗（特别是美国的艺术治疗）仍忽视对于科学哲学和跨文化问题的思考，但比较研究对于我们中心十分重要，例如，关于循证医学与道教智慧之间差异的研究。这些跨文化的比较研究也会在未来影响着相关的国际领域。

许多亚洲国家，例如，中国或土耳其，此外非洲的埃及，均拥有着悠久的人类文明历史，尽管相比之下，诸如法国的欧洲国家历史文化传统并不这么悠久，但其文明却丰富且珍贵。不仅如此，涉及社会文化变迁的美洲印第安文化亦是如此。我们中心将极力挖掘世界各国传统艺术中的治疗潜力，发展新的方法，推动跨文化的艺术治疗研究，从而改善国际艺术治疗领域的创新性研究并推广中华优秀传统文化在世界的广泛传播。

作者系北京师范大学艺术与传媒学院教授

抖音的国际传播和国家的数字力量

冯应谦

作为由中国开发的 App，抖音（TikTok）在短时间内成了全球流行文化，究竟对国家的海外影响力研究有什么重要启示？

新兴的数字平台抖音是全球最先流行的短视频平台。在四年里，抖音应用程序累积了超过 20 亿次的下载量，在 141 个国家/地区的月活跃用户超过 12.9 亿，在美国的月度用户已突破 1 亿人次。短视频消费已经成为社会娱乐与消费文化的一种重要形式，以社交媒体平台为依托进行内容生产和消费的短视频传播也成了新的传播常态。根据亨利·詹金斯的观点，在媒介融合时代，网民以 Web 2.0 网络为平台通过某种身份认同积极主动地创作媒介文本，这一创作模式的特性也吸引了全球青少年更多地参与媒介内容的生产。

应该如何引导数字媒体正面影响/帮助推动国家文化或经济的发展？抖音在世界范围内的大受欢迎，让我们陷入思考的同时，也带给我们启示。

抖音是一个观众制作内容（User Generated Content，UGC）平台，其短视频内容不是由公司制造的，而是由网民创造的。抖音上大部分内容都不是大众文化的内容，而是以视像为主，通过非传统的直线讲故事手法创作的短信息。抖音内容创作的参与者都有自己的追随者（audience-fans/followers），被其创作出的内容通过抖音的算法推送给用户。相比电视制作的内容，用户制作的抖音内容在海外更受欢迎，形成了一种代表中国的新影响力。

国家的海外传播有不同的形式。在电影方面，2002 年张艺谋导演的《英雄》真正打入欧美市场；在电视方面，主要是海外华人群体收看相关节目；在社交平台方面，微信以海外华人为主要用户；在音乐方面，中国流行音乐以国内消费为主，腾讯持有部分 Spotify；在游戏方面，腾讯收购 LOL 母公司，内容也并非中国打造。而抖音是真正由中国公司拥有的平台，并且目前已成为最流行的国际平台。

抖音成为全世界最受欢迎的短视频平台具有重要的启示意义。语言、文化等的障碍是国际传播面对的主要难题，而抖音作为数字平台或软件克服了自我文化生产传播的问题，让不同国家/地区在中国研发的平台自我生产。抖音的成功重新定义了国家软实力：不一定是文化输出，而是输出数字平台作为文化载体，或成为新的海外传播策略。这就意味着，通过科技创新研发，除了文化内容外，数字平台、软件或硬件也可成为有影响力的海外传播工具。

抖音的成功证明，只要数字创新符合全球市场或文化的需要，中国的数字产品就可以成为世界潮流。

最后，抖音创意/创新引领全球新一代的文化并非是通过内容的创新，这进一步说明国际传播的成功关键在于数字科技使用的创意/创新。数字科技的使用满足全球新一代的需要，而增强国家的数字力量将成为提升国家软实力的必经之路。

作者系香港中文大学新闻与传播学院、北京师范大学艺术与传媒学院教授

从技术角度谈影像内容的传播趋势

周　雯

　　我们都在说因为黄先生的坚持和努力，才让我们见证了研究院这 12 年的发展，迎来了今年第 12 届论坛。感动的同时，我也在考虑这 12 年，我们面临的形势发生了巨大变化，面临的传播环境和传播对象也在变化。当下我们面临"后疫情"时代，疫情会影响国际传播的方式，也会严重影响具体的，比如"看中国·外国青年影像计划"这样的活动。疫情不知道还会延续多久，但线下活动被严重制约是我们正在和必将继续面临的，因而，线上沟通和线上线下相结合的交流会更多。

　　同时，技术发展的巨大力量不断凸显，大家都知道，5G、AI，包括前段时间热炒的元宇宙，美国 Meta 把自己变成元宇宙公司，国内字节跳动公司花了 90 亿元的超预期价格收购 PICO 公司。那么，元宇宙不管你想不想考虑，它都在走来。还有影像自身的发展，之前我们更多谈的是 2K、4K，现在我们已经从 1K 到 8K，还有未来的 16K，以及虚拟现实的影响。当我们面临这些技术的时候，我们传播内容的方式和途径会有变化，传播的内容也会跟随平台的改变而改变。我们看影视艺术的发展，从技术上它基本上遵循两个逻辑。第一个是影像自身，电影从无声到有声，从黑白到彩色，从 2D 到 3D，影像不断接近现实世界。第二个是视野范围，从以前常规的电影到宽银幕、IMAX（巨幕），再到环幕、球幕，然后到虚拟现实，我们的视野范围不断增加。每次技术的进步，都推动着影像艺术的往前拓展，以上这两条逻辑是核心。

我们详细分析第一条逻辑，电影从无声到有声，从黑白到彩色，从二维到立体，到 120 帧，4K、3D，从我们希望影像世界不断趋近人眼所看，到现在影像世界已经超出我们的人眼分辨率。2020 年，华纳兄弟、亚马逊、皮克斯、美国电影协会合作进行了双盲测试，研究在正常观看距离下，人们在屏幕上可辨别的分辨率的限度是多少。以前我们以为是 2K，后来发现是 4K，现在是 8K 吗？那么 8K 的优势在哪里？研究结果发现大多数的观众无法分辨 4K 和 8K。这虽然也取决于观众对影像的灵敏程度，以及和屏幕的距离，但即使在最佳条件下，差异依然很小。这个试验控制非常严格，所以它的试验数据是非常有说服力的。在实际被测试的问卷中，4K 和 8K 几乎是没有什么差异。即便是对影像更敏锐的专业观众，差别依然不大。

我们得到一个启示，从标清、高清，2K、4K、8K，影像世界和现实世界无限逼近，那 8K 之后呢？因此，对影像质素这个技术逻辑的单纯追求已经到头了，当影像世界已经超过现实世界的时候，我们需要做什么？我们要从技术考量转向内容考量。

我有两个小的结论。第一个，单纯视听内容越来越无法满足观众，需要多感官体验和交互。当我们视觉和听觉都得到最大的满足时，视听已经不够了，我们以前总是希望看到更清晰的画面，听到更好的声音，但现在这个逻辑结束了。第二个，虚拟现实影像、沉浸影像和空间投影是未来 16K 内容的主体。

人类水平方向有 120°的 3D 视野范围，再加上两侧周边视野范围，共 200°。垂直方向上，人类最高可以有 135°的 3D 视野范围。人类视网膜中央凹能达到 60 个 PPD 的可视度，在水平 120°，垂直135°的视野下，两只眼睛可达到 1 亿 1600 万像素。最接近该分辨率的是 1 亿 2800 万像素的 16K，未来 16K 可以满足这种 VR 全真的效果。

我们再来看第二个逻辑视野范围，从常规电影到 IMAX，第一次让观众感受到震撼和沉浸。后来又看了环幕和球幕，以为是极限，直到看到虚拟现实全景。以上这两个逻辑，最后都会走到虚拟现实影像，它的出现是技术必然的结果。

以前的影像都是带框的，黑白彩色、有声无声、三维立体、电影电视都是带框的，都是基于蒙太奇叙事，因而会拍电影的人来拍电视是没问题的。但大家都发现虚拟现实影像制作人员很缺，因为VR的叙事逻辑、影像传达的逻辑完全不同，因而传统的影像行业人才无法轻易迁移到这个里面来。

我们与世界沟通是通过什么方式？最早我们是用计算机和互联网跟世界沟通，所有的信息是通过计算机的界面，现在我们是用手机屏幕加上移动互联网，未来就是5G＋VR，所有的信息传播和内容呈现多基于VR平台。最近大家都在谈什么是元宇宙，不管是叫数字孪生、数字原生，还是虚实融生，最重要的核心是基于VR、AR等平台的新一代互联网，而这一代互联网因为它和现实的平行关系和融合能力，以及通过虚拟世界对现实世界的改造能力，让我们觉得这是一个崭新的世界。而这个崭新的世界，所需要的内容一定不是现有的常规内容。

那么，在这个时候，我们的内容核心是什么？是交互和体验。未来，如果我们只是传递一些视听内容，是不够的。你是不是能够提供交互的空间，提供让观众全感官、全身心的一种体验和享受，这才是最核心的。刚才冯老师也说，像抖音是内容传播，是新技术支撑的传播，所以从传播内容上并没有什么特别新的东西。相信VR这样的平台，或者说基于未来元宇宙平台、基于VR平台的沉浸、交互的崭新内容体验才是最重要的决胜因素。

作者系北京师范大学艺术与传媒学院教授

用好新媒体手段与渠道，助力中华文化的国际传播

王新玲

今天，借这个宝贵的机会，和大家分享两方面内容：一是我们的实践，二是我的一些思考和体会。

中国外文局成立于 1949 年，到今天已经有 70 多年的历史。中国外文局是一个出版传媒集团，业务包含书、刊、网、研、译、考、评等多项内容，比如，出版发行业务，我们有七家出版社，综合影响力最大的是外文出版社，出版有《习近平谈治国理政》等多语种图书。刊网板块，有《北京周报》《人民画报》《今日中国》等传统外宣品牌和中国网。我所在的煦方国际传媒，前身是中国外文局融媒体中心，我们的业务主要分三类：外宣短视频生产、海外账号运营、外媒合作公关。我们每年原创有 200 集左右的英文和多语种短视频；我们自有的 Meta、YouTube、Ins 账号，有近千万的海外用户，成长性良好；我们和全球 80 多家国家级通讯社、30 多家大报大刊、30 多家电视台建立有合作关系。简言之，我们主要依托外文局的多语种、综合性的外宣积淀，为各级地方政府、中央企业，以及其他涉外单位，提供新媒体国际传播的解决方案。

我在外文局工作了 16 年，经历了外宣从孤独

的、鲜为人知的小众领域，到今天有越来越多的机构、个人参与进来，一起研究、实践如何对外讲好中国故事的过程。而且，也有越来越多的外国人士，也在做这样的事情，围绕在外文局业务周边的外籍伙伴，围绕在中国文化国际研究院周边的全球伙伴，都是讲好中国故事的新生力量。2015 年，我们开始建海外账号，做短视频，在不断的摸爬滚打中，积累了一些教训和经验。今天和大家分享五个思考。

一、讲传统中国，还是讲当下中国的故事

分享两个小细节。几年前，我们有一个专门讲中国人故事的栏目，主要讲木匠、太极传承人、捏泥人等中国传统文化故事，我们的摄像师是一位瑞典人，拍了一年多后，他厌倦了，说想拍一些年轻的故事。我们有时候需要给外籍人士安排行程，习惯安排一些文化体验的内容，但是几年下来，我们发现，外籍人士尤其是年轻人，他们希望更多了解的是，中国为什么发展得这么快，中国的互联网企业是怎样的，角色扮演（cosplay）是怎样的，中国人为什么喜欢汉服，等等，尤其是发展中国家的年轻人，他们想知道中国人是怎么富裕起来的，中国农民是怎么富裕起来的，希望能够学到点经验，带回去，用得着。我从他们身上看到的是责任感，他们来中国，不是来玩儿的，是来学习、取经的。

我想，我们一直以来习惯于讲的中国传统文化故事，是必需的，但 YouTube 上也已经有很多了，因而现在更需要的是当下中国的、新鲜的、现实的故事。

二、讲时代精神，还是讲微观故事

我们做产品的努力方向是"有意义，有意思"。新媒体国际传播

是一件非常有意义的事情，但是要把它做得有意思不容易。我们的短视频，在 Meta 平台上，有两类比较受欢迎：一类是奇闻逸事，比如悬崖公路、大桥修建快镜头、穿过居民楼的城轨、在田间地头跳踢踏舞治好了抑郁症的农民夫妇等等。另一类是接地气的故事，我们有一个节目叫"第三只眼看中国"，这个节目里，两位外籍主播走了半个中国，到处去体验、拍摄；我们还有一个系列叫"笃行者"，讲中国各个行业里的权威大家，还有敢闯敢干的年轻人的故事。

对外讲好中国故事，不需要宏大的叙事，只需要我们讲好一个个人的故事，一家家企业的故事，一座座城市的故事。它们都是中国的形象代言人，越具体，越真实，越有传播力。

有一次在和马丁·阿尔布劳教授交流时，他说，中国人太爱讲精神了，可以讲更多的故事。我深有同感。其实，在国际传播中，去掉穿靴戴帽，去掉刻意的拔高，纯粹地讲故事，效果可能会更好。

三、追求短线效果，还是谋求长远影响

我想大家应该也有这样的体会。你想了解某件事情，网上的相关内容非常多，但是总有那么一篇，很生动、有深度，不仅告诉了你信息，而且让你认同了它的判断，以至于以后你再和别人讨论这件事情时，会用到其中的观点。这样的内容，我认为就是经典内容。新媒体传播不应该等同于碎片、肤浅，也非常需要这样的经典内容。现在，我们对新媒体发展的未来感到不确定，不安全，所以会陷入一种焦虑，一天不创新就担心自己落后了，不在产品上玩技术花样，就要被同行碾压了。在这种压力下，不太容易产生经典内容。

还有就是报道节奏。2021 年 7 月是建党百年，10 月是生物多样性大会，11 月是进博会，2022 年 2 月是冬奥会，等等，这是我们非常习惯的报道节奏。但是，上网看 Meta 的网友，很多人手里、心里，都没有这样一份大事记，只是偶然遇到了我们发的中国主题内容，只关心这个内容好不好看，有没有、值不值得转发给身边的人。

为了应付一个个时间节点交作业，很难达到这种效果。

四、自己做，还是和社会团队一起做

有几年，我们处在一个封闭的圈子里，自己策划、生产、传播。为了提升团队能力，我们配套制订了各种培训计划。后来我发现，一是单打独斗是不行的，产量有限、水平有限、传播力也有限；二是最好的培训，就是与比自己更优秀的人一起工作。所以，2018 年，我们创办了"第三只眼看中国"国际短视频大赛，一办就是三年，征集和我们价值观相同的短片。在这个过程中，我们认识了许多优秀的外籍主播和团队，和他们一起策划生产、互助传播。2022 年 9 月，我们和北京师范大学、歪果仁研究协会、西瓜视频、哔哩哔哩、微博，共同发起成立了中国故事联盟……我们还是一个不到 40 人的小团队，但是能量变大了。贯彻党中央、国务院关于国际传播的政策文件，融合社会各界力量，共同讲好中国故事。

五、自有渠道传播，还是国外渠道一起传播

近几年，几乎所有的外宣媒体，都在 Meta 等平台上开设有官方账号，我们称之为把庄稼种在别人的地里。现在，几乎所有的账号都被标注为中国政府媒体，我们自此意识到了第三方的不确定性，花大力气建设自有渠道。我们也身处其中，只是做了另一件事情：外媒合作传播。目前，我们和全球 81 家通讯社，30 多家纸媒，40 多家电视台建立了合作关系。这些都是能够帮助我们进行对外传播的渠道，但是在内容选取和认同方面，非常复杂，传播效果也参差不齐。未来，还需要和外媒进行更多基于创作的合作。

国际传播第一课，是"外宣三贴近"，我们的传播要贴近中国发展的实际，贴近国外受众对中国信息的需求，贴近国外受众的思维

习惯。今天，中国的国际地位远高于从前，国际社会对中国信息的需求远大于从前，但是，海外受众是我们的用户，他们的需求，他们的阅读习惯，依然值得被研究、被尊重、被满足。

　　　　作者系中国外文局煦方国际传媒（原融媒体中心）常务副总经理

跨文化发展背景下对中国音乐的反思[①]

彭　蓓

在国际化的语境中，不同的社会现象在不同层面上超越传统的国家与文化的界限，以不同程度溢出，导致了政治、经济、外交、环境、文化等领域出现了跨地区、跨文化的相互依赖与对抗，相互融合与叠置的现象，进而展现出多元化、开放性、包容性、同质化等特点。

从跨文化音乐交流研究的角度上看，音乐的跨文化、跨地域的交流特性并非是在近代经济全球化浪潮，以及现代大众传媒迅猛发展后出现的文化新现象，而早在上千年的时间中就已是人类文明发展的一个既成事实。也就是说，人类文明史上几乎所有的音乐文化都不处于密闭的空间中，而一直或多或少地具有一定的开放性，并且不同程度地与其他文明的音乐进行过融合。这些音乐交流受到了当时的民族迁移和交融、政治政策助推、经济与市场需求和宗教扩张等方面的综合影响，从而不断在自身的文化基础上发生叠置而产生。因此，可以说，跨文化交流是音乐文化交融

① 以上是由作者在 2021 年 12 月参加北京师范大学中国文化国际传播研究院的 2021 年年会学术论坛的讲稿整理而来。谨以此文简述作者对中国音乐在国际传播方面的一些感想。并感谢中国文化国际传播研究院在过去的一年中对中国文化对外传播方面作出的卓越贡献，祝愿中国文化国际传播研究院 2022 年的一系列研究与实践工作都能够顺利并成功地展开！

的前提条件，音乐交流活动贯穿于整个人类音乐史中，推动了一次又一次的音乐风格变迁与新的审美倾向。反之可论，在整个人类文明史上，音乐本身就是不同文化交往和文化流动的佐证。这样的例子举不胜举：17 世纪开始就在欧洲盛行的"异域主义"中，法国宫廷音乐代表作曲家吕利（Jean-Baptiste Lully，1632—1687）和维也纳古典主义代表人莫扎特（1756—1791）都热衷于创作他们心目中的土耳其风格的音乐，展现了 18 世纪欧洲对东方音乐风格的猎奇心理；在"中国风"（Chinoiserie）的影响下，歌剧大师普契尼（Giacomo Puccini，1858—1924）的著名歌剧《图兰朵》（*Turandot*）和德国作曲家马勒（Gustav Mahler，1860—1911）的代表作《大地之歌》（*Das Lied von der Erde*），都汲取了大量中国传统文学的元素。从西向东，自汉代起，随着丝绸之路的开拓，大量的乐器（琵琶、五弦、箜篌、横笛、筚篥、沙锣、腰鼓等）和曲调（北周苏祗婆的五旦七调、唐代的龟兹乐、西凉乐、疏勒乐、天竺乐、安国乐、康国乐等）由西域传入东方，见证了古代丝绸之路的繁盛，改变了我国本土的音乐格局，也与华夏本土音乐进行融合发展，经过数千年的沉淀形成一个不可分割的音乐整体。而中国当代音乐从 18 世纪末开始，特别是第二次世界大战后，就一直受到欧洲音乐传统的根本性影响，这一点将在后文进一步详细阐述。作为"文化大熔炉"的美洲，跨文化音乐融合的现象比比皆是。例如，美国现代音乐的代表性乐器架子鼓，出现在 20 世纪 30 年代的美国。它并非是一种新发明的乐器，而是从中国移民带到北美洲的堂鼓，与英国军乐中的军鼓，在美国黑人音乐的语境下融合发展而来的。

虽然音乐文化的不断流动和融合给不同地区音乐带来多元化的新鲜元素，但作为一把双刃剑，跨文化的音乐元素也常被利益集团所利用，用于达到文化扩张的目的。例如，在殖民主义盛行的时期，音乐曾经作为欧洲殖民国家的文化扩张的附属品出现；在基督教传教的同时，基督教音乐也随之在世界各地四处开花。在资本主义社会的文化工业中，音乐作为一种文化产品被国际化地贩卖，由此呈现出了音乐文化商品化、单极化的趋势。特别是在 19 世纪末到 20

世纪，出现了一个同质化的、全球性的，主要受西方文化影响的音乐浪潮。我们可以观察到，在这个时期全球各个城市建立起以欧洲传统歌剧院音乐厅为标准的公共音乐场所——标准化的歌剧院、音乐厅、大剧场等，还有在这些场所中作为固定节目重复演出的标准化的西方音乐作品，从巴洛克音乐到现代音乐，而古典时期和浪漫主义时期的作品尤为受人青睐。同时，在全球化经济市场和大众传媒极速成长的背景下，跨文化音乐在实践中被以前所未有的速度和强度融合起来，原本地域性、民族性的音乐被推向了"音乐杂交"的浪潮中，脱离了本来的文化背景和社会语境，被置于泛滥的大众传媒和音乐产业活动中。民族音乐在跨国音响公司的录音棚制作中被同质化，在以经济效益为导向的大众音乐审美中被扁平化，从而越来越丧失了民族音乐的特殊性与独立性。

另外我们还可以观察到，在当今的全球音乐市场中，"古典音乐/经典音乐"（英语——classical music，德语——die klassische Musik，法语——la musique classique）一词被公认为是欧洲音乐的专属名词。现在市面上几乎所有关于"古典音乐/经典音乐"的书籍、录音都仅仅局限在西方古典音乐的框架中。虽然各大出版社都在探索将一些现代音乐形式，例如，爵士乐、流行乐等加入其中去"重塑经典"，但是从总量上来看，仍然是以欧美音乐为中心的。例如，德国《时代报》评出的"100首经典现代音乐"系列中，并没有一个亚洲、非洲或拉丁美洲的艺术家的歌曲出现。而实际上每个文明都有属于自己的"古典音乐/经典音乐"，例如，中国的雅乐、印度的卡那提克音乐、巴厘群岛的甘美兰音乐、非洲传统音乐、阿拉伯传统音乐等。然而"古典音乐/经典音乐"一词作为一个绝对意义上的衡量标准，有意或者无意地包含了一种西方民族中心主义。

当然，这种意识形态的产生除了始于15世纪的殖民地思想的惯性之外，也与当代垄断资本主义中以西方音乐为主的国际音乐文化资本做推手是相关的。特别是在过去100年来录音技术不断更新换代的基础下，音乐的传播方式被极大地塑造和改变。从一开始只能由音乐家现场演奏听众现场倾听，到用蜡筒——唱片——磁带——

CD——数字化进行音响复制，人们在任何时间、任何地点都能听到音乐，音乐从上层社会的奢侈品成了人人可及的廉价消费品。随着音乐复制技术的不断增强，到 20 世纪末 5 家西方跨国音乐公司分享了世界上 80％的录制音乐业务。也可以说，经济全球化背景下的音乐文化产业决定了人们能听到什么样的音乐。其中，全球范围的通信技术的成就及其全球范围内的信息交流，是对音乐文化的变革产生巨大的影响的首要因素。

在中国音乐史的千年长河中，与外来音乐的融合时有发生。而在近代，西方音乐以极为迅猛的速度从根本上影响了中国当代音乐，这一点是不可否认的。因此我国音乐界有的学者关于中国音乐是否可以国际化的讨论实际上已经落后于现实状态而不自知。那么在音乐跨文化交流的大环境中，中国当代音乐处于什么样的境地呢？首先需要我们回顾中国音乐近百年来经历的变革。

回首 20 世纪初，在中国封建社会中千年来占据中心地位的宫廷雅乐随着清王朝的瓦解全面衰落。而民间音乐又无力担负起成为建立在当时社会意识形态之上表达时代精神的上层建筑的功能。这一问题最早在匪石 1903 年发表的《中国音乐改良说》一文中就被认识到。他提出"古乐既亡"，"地方语言益分崩离绝，咿咿土歌，靡靡时乐"的问题，又给出了"占学理之优等者，要惟泰西之乐"的解决方案，寄希望于学习日本明治维新，用西乐来改革国乐。[1] 而西方音乐通过近代中国新文化运动，以美育的身份被镶入了中国基础教育体系中，随着现代教育在中国的普及，被大众逐渐接受。由此，中国传统音乐进入了一个大变革时期，一些民间教育团体为此做了很多工作，例如，20 世纪二三十年代在北京出现的"北大音乐研究会"（1922 年改称北大音乐传习所）、"师大西乐社"、"爱美乐社"，以及"国乐改进社""中国教育音乐促进会"。这些组织积极编写新式教材、筹办音乐讲习会和演出、出版音乐期刊，为西乐在中国的广泛传播

---

[1]　王秀芝：《匪石〈中国音乐改良说〉音乐思想叙述》，载《北方音乐》，2019(11)。

打下了基础。① 但也是在这一时期，产生了"重西轻中"的激进改革思想，试图简单地利用西方音乐概念来描述中国传统音乐，而没有经过认真对比研究中西音乐的共性与异性，这种错误的判断来自当时尚未出现相关中国音乐发展史的正确全面的研究，没有对中国音乐进行系统梳理和积极反思，单单急于摆脱所谓"旧式"的音乐文化基础，这也为后世遗留下了很多问题。表现在音乐实践中，可以看到当时出现的一大批军乐、学堂乐歌和政治歌曲、电影音乐，以及20世纪30年代之后出现的中国交响乐团，都出现了将中式旋律或是声音特点、表达内容强行整合到以浪漫主义后期欧洲音乐为导向的音乐作曲理论与音乐表达方式上去的特征，模仿西乐成为这一时期的主要特点。

中华人民共和国成立后，随着国内音乐专业院校的建立和音乐人才的培养，中国音乐得到了一定的发展。但是在20世纪60年代，音乐经历了被作为资产阶级文艺思想的禁锢期。随后，又得到了繁荣文艺创作的方针政策的支持，一度呈现出体裁和风格上的创新之势，"西体中用"，无论在歌曲、交响乐、舞台音乐的创作上都出现了大胆的尝试。20世纪90年代在改革开放的动力下，流行文化深入人心，西方的流行音乐和摇滚音乐从中国港台地区传入、日本音乐文化传入，在内地（大陆）激发了多元化的音乐风格，但从整体上仍然以模仿为主流。2000年后，音乐国际化趋势日益加强，中国音乐产业链的成熟发展也带出了多条路径，同时我们也观察到音乐现象中迅速扩大的碎片化和多样性。无论是西方古典音乐、流行音乐，还是中国本土原创音乐，都拥有了数量庞大的音乐人、听众群体。同时也可以注意到中国民族音乐元素伴随着音乐产业和新媒体的不断成熟，被越来越多的人所接受。除此之外，对中国传统文化的重视也带动了对古代音乐的溯源研究，特别是对礼乐制度的研究，由此也带动了古乐复兴在音乐实践上的发展。

---

① 袁耀龙：《中国教育音乐促进会 ——近代北京音乐史中不应被遗忘的重要音乐组织》，载《人民音乐》，2014(9)。

　　在这样的发展状况之下，中国音乐市场的国际化趋势在近年来受到了广泛关注。2005 年，柏林爱乐乐团在西蒙·拉特尔的带领下在中国巡演。他当时就敏锐地发现中国音乐市场的巨大潜力。在一篇当时的采访中，在回顾东亚近百年内对西方音乐的接纳后，拉特尔大胆预言，今后五十年或一百年，东亚将成为所谓的"古典音乐"的世界中心。这乍一听来似乎是振奋人心的美好未来，但从音乐发展本身来看，这是不是意味着亚洲的表演者和观众将在未来成为西方音乐文化的跟随者和维护者，成为已经流逝的西方古典音乐活生生的博物馆，成为下一个令国际文化资本垂涎的新兴音乐消费市场呢？然而，即使这样的西方"古典音乐/经典音乐"已经被国内外的音乐文化工业进行包装和过滤，并且被大肆贩卖，以至于似乎在当代成了一种被规范化、被标准化的习惯性的音乐审美行为，但是从根本来看，这样的音乐仍然是在西方某一个特定的历史时期——例如，欧洲封建宫廷和教会组织，在某一个意识形态和价值观、世界观——例如，欧洲市民阶级的自我意识，或者在某一种政治环境——例如，法国大革命之中产生的。它们虽然美妙动听，但是在中国并没有与之相应的文化土壤和价值共识，以至于绝大部分人只是因为它们的美妙动听，通过纯粹的感官愉悦，喜爱和欣赏它。

　　由此可见，通过西方文化扩张来达到单纯输入的音乐，在中国未来的发展是有限的。但是中国音乐未来发展也离不开国际化的视野。在这样的语境下，利用跨文化交流进一步发展下去的音乐文化给社会带来的利弊需要被慎重地审视与分析，单极化、低俗化、垄断式的音乐市场发展需要及时被制止。健康的中国音乐发展需要注意两个核心问题：一是对中国传统音乐的自我认同，二是对其他音乐文化的接纳与包容。

　　要做到第一点，首先是要加强学界对中国音乐学基础理论的研究，包括对中国音乐史进行细致入微的梳理；需要将中国音乐放在世界音乐史中去进行观察，研究其地位和影响；对中国音乐的基础概念进行溯源梳理和诠释；对中国音乐与西方音乐进行系统性比较，不以优劣为论，而是注意观察两者的共性与异性，以及导致这些现象的音乐哲学、音乐社会学和音乐人类学的根本原因。在实践方面，积极进行古乐复原的音乐实验，挖掘、研究、整理数量巨大的古谱；还原古乐器；特别注意古乐器符合当时真实情况的演奏方式与声音习惯；培养专门的古音乐研究与演奏人才；安排组织相关的音乐会或是在历史建筑场合进行演出。同时还需要重视对少数民族原生态音乐的保护；建立音乐库和非遗保护项目；培养少数民族青年人学习和传承本民族的传统音乐。当然，在对传统音乐和民族音乐进行保护的同时，也需要积极发掘中国音乐与其他的艺术形式的结合，例如，支持传统音乐在电影中的运用，支持舞台剧与歌剧中对传统音乐元素的再创作，还可以利用与新媒体的融合，扩大影响力和受众。几年来，在这方面我们已经可以看到一些成功的例子，例如，西安"自得琴社"通过古装古乐和新媒体，在青年人中引发广泛关注。另外，之前在原生态音乐范畴下出现的少数民族音乐，通过与流行音乐的结合，也越来越重视其多元化的表达手段和现实性，不再只徘徊于重复传统曲调，而是大胆地创作新旋律、新内容，吸引了大批青年人。例如，西藏说唱乐手德吉老爷把西藏传统的史诗说唱音乐艺术与流行音乐的说唱结合在一起，用藏语进行说唱，表达现代年轻人的自我反思。

　　除此之外，还应该关注一个现实问题，中国音乐的推广与传播不能只靠中国人，也要重视其他国家的音乐人和音乐爱好者的主动参与。在这一点上，国内目前走在前面的是北京语言大学的孙润老师，她的留学生古筝队，不仅对外传播了中华优秀传统文化，而且用音乐搭建起了不同文明相互理解的桥梁，非常希望这样的音乐表演形式能够被推广开来。

作者系北京师范大学全球化与文化发展战略研究院讲师

人文艺术类国际传播的教育路径

刘江凯

2021 年 5 月 31 日中央政治局关于加强和改善国际传播工作的集体学习里，有很多重要的讲话精神，其中有几点和中国高校密切相关。首先是为国际传播提供学理支持，其次是高校要加强学科建设和后备人才的培养，最后是加强适应新时代国际传播需求的专门人才队伍。①

这次集体学习在某种程度上讲，意味着党中央关于当下我国国际传播工作现状的整体判断和未来发展的基本布局。同时，也向我们高校教育系统提出了一个现实而紧迫的问题：当前中国高校国际传播类的科研、课程、学科与人才体系究竟如何？能否适应迅速变化的国际格局和国家文化的对外发展战略？我们团队做了将近十年这方面的基础研究，也做了很多实践项目。我认为当前中国高校最大的问题体现在四个方面：第一个是传统的专业科教体系难以适应并且跟紧时代发展的新要求，第二个是新型科学体系发展滞后且分散，第三个是融创型教育体系基本空白，第四个是新型科研和教育体系存在互相脱节的问题。

第一个问题，为什么传统的专业科教体系难以适应并且跟紧时代发展的新要求？我主要是讲

① 本文系 2021 年 11 月 26 日北京师范大学中国文化国际传播研究院"路径与方法：提升中华文化影响力"国际论坛的发言稿修改而来。

人文艺术类，比如文史哲艺，包括下面的二级学科。它们有传统的课程体系，面临的主要问题是单一的学科专业化培养模式，无法适应和满足新形势下复合型人才需求；也没有办法满足大跨度的全局性的研究和发展需求。相关学科的涉外传播其实是一个普遍的学科发展理论问题，但学界目前基本没有认真研讨过这个问题。比如中国当代文学的海外传播，在学科层面，传统型学者根本没有认真讨论，许多人在观念上也不认为这是一个需要严肃对待的问题。

第二个问题，新型科研体系整体滞后且分散。这里面是有大的客观数据可以支撑这样的判断。一是国内的国际文化交流类的科研积累只有二三十年，许多基础理论问题没有讨论。二是国内相关的研究机构，大概是在20世纪90年代后陆续出现，但很少有高校从学科发展角度进行长远布局。三是国家社科研究，包括国家级的文化工程在2000年以后有了更多的投入和产出，尤其是奥运会、世博会、诺贝尔奖效应，我认为2022年北京冬奥会之后，这方面的研究有一波高潮到来。四是与中国文化国际传播实绩和现实需求相比，我们的科研体系至少滞后三十年，许多领域基本上空白，而且非常分散。

第三个问题，融创型教育体系基本空白。我所理解的融创型教育体系的内涵可以简单地概括为一二三四。

一个新方向，即"国际文化交流传播"，我认为它是非常有专业发展甚至是交叉学科发展潜力的一个新方向。和海外汉学以及其他已有的专业方向或者学科相比，它的基本内涵是特指中国学者对海外中国问题，或者是中国问题延伸到海外的相关研究，它的主体是中国学者。

两项核心，即交叉融合型课程建设与复合应用型人才培养。交叉融合型课程是根据培养目标对现有学科与教育资源进行合理的组合，实现协同与优化教学，课程不一定局限于传统的大学教育体系，而应该适当引入相关行业、单位的实践问题和现实需求。复合应用型人才一方面学生要接受交叉性质的职业能力训练，另一方面学生要通过参与科研课题、实践项目、社会实习等走出传统课堂，打通大学学习和社会实践，理论与实践互相验证与及时调整。课程建设是充实专业建设最为基础有效的方式，而人才培养则是检验专业方向能否满足和适应社会需求的关键所在。

三大层面，即这个新型教育体系能够覆盖基础研究、学术实践和社会服务这样一个立体层面的发展需求。与一些传统学科的平面型的涉外教育体系相比，新型教育体系应该是立体的，它的教育内涵保证了这个体系内部具有很强的自我培养、应用、实践能力，直接把课程教育和社会服务、人才培养和创业就业连接起来，打破传统学科教育和工作之间的壁垒，探索高校教育、学生学习和社会服务的新可能。

四个维度，根据我们团队的研究经验，每个涉外学科都会涉及四个方面的基本问题与关系。一是涉外学科海外传播自身历史发展的研究；二是海外传播与涉外学科的关系，比如中文的海外传播和中文的传统研究关系；三是海外传播与跨学科、跨文化的关系；四是海外传播与学术实践、社会服务的复杂关系。这是我所理解的融创型科研体系，它应该是覆盖以上内容的新型教育体系。

第四个问题，新型科研和教育体系存在互相脱节。首先是中国高校缺乏"国际文化交流传播"的融创型教研体系。而良性互动的教研体系的建设，才会为习近平总书记提出的为展示真实、立体、全面和可信、可爱、可敬的中国形象提供扎实的教育保障，形成同我国相匹配的教育支撑和人才储备。从目前的全局来看，我国没有形成这方面的良性体系，我们急需这方面的典型案例、模式创新和理论总结。

最后说一下我的结论。作为加强和改善国际传播控制教育路径的新可能，我觉得大概有三个改革的方向。一是改变现在单一学科分散的传统型涉外研究与教学。国际传播本身具有非常强的跨界特征，很难用现有的学科分类对待，而更适合用分类加融合、交叉学科、跨界协同的模式去探索全新的方案。二是多渠道拓宽和完善国际传播协同机制，构建打通基础科研、专业教学、现实问题和行业实践的高端复合型育人体系，包括和国内相关行业、产业做一些深度的结合。三是鼓励并资助高校机构、团队、人员创办专业机构联盟，包括实践项目，比如"看中国·外国青年影像计划"。再如承接校地相关文化工程，行业委托，实施专项人才培养工作，为已经工作的人员提供回炉再造、定制培训课程等。总的方向是契合教育部提出的新文科发展真正的内涵。

　　加强和改进国际传播工作，提升中华文化国际影响力是我们国家重要的文化战略任务，但是目前国内缺乏这方面的融创型的体系，成为制约未来中国文化国际传播发展的软肋之一。高校有责任也有义务承担起这样的教育任务，为实现中华民族伟大复兴提供教育和人才支撑，探索"政产学研用"的发展经验。

作者系北京师范大学副教授

第五辑

新主旋律短片的国际影响力

《新中国之歌》的成功之道

蒋为民

"外国青年影像计划·上海行"的项目是 2021 年我在"看中国"十周年的学术研讨会期间接下的任务。在我的恳求下,上海大学新闻传播学院的严院长亲自携三位同事前来加盟。很少见的,我们同一所大学的两家学院联合承办此次活动。但是,由上海大学两家学院承办的"外国青年影像计划·上海行"活动仅仅进行了两年,何以就出现了具有强大传播效应的影像作品?这其中又有着怎样的必然性?在今天的研讨会上,我试图做一些浅显的回顾和分析,供各位专家批评指正。

一、关于上海和中国

2021 年是建党百年的历史性年份,而上海是中国共产党的诞生地;与此同时,中华人民共和国的国歌《义勇军进行曲》来自 20 世纪 30 年代上海摄制的左翼电影《风云儿女》的主题曲。

这些历史,中国人耳熟能详,妇孺皆知;岂能料到,当这一切被一个热爱中国的西班牙人得知后,一切就不一样了。他兴奋地像一个孩子一样,迫切希望将这个完美的故事告诉世人。因此,这个来自上海的题材决定了作品内涵的生命力。

而上海,经过改革开放四十多年,本身已然

是一座国际大都市，在这两年中参与"外国青年影像计划·上海行"拍摄的外籍青年导演来自欧美亚非十多个国家，在全国各地举办的"外国青年影像计划"是涉及国家最丰富的，因而创作者背景和文化也是最丰富的。

二、关于流程和程序

作为一个拍摄项目，"看中国"的制片原则和流程管理是高度专业的。从合拍片角度来看，该项目是一种理想的机制下的产物：在内容上遵循导演中心制，在项目进度和财务管理上实行制片人中心制，摄制过程中有起始阶段的项目培训和体验生活，项目负责人相当于代表出品方的制片人，指导老师相当于监制，定选题、定编辑提纲、看粗剪和终审，四个主要的沟通节点切得很准。最后以展映和专业点评结尾，极大提升了参与者的专业度和成就感。作为北京师范大学派出的项目负责人孙子荀，承担了类似于出品方制片人的角色，由于我们上海是双学院协作，很多问题的解决需要同时兼顾双方，他是一位年轻而成熟的项目负责人，对进度的控制、沟通、协调能力成为此次活动得以顺利进行的重要保证。

三、关于主题和故事

2022 年的主题是"家"，关键词是"家庭·家园·家国"。在既定范围内的大设计，规避了在政治、外交、文化、宗教等方面的传播风险，提高了项目的公信力；但拍摄的故事是由外方导演决定的——这很重要。因为文化差异和审美差异，在同一个主题范围内的选择往往是大相径庭的。这次在选题讨论过程中，中外指导老师提供了一组选题，由外国青年自主选择，事实证明只有真正做到让"外国青年看中国"，他们的作品才会在中国以外的地方获得共鸣，就比如这次《新中国之歌》，对历史题材的再发现和再创作，充分体现了不一样的视角所带来的新鲜感。

四、关于风格和调性

中国人善于深思，作品的风格调性往往也趋于严肃和理性。外国青年则是更轻松、活泼而自由的，也更强调个性化表达。2021年，来自温哥华电影学院的墨西哥女孩在处理一组空镜头的时候，中方制片人试图让她按照画面剪辑逻辑修改，结果她又改回去了。理由是，她觉得那样更符合她的感觉。还有一位东盟的青年导演，他选择了在上海辛苦打工的女性作为拍摄对象，本来挺沉重的故事，却被他拍出了女主角在夕阳下蹦蹦跳跳的结尾。审片时我觉得很幼稚，他却说，这代表了主人公的乐观精神，尽管生活很艰难，但她还是满怀少女般的希望。我被他的话感动了。

五、关于尊重和理解

中外双方合作从学习对方的文化开始，这本身已经是"看中国·外国青年影像计划"这个项目最有意义的设计。以人类文明的悠久与丰富，没有人可以穷尽其精妙，也没有人有资格藐视自身以外的其他文明，更遑论藐视自身以外的其他观点。记得在一次初剪后的师生交流中，我以电视台审片的惯性视角和立场对学生作品提出修改意见，想不到被外方导师当场反驳，他表示很赞赏导演的思路和角度，没有必要改。我看着他认真且带一点严肃的表情，突然意识到了，这不是电视台的节目，是"外国青年看中国"的作品。很快，我就调整了立场，告诉导演，以他的想法为主，我们来协助实现。这个细节给我留下了深刻印象。

正是这位外方导师，他不仅是一位非常热爱中国和熟悉上海的外国人，而且无比热爱这个项目！两年来为了让导演们的作品更有趣和好看，他常常亲自安排拍摄，为他们提供动画设计，协商修改方案，优化作品。

在我看来，"外国青年影像计划·上海行"这个项目是从艺术创作维度给各国青年提供了一次关于合作与理解、尊重与互信的实践机会，它的意义甚至超越了纪录片拍摄的本身。尤其《新中国之歌》的创作，体现了全世界爱好和平与自由的人民对新中国崛起的精神共鸣。片中重现了这首《义勇军进行曲》，在电影中、在抗日的中华大地以及流传到美国之后的不同演唱版本，音乐与画面、历史与现实、清新与厚重，互为交织汇成一曲激荡人心的旋律。

作者系上海大学上海温哥华电影学院执行院长

运用中国丰富的历史和文化打开思维模式

[西班牙]奥黛

根据谷歌的研究，西方国家 85% 的青少年积极使用 YouTube，其中 80% 的人用它来扩展知识，68% 的人用它来提高或获得新技能。这就是 YouTube 上最成功的内容是解说视频的原因。

首先，什么是解说视频？解说视频是经过充分研究并以简单的方式来解释一个非常具体的主题的短视频，让即使任何之前没有相关知识的人也可以理解它们，既有趣又富有洞察力。其次，选择主题。主题必须非常有趣，越具体越好。例如，你应该谈论一个特定的物体，人或事件，而不要去谈论一个时间段。在我们的案例中，我们在谈论一首歌。它们可以与任何学科有关，从历史到农业、艺术、工艺、技术、古生物学、考古学、医学……只要有趣，能让观众惊奇，什么都行。如果可能的话，那么它们应该会挑战他们认为自己已经知道的东西。你可能认为要找到这样有趣的话题并不容易，但我向你保证，中国有丰富的历史文化遗产，有很多有趣的话题可以吸引年轻人。你喜欢海盗吗？中国最著名的海盗是一个中国女人——郑一嫂。你喜欢恐龙吗？发现并命名了众多恐龙种类的古生物学家是中国人——徐星。你喜欢太空吗？你知道加利福尼亚州的喷气推进实验室是由一个中国人建立的吗？——钱学森。航空？在加利福尼亚州成立的第一家航空公司是中国的冯如广东航空公司。

在《新中国之歌》中，挑战观众认知的第一件事是，西方观众认为他们已经知道关于第二次世界大战的一切。遗憾的是，在西方，我们没有被告知日本侵略中国，所以他们对这个事实非常惊讶，并被我们的故事所吸引。理想情况下，它应该是一个"意料之外"，观众可以通过快速在线搜索轻松地核实事实。为了更好地解释如何复制国歌这个例子，我想在接下来的演讲中延伸另一个话题，例如，宋徽宗的《瑞鹤图》。故事需要深入研究，而且要有很多事实，尤其在一个年轻人众多发声的视频中，他们的期望值很高。年轻人没有耐心，所以，当他们看到感兴趣的标题时会查看视频的长度，他们会想："好吧，我给你 5 分 3 秒告诉我所有关于这个话题我需要知道的东西，请不要浪费我的时间。"这就是为什么，为了保持他们的注意力，我们必须在尽可能短的时间内给他们提供尽可能多的相关信息。大多数精心制作的解说的主要元素是：写得好，有见地的解说，可以是一个人对着镜头解说或者配音。正如你所看到的，解说视频很像传统纪录片，但速度更快，语气更友好和轻松，感觉更像是一个朋友在给你讲故事，而不是教授在给你讲课。这就是我们在《新中国之歌》中使用了定格动画，让它更有趣和放松的原因。

一、为什么他们应该坚持到最后

无论主题是什么，我们都要先告诉观众为什么这个主题很有趣。

在《新中国之歌》中，我们首先告诉观众这个故事很有趣，因为它"完美地浓缩了中华民族的精神"。在我们关于《瑞鹤图》的新电影这个例子中，在视频的开始可以解释这幅画为什么是中国历史上最著名的画作之一，以及直到今天它是如何融入流行文化的。

二、语境

你需要尽可能地围绕主题展开，给外国人足够的语境来理解这个故事。

在《新中国之歌》中，我们决定从日本侵略东北开始，这样观众可以更好地理解故事中人物的情感进程和动机。在给出语境时，我们应该总是尝试把它与受众可能知道的西方文化参考联系起来，使其更容易理解。例如，在我们的《新中国之歌》电影中，我们以德国法西斯的画面开场，这样外国观众就可以用他们看过很多次的东西来定位故事所在的时期。在《瑞鹤图》的例子中，我们可以提到它创作的时期被认为是"中国文艺复兴"。然后解释宋代，甚至可以用一个图表来解释，中国在几千年里由几个不同的朝代统治，并且在讨论历史时期时各个朝代通常被用作时间标记。我知道这些听起来可能太基础了，但你必须了解，很遗憾的是，我们外国人对中国的历史和文化一无所知。

三、转折

我们需要找到包含许多不同元素的故事，让观众有沉浸感，这样他们就不会跳过去看下一个视频。在《新中国之歌》中，转折是这首歌在成为中华人民共和国国歌之前在美国出名，并因此在世界各地的战争前线出名。以《瑞鹤图》为例，我们可以解释其绘画技巧，以及与之相伴的诗歌、书法在中国文化中的重要性，印章的重要性，以及卷轴中的印章的意义……还有，它是如何在第二次世界大战中日本战败后被清末代皇帝溥仪私自带出中国的。

这为我们打开了一扇大门，解说从清朝灭亡，到日本人如何利用溥仪建立伪满洲国。

最重要的是，解放军却发现在溥仪撤退时准备将这幅画偷运出境，以及他们如何保卫这幅画及其被东北银行保管。观众理想的反应应该是"等等，什么？我怎么不知道？"当然，还有"啊，这太酷了"。

在构思故事的时候，同样重要的是要记住年轻的外国观众对中国有哪些先入为主的看法，这样我们就可以在剧本中解决这些问题。例如，在《新中国之歌》这部电影中，我们试图改变许多外国人认为"中国人和我们很不一样"的刻板印象，通过上海爆炸时年轻人感到的沮丧，以及他们如何决定利用自己的电影制作技能来做一些事情来解释。

希望当他们看到这一点时，他们在潜意识里会问自己"在那种情况下你会怎么做？"他们会发现自己可能也会这么做。针对他们"美国人和中国人相处不好"的刻板印象，我们向他们展示，当所有国家为了一个共同的目标合作时，会发生多么美好的事情。

在我们关于《瑞鹤图》的影片中，我们或许可以改变许多人错误地认为共产主义国家除了宣传海报之外不关心艺术的先入之见。

当然，我们应该遵循的叙事规则"要展示，不要讲述"，只要把所有的片段展示给观众，这样他们就可以得出自己的结论。

另外，如何推销我们的故事？如果人们不点击播放按钮，我们所有的努力都白费了。当一个年轻的外国人从平台上所有的推荐中决定接下来要看什么时，首先会引起他们注意的是视频的标题，所以我们总是在思考如何让它更有吸引力。我知道这听起来很无聊，但遗憾的是这是事实。我们的国歌视频，虽然在 YouTube 上有一个更合适吸引年轻的外国观众的标题是"唯一来自电影配乐的国歌"，但恰逢中国共产党成立 100 周年，我们最终决定给它取一个更有中国特色的名字——"新中国之歌"。例如，我们的《瑞鹤图》影片，我们可以称之为"你从未见过的最著名的画作"。另一个把标题作为一个诱饵的例子，是一个 YouTube 视频。把标题定为"充满被盗文物的大英博物馆"更有吸引力！这是一个有趣的例子，因为你可以看到他们是如何撰写视频脚本来匹配标题的，这证明了我们在构思故事时就要思考如何推广我们的视频，而不是留到最后。如果观众意识到这个标题只是一个诱饵，标榜的主题没有视频内容的支持，那么观众会非常失望，这是我们不想看到的结果。

作者系资深导演、制片人

跨越时空的共鸣：《新中国之歌》的国际传播启示

何　威

　　我想问问大家，关于各个国家的国歌。大家知道几个国家国歌的名字？有超过 5 个的吗？可能没有。会唱几首？或者至少能哼出其中的一句曲调，除了中国自己的国歌外，我们还能哼出几个？其实每次奥运会或者亚运会，我们都能听到每个国家的国歌，但是我们记不住。在座都是知识分子，其实也记不住。原因是什么？

　　信息在那里。我们能记住什么？我们知道澳大利亚有袋鼠，我们知道加拿大有枫叶，我们知道美国有自由女神像，我们知道很多东西，但是我们记不住它们的国歌。很重要的原因就是我们觉得跟自己没有关系——其他国家的国歌跟我有什么关系呢？假如我正好去英国或美国留学，经常参加他们的庆祝活动，或是当他们球队胜利的时候，当地人一边蹦跳，一边唱国歌，在那样的情景下，我会觉得跟自己有关系，因为当地的朋友、我身边的人都在做这件事。这样的话我能得到充分刺激，从而学习和了解它。

　　《新中国之歌》这个短片我也看过，是一部非常有意思的影片，在看之前和看之后确实对我产生了影响，就好像刚才奥黛说的一样，为什么这件事我不知道？以及感觉到很有个性。这些感受其实我都有。这说明什么？刚才王政总经理做了数据的分享，我们知道至少在国外有 8000 万人因为看过这部片子，起码知道了原来中华人民共和国的国歌是这样唱的，反映了这样一种精神。我觉得这是非常了不起的贡献，仅仅从这个层面上，这个短片已经起到了非常好的国际传播效果。

在国内，这部短片也上了微博热搜，有 8000 万人看到。很多人在微博评论当中反映了跟我类似的心情：作为一个中国人，我的国歌唱得非常熟，但是我也不知道在那个时期，在第二次世界大战期间反法西斯的战场上，曾经有一位黑人歌手用非常标准的普通话唱出我们的国歌，激励了一代人。对于我们来讲，是对于国歌情感的再提升、再教育。另外，这也让我们对于其他国家在反法西斯战场上扮演的角色和所起的作用，有重新的认识和情感的唤起。说起来我们好像在推广中国自己的东西，但是实际上它也产生了一种国际传播的效果。不仅仅是我们把东西推出去，其实是架设了一座桥梁，增进互相理解，增进对于彼此的感情。

一方面，从当前的情境来讲，这个短片选择了现在最流行的媒介形态（如 YouTube、Meta、TikTok 等在海外非常受欢迎的社交媒体平台）作为自己的渠道；同时选择了相对比较短的短视频方式，这些都是它成功的非常重要的原因。另一方面，跟其他案例做对比时我们就会发现，其实有很多我国想让文化走出去的内容，我们也努力使这些内容能够落地，能够放到西方国家的观众面前。也许你的硬件架设到了，但是这些东西放到人家面前人家看不看？人家看完之后信不信？是什么样的态度？我们传播学里有编码/解码不同模式的理论，解码者是否能够按照你在编码时想传递的信息的角度去理解？我觉得很多时候确实不能，也就是说没有做到真正的有效传播。

这样的结果我们都会去分析原因。这里涉及文化的差异性。在相对比较接近的两种文化之间，我们互相理解的能力会更强。而在中国与欧美国家之间，意识形态和价值观上的差异，有些部分是根深蒂固的。我把现在国际局势定位于一个"后国际化时代"。就像后现代的概念，并不是说已经不是现代了，而是现代性的一种新的阶段。一方面，国际的合作和交流仍然是存在的；另一方面，客观来讲，国际上从价值体系的冲突到由于疫情带来的从物理到心灵上的隔阂，其实这两年比过去更多，我们每一个中国人和外国人都能感受到这一点。客观上，它会成为我们国际传播上要去克服的问题，或者要穿过的一堵墙。

有什么办法改变？我从另外一个案例中得到了启发。2021 年，在英雄联盟的全球总决赛上，来自中国赛区的俱乐部 EDG 获得了冠军。这个游戏在中国非常热门，很多年轻人都在朋友圈里面发 EDG 夺冠信息，以至于有评论说那一晚的朋友圈里刷屏的是 EDG 还是北京下雪，成了区分中老年人和年轻人的标志。这件事在海外有什么反应？我认识一些从事电竞和媒体行业的朋友，他们说在那段时间，跟海外的人交流的时候，外国同行或者电竞粉丝听到他们来自中国，首先会说恭喜你们 EDG 夺冠了。虽然是中国俱乐部夺冠，但是它是全球人都知道、都关心的事情。同时，这家中国的俱乐部里面有几位重要选手是来自韩国的，这家俱乐部本身也是一个国际化的产物。

这个例子让我们思考：为什么海外的粉丝可以跟中国的粉丝一起，关注和赞美一支由中国和韩国选手共同组成的队伍，在一个全球的比赛中夺冠？为什么海外粉丝觉得这件事跟自己有关系？英国人很关心它，瑞典人很关心它，尽管这不是他自己国家的队伍。

某种意义上来讲，民族国家是一个想象的共同体，它只是多个共同体当中的一个。它可能是非常重要的身份，但不是唯一的身份。所以当我们步入后国际化时代，这种民族国家之间的隔阂、价值观之间的隔阂非常强大的时候，其实我们不应该忽略的是，每个人也还有着很多其他身份认同。比如我们刚才说的游戏领域、电竞领域、足球领域，等等。或者像《新中国之歌》这个例子中一样，我可能是一个音乐爱好者，是一个关心权利和平等的人，可能是一个黑人，这些都能成为海外观众跟我们制作者和我们想传达的中国精神之间的一种共鸣的起点。

我今天发言的主题词叫"共鸣"。共鸣从哪里来？这个共同体的基础从哪里来？我们不仅仅只有民族国家这种身份，还有很多其他的共同的兴趣或者利益，或者是共同关心与认可的价值观念，这些东西都可以成为我们共同的起点。这个例子里面，虽然那位黑人歌手在七八十年前唱的这首歌，他自己人在美国；这首歌本身是在中国上海创作出来，后来又成为中国国歌——但是无论对于海外的观众，还是对于在微博上看到它的中国年轻人来讲，我们都出现了跨越时空的共鸣感，觉得这个内容跟我有关系、这个东西是我想了解的。

共鸣之后才是共情，首先你觉得有关系了，你才能去理解。刚才奥黛说到了一点非常重要：一方面，要告诉观众为什么你的解说视频是有趣的；另一方面，你要提供一种语境来帮助他理解，而这个语境通常就是我刚才说的产生共鸣的基础。我们会设身处地地想，如果是我，在这个时间、这个空间，我会怎么样？这里面的人做出的选择，跟我相同还是不同？这是一种共情，有了共鸣和共情之后，我们能更好地理解。所以我们的对外传播要想达成有效传播，需要抓住共鸣的基础在哪里。我们或者暂时不把民族国家当作唯一的身份认同标签，去寻找更多的群体身份标签。我之前写过一本书《网众传播》，里面有个观点说，除了我们固有的职业、地域和种族的标签外，我们其实还处在很多的社会网络当中，包括你的兴趣爱好的各种小群体、加入的社交媒体圈子，我们每个人的身份都是多重的。

从共鸣、共情到理解，我们想要讲好中国故事，让中国文化走出去，最好是通过内容来架设一座桥梁。在传播学研究的早期，大家可能会认为传播的过程就是把信息从传播者发送到接收者那里。但是随着大家对于传播学理论研究的深入，对于社会理解的深入，更多人同意传播其实是一种仪式。在这个仪式里面，大家遵循相近的规则，通过共鸣和共情达到相互的理解。我们也应该更加有机、多元地理解中国文化走出去、讲好中国故事背后的意义，不是机械地、单向地向外国人推送我们想说的东西，而是真正的基于共鸣、共情和理解的基础上的彼此的深入交流。

作者系北京师范大学艺术与传媒学院副教授

叙事的外延——短视频国际传播

姜 申

  土库曼斯坦的青年作者创作的《新中国之歌》我在一周前已经观看过。我感觉作者在叙事上是下了功夫的。用视频方式讲故事，可以充分发挥"视听符号"的差异性——相对于文字符号，影像不至于有千篇一律的感觉。定格动画与纪录片形态的融合，很好地把当代的日常叙事和历史视听感官结合起来。叙事中又特别强调历史记忆的代入感：影像从 20 世纪 30 年代的欧洲，逐渐蔓延到亚洲，聚焦在日本对东亚的野心，再慢慢过渡到上海的突变。在讲故事的层面上，是做了精心策划的。作者明白我是要给西方的观众来讲一个中国的历史故事，让欧美的观众体会中国往昔的历史命运。代入感换来的是外国的观众对这个短片的同理心，也就是在情感上"培育"——某种更为顺畅的"接纳"心态。

  但我今天想讨论的，更多的是叙事以外的问题，特别是回到"国际传播"的语境之下。我们也可以总结案例中——叙事"外延"上的经验，例如，讲故事的人、讲故事的工具及讲故事的平台。

  有中国学者曾经无奈地感慨："中国国际传播长期以来宣传意味重，不缺乏好的中国故事，但缺乏讲好中国故事的人和能力。"我想这里面的确有现实的困境存在。比如前些年做的统计，来华的外国人里面，真正相信我们"中国英文"媒体的不足四分之一；有六成的外国人对我们的宣传持谨慎或者保留态度。对于西方价值体系浸染的受众来讲，中国媒体想要与他们说说心里话、形成有效沟通是不容易的。

面对这个瓶颈，我们在叙事的"第一人称"上做了调整，效果是立竿见影的。用外国人自己的口吻去讲述一个中国故事给外国人听，意识形态的阻力就会大大降低。西方的观众就不会有太多诸如"政府喉舌""政治宣传"这样不必要的警惕。同时也符合中国对外传播——积极构建多元化传播主体的实践需要。让外国导演讲述中国故事，不仅增强了"对话"机制，增强了民族间、文化间的亲和力，而且有利于提高外国观众的认同感，跳出国内"外宣"媒体"自说自话"的圈子，持续改善可信度和接受度。

另一点，就是目前"国外主创人员"制作拍摄的"有关中国"的短视频作品（例如，YouTube 平台上），在内容方面也陷入一个"同质化"的瓶颈阶段。换句话说，就是类型上、模式上趋于刻板。不外乎这么几类：风景名胜、美食、中外文化差异。总的来说就是：好玩的、好吃的、东方视觉奇观。这样的内容缺乏叙事宽容度，久而久之，容易产生"审美疲劳"。

在这种背景下，《新中国之歌》能够在叙事上拓展外延、转向历史——去寻找不同地缘文化中记忆的"共性"，是难能可贵的。试想，哪个国家的历史不是坎坷的？哪个国家没有经历过命运转折？将民族的曲折性与个人命运相结合，应是国际传播的一个重要元素。

近几年，我们一谈"对外传播""国际传播"就讲李子柒，无数篇论文来讨论她成功的模式。但李子柒这个案例的属性是"世外桃源"也就是对现世的逃离。我反而觉得应该鼓励外国人的视角多讲讲中国的历史，这不是现世逃离，而是"往昔的迫近"，在历史中让外国的观众理解中国的不易和奋进。在这个角度上，再看中国的成绩，就不再是对中国的恐惧和怀疑态度。那一定是具有积极、正面价值和意义的对外传播"新篇章"。

最后我想说，与国外创作者展开合作、促进国际传播，也需要针对不同地缘、不同文明、不同受众深刻研究、挖掘、框选不同的叙事议题和呈现视角；针对特定观众的兴趣、需求与思想倾向，拍摄他们喜闻乐见的影像作品；在短视频领域实现多元差异性、分众化的精准传播，用心把握国外受众的接受偏好。

作者系北京师范大学新闻传播学院副教授

短视频《新中国之歌》全球媒体宣推报告

王　政

一、项目背景

《新中国之歌》(7分钟×1集)是2021年"看中国·外国青年影像计划"推出的优秀作品，创作者是上海大学新闻传播学院留学生克丽丝(土库曼斯坦籍)。该节目以定格动画的形式较为完整地展现了中国国歌诞生的时代背景、过程以及被全世界广为传唱的历史故事。其中，1941年美国政治活动家、著名歌手保罗·罗宾逊用标准普通话演唱《义勇军进行曲》的片段，在鼓舞世界人民进行反法西斯战争中发挥了重要作用。

在中华人民共和国成立72周年之际，由中宣部对外推广局指导，北京师范大学中国文化国际传播研究院、中国对外书刊出版发行中心(国际传播发展中心)、上海大学上海温哥华电影学院、上海大学新闻学院和深圳雅文公司共同推出这部短片，为国庆营造良好舆论氛围，对国内外讲好中国故事，传播好中国声音。

二、宣推及传播效果基本情况

短视频《新中国之歌》于 2022 年 9 月 27 日正式在国内国外全网发布，中国网作为国内全网首发。其中，英文网站、微博、微信等10 个平台账号按各平台性质不同分别发布了视频及图文，其后当天80 余家媒体进行了转发和二次剪辑等形式报道。

首发日国内媒体平台用户浏览量达约 8100 万（81873153）[①]次，用户互动总量近 12 万（119518）次。

截至 10 月 11 日，《新中国之歌》上线 15 天，国内超过 181 家媒体及社交账号宣传报道，总浏览量达约 8400 万（84110791）次，用户互动总量达 30 万（302358）次。海外超过 300 家媒体及社交账号围绕"The Short Documentary Film 'The Song of New China' Pays Tribute to the Chinese National Anthem"主题稿件刊发，覆盖英、美、加、澳等全球 121 个国家，累计覆盖海外人数超过 6 亿人，累计曝光超 8000 万（80318072）次，触达人次超 1500 万（15805948）人次。

本次《新中国之歌》宣推活动国内外全网用户浏览量达 1.64 亿（164428863）次，覆盖人数超过 9 亿人。

三、国内媒体宣推情况

1. 首发日（9 月 27 日—28 日）宣推情况

首发日为各媒体集中发稿时间，国内共有 53 家媒体、社交账号，28 个网站、社交平台发稿 105 条。其中微博中国网、共青团中央和紫光阁账号发稿的浏览量分别为 155 万次、40 万次、40 万次，

---

① 文中数据为大概数，余同。

2天之内引起网友的火爆评论和转发，与此同时，话题♯影响世界的新中国之歌♯登上微博热搜。（见图5-1、图5-2、图5-3）

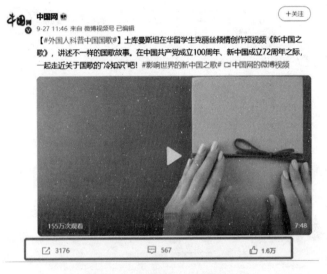

图 5-1

图 5-2

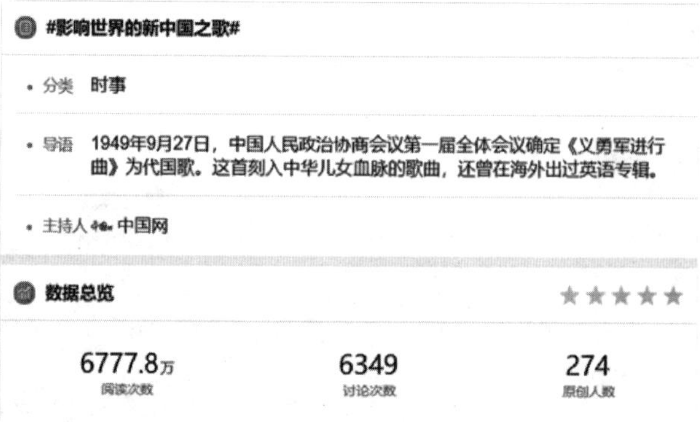

图 5-3

中国网的网友评论主要集中在"第一次知道国歌还有这样的创作背景""这个外国留学生有心了"等几个热点。（见图 5-4）

图 5-4

紫光阁的网友评论主要为"我爱祖国""此片意义非凡"等抒发个人爱国情怀的观看感受。（见图 5-5、图 5-6）

图 5-5

图 5-6

"精彩短视频礼赞新中国"在"好看视频"平台发布了三条视频，分别为"英文声《新中国之歌》""1940 年美国歌手保罗·罗宾逊歌唱新中国之歌""1935 年电影《风云儿女》首映 主题曲《义勇军进行曲》"，单条浏览量均在 100 万次以上。（见图 5-7）

图 5-7

2. 国内总体宣推情况

截至 2022 年 10 月 11 日，短视频《新中国之歌》全网发稿 15 天，发稿主要集中在微博、微信客户端，各媒体网站，抖音、快手等视频社交平台，同时各媒体在社交、新闻资讯平台的账号矩阵均充分发挥各自运营策略优势，形成了一稿多用、二次剪辑、多角度报道的形式。如通稿标题内容为"致敬中国国歌！外国女孩克丽丝创作了动画短片《新中国之歌》"，媒体经过搜索资料、二次剪辑发布关联稿件"1940 年美国歌手保罗·罗宾逊歌唱新中国之歌"和"《风云儿女》电影片段"等。（见图 5-8、图 5-9）

图 5-8

图 5-9

　　同时，以西南大学、西北大学、上海大学新闻传播学院、北京师范大学为首的 25 所"看中国·外国青年影像计划"参与院校也在新媒体平台发布文章及视频，引起校园内师生们的热议。（见图 5-10、图 5-11）

2019级博士研究生张钰：

看到短片，让我了解到国歌创作的时代背景，看到多位艺术家们义无所顾的身影，也使我了解到我们伟大的国歌，不仅是我们祖国的象征，而且是世界反法西斯同盟对抗邪恶的象征，过往荣辱尽上心头，油然而起的爱国之情，感慨万千。幸福来之不易，作为一名党员，我更要带头去珍惜由无数革命先辈创造的幸福生活，时刻警醒、鞭策自己，贡献自己的光和热。

图 5-10

2020级硕士研究生姜键钧：

影片来自2021"看中国·上海行"，这样一段尘封的历史被外国青年挖掘制作出来，本身就是一件特别有意思的事情。短片讲述了中国国歌诞生并走向世界的故事，在那个硝烟弥漫的年代，这首歌激励了无数中华儿女。如今，这首歌已响彻地球每一个需要国歌的地方，更主要的是唱响在14亿中华儿女心中。

图 5-11

另外，中国外交部发言人华春莹、中国驻韩国大使馆、中国驻巴基斯坦大使馆、中国驻印度尼西亚大使馆、中国驻韩国大使馆、吉隆坡中国文化中心、中国公共外交协会、中国经济也对《新中国之歌》的稿件进行了转发。（见图 5-12、图 5-13）

图 5-12　　　　　　　　　　　　图 5-13

四、国外媒体宣推情况

短视频《新中国之歌》海外方面通过 Looking China 看中国、China Today 中国头条、Show Fever 综艺风向标、中国电影频道（CCTV-6）、SMG 尚世五岸梦想剧场、华谊兄弟电视剧场、完美世界影视、雅文自营频道等 12 个 YouTube 频道的宣传推广，累计曝光次数达 49 万（496694）次，总观看量超过 107782 人次，上线两周触达用户超过 358 万个。

此外，雅文团队通过新媒体矩阵打法，围绕 Looking China《新中国之歌》联动到浙江卫视嗨放派、浙江卫视 2021 跨年晚会、雅文自营 Facebook 页面，以及留园网、北美华人 e 网等海外华人论坛，触达用户超过 560 万个。

同时，新闻稿件通过美联社、雅虎新闻、《每日先驱日报》、美国福克斯电视台等知名新闻媒体刊发，覆盖英、美、加、澳等全球 121 个国家，累计覆盖人数达 6 亿人、曝光达 8000 万次。（见图 5-14、图 5-15、图 5-16、图 5-17）

图 5-14 美联社发稿

The short documentary film "The Song of New China" pays tribute to the Chinese National Anthem

China Center for International Communication Development (CCICD)
September 28, 2021 · 3 min read

"The Song of New China" a short documentary film produced by Kristina Grigoryan, a foreign girl living in China, pays tribute to the Chinese National Anthem.

Beijing, China, Sept. 27, 2021 (GLOBE NEWSWIRE) -- Recently, the animated short documentary film "The Song of New China" produced by Kristina Grigoryan, a young girl from Turkmenistan, has gained immense popularity. Although created by a foreigner living in China, the short film tells a history that even most Chinese people don't know much about. It reveals the behind-the-scenes stories prior to and after the birth of "The March of the Volunteers" and having it been sung to the entire world.

After visiting a museum by chance, Odet Abadia Gomez, the instructor overseeing the "Looking China Youth Film Project" was deeply attracted to the story of the birth of "The March of the Volunteers". She immediately recommended this topic to the participants of the Looking China Shanghai that she arranged. "Looking China"

图 5-15 雅虎财经发稿

—CHICAGO CHRONICLE—
Reporting the news since 1880

The short documentary film 'The Song of New China' pays tribute to the Chinese National Anthem

Brand Story
28 Sep 2021, 05:36 GMT+10

Recently, the animated short documentary film 'The Song of New China' produced by Kristina Grigoryan, a young girl from Turkmenistan, has gained immense popularity. Although created by a foreigner living in China, the short film tells a history that even most Chinese people don't know much about. It reveals the behind-the-scenes stories prior to and after the birth of 'The March of the Volunteers' and having it been sung to the entire world.

After visiting a museum by chance, Odet Abadia Gomez, the instructor overseeing the 'Looking China Youth Film Project' was deeply attracted to the story of the birth of 'The March of the Volunteers'. She immediately recommended this topic to the participants of the Looking China Shanghai that she arranged. 'Looking China' is a cultural experience project for young international filmmakers to tell stories of China. It aims to show the diverse faces of China through the unique perspective of international youths and to promote cross-cultural communication among youths.

图 5-16 美国芝加哥纪事报发稿

| HOME | OREGON NEWS | INTERNATIONAL NEWS | BUSINESS NEWS | SEARCH NEWS | NETWORK |

The short documentary film 'The Song of New China' pays tribute to the Chinese National Anthem

Brand Story
28 Sep 2021, 05:36 GMT+10

Recently, the animated short documentary film 'The Song of New China' produced by Kristina Grigoryan, a young girl from Turkmenistan, has gained immense popularity. Although created by a foreigner living in China, the short film tells a history that even most Chinese people don't know much about. It reveals the behind-the-scenes stories prior to and after the birth of 'The March of the Volunteers' and having it been sung to the entire world.

图 5-17 波兰新闻网发稿

1. 执行时间与渠道分发

时间：2021 年 9 月 24 日—10 月 7 日（共计 14 天）。

内容：

（1）预热期（9 月 24—30 日）

Looking China 看中国 — Lens of World Youth Filmmakers。（见表 5-1）

表 5-1

YouTube Shorts	YouTube 社区帖	Facebook 视频帖	Facebook 图文帖	Instagram 图文帖
7	7	7	7	7

（2）宣推期（10 月 1—7 日）

Looking China 看中国 — Lens of World Youth Filmmakers。（见表 5-2）

表 5-2

YouTube 整片	YouTube Shorts	YouTube 社区帖	Facebook 视频帖	Facebook 图文帖	Instagram 视频帖
1	7	7	7	7	7

11 个 YouTube 频道＋3 个 YouTube 社区＋3 个 SNS 页面＋3 个论坛＋6 个 TikTok 账号。（见表 5-3）

表 5-3

平台	频道
YouTube	China Today 中国头条
	Show Fever 综艺风向标
	中国电影频道 CHINA MOVIE OFFICIAL CHANNEL
	中国电视剧精选
	探索时光—Time Explorer
	独角兽少儿 Unicorn Kids
	SMG 尚世五岸梦想剧场
	华谊兄弟电视剧场
	完美世界影视
	偶像星剧场
	下饭小剧场
YouTube 社区	河南广电
	China Zone 剧乐部
	中国浙江卫视官方频道 Zhejiang STV Official Channel
SNS	中国综艺风向标
	中国电视剧联盟
	影视百分百
论坛	贸园网（海外华人论坛）
	北美华人 e 网（海外华人论坛）
	CPOP. CLUB
TikTok	cdrama0412
	cdramasosweet
	cdramasweet
	chinamovie1905go
	dramacinaindo（印度尼西亚）

2. 上线情况

两周时间，12 个 YouTube 频道上线包括宣传片、整片、短视频共计 99 个视频，12 个 YouTube 频道社区、首页，3 个 SNS 页面，6 个 TikTok 账号以及 3 个论坛联合宣推。

3. 宣推数据

(1) 观看次数

2022 年 9 月 24—30 日 YouTube 频道《新中国之歌》7 个短片，累计曝光 2668 次，总观看量超过 1921 次。（见图 5-18）

图 5-18

2022 年 10 月 1—7 日 YouTube 频道《新中国之歌》整片、7 个短片，累计曝光达 178622 次，总观看量超过 55569 次。

2022 年 9 月 24 日—10 月 7 日 SNS、TikTok 以及论坛宣推，覆盖人数达 83213 人，互动量为 1505 次。有的如图 5-19 所示。

图 5-19

（2）受众反馈

整片评论中观众对于《新中国之歌》持续好评，海外华人、留学生等共情于祖国生日和国歌的诞生，深受感动与鼓舞。对于短视频中细节的点评逐日增多。从评论中我们可看出小语种用户、英语等外语语种用户占比增多，且大多为感慨祖国的繁荣昌盛，表达尊敬与敬佩、感动之情，无负面评论。

（3）SEO 效果

在 YouTube 搜索关键词"新中国之歌""义勇军进行曲""中国国歌""the song of the new china""中华人民共和国国歌"雅文上线的相关宣传片、整片、短视频在前 20 个搜索结果中均能展示。

谷歌搜索中直接推荐对应视频内容，SEO 效果显著。（见图 5-20、图 5-21）

图 5-20

The short documentary film "The Song of New China" pays tribute to the Chinese National Anthem

China Center for International Communication Development (CCICD)
September 28, 2021 · 3 min read

"The Song of New China" a short documentary film produced by Kristina Grigoryan, a foreign girl living in China, pays tribute to the Chinese National Anthem.

Beijing, China, Sept. 27, 2021 (GLOBE NEWSWIRE) -- Recently, the animated short documentary film "The Song of New China" produced by Kristina Grigoryan, a young girl from Turkmenistan, has gained immense popularity. Although created by a foreigner living in China, the short film tells a history that even most Chinese people don't know much about. It reveals the behind-the-scenes stories prior to and after the birth of "The March of the Volunteers" and having it been sung to the entire world.

After visiting a museum by chance, Odet Abadia Gomez, the instructor overseeing the "Looking China Youth Film Project" was deeply attracted to

图 5-21 《新中国之歌》媒体稿件传播情况

五、宣推数据汇总及更新

本次《新中国之歌》全网宣推活动时间为 2022 年 9 月 27 日—10 月 10 日，首发日为媒体集中发稿时间，10 月 28 日对发稿数据再次进行统计更新，具体情况如下：

9 月 27 日：媒体/账号 42 个，发稿 94 条，发布平台 22 个（官网、App 客户端、微博、微信公众号、抖音、快手、bilibili、好看视频、趣头条、小红书、网易客户端、央视频、腾讯微视、华为视频、搜狐视频、新浪网、头条号、企鹅号、凤凰秀 App、YouTube、Meta、推特）。

9 月 28 日：媒体/账号 11 个，发稿 11 条，发布平台 6 个［微博、微信公众号、App 客户端、当代先锋网、天眼（贵州日报报刊社 App）、Meta］。

1. 首发日数据

国内媒体平台用户浏览量 81873153 次，用户互动总量 119518 次。

2. 其他时间发稿统计

9 月 29 日：29 条。

9 月 30 日：15 条。

10 月 1 日：13 条。

10 月 2 日：6 条。

10 月 3—10 日：13 条。

9 月 27 日—10 月 10 日共发稿 181 条。

3. 宣推期间（9 月 27 日—10 月 10 日）国内数据

浏览量 84110791 次，用户互动总量 302358 次。

4. 宣推期间（9 月 27 日—10 月 10 日）海外数据

发稿 277 条，覆盖国家/地区 121 个，覆盖人数 6 亿人以上，曝光/浏览量 80318072 次，触达人次 15805948 次。

5. 10 月 28 日部分发稿数据更新情况（见表 5-4）

表 5-4

媒体/账号	平台	数据截至10月14日				数据更新10月28日				增量			
		浏览量(次)	赞(次)	评论(次)	分享(次)	浏览量(次)	赞(次)	评论(次)	分享(次)	浏览量(次)	赞(次)	评论(次)	分享(次)
中国网	微博	1550000	16000	566	3184	1570000	16000	568	3151	+20000	0	+2	−33
	微信公众号	3488	40	0	0	3506	40	0	29	+18	0	0	+29
	Meta	1271	61	0	0	3500	89	2	0	+2229	+28	+2	
	推特	4213	106	5	46	11000	283	11	120	+6787	+177	+6	+74
旗帜杂志社紫光阁	微博	400000	470	103	140	400000	478	104	143	0	+8	+1	+3
共青团中央	微博	400000	766	78	224	400000	769	78	224	0	+3	0	0
精彩短视频礼赞新	好看视频	1560000	42	1	0	1560000	55	1	0	0	+13	0	0
	好看视频	1840000	703	0	0	1840000	1178	0	0	0	+475	0	0
	好看视频	1060000	269	0	0	1060000	516	0	0	0	+247	0	0
新华网	客户端	299000	0	0	0	300000	0	0	0	+1000	0	0	0
ShanghaiEye魔都眼（上海电视台外语频道）	YouTube	1815	119	59	0	5662	258	99	0	+3847	+139	+40	0
一财全球 Yicai Global	Meta	986	33	1	0	1511	51	2	0	+525	+18	+1	0
西南大学	微博	8018	21	3	6	8195	23	3	6	+177	+2	0	0
中国日报	bilibili	43000	5966	61	300	44000	6043	62	304	+1000	+77	+1	+4

注：选取原数据量较大的发稿链接进行更新对比。

六、宣推总结

《新中国之歌》作为 2021 年"看中国·外国青年影像计划"推出的优秀作品之一，恰逢中华人民共和国成立 72 周年、国庆期间推出，受到了各中央媒体单位、国内新闻媒体"大 V"、影像计划参与校院及部分新媒体社交视频平台，以及海外主流媒体的踊跃参与宣传，令社会各界引发广泛热议，更激发了人民群众的爱国情怀。通过海外媒体视频平台、新闻媒体等矩阵式传播，扩大了此片的影响力，加深了海外华人对祖国的热爱和思念之情。此次全网宣发的案例，海外布局时间比较紧，一定程度上影响了实施，但也为今后更好地宣传优秀作品提供了宝贵的经验。

作者系深圳雅文教育文化传媒有限公司总经理

短视频提升中华传统文化国际传播影响力研究

赵　晖

　　随着智能互联数字时代的到来，全球各个国家和地区的文化越发呈现出交流与碰撞的新格局。经济全球化进入更为复杂的深度磨合期，"新经济全球化时代"悄然到来。这个以互联网信息技术为驱动的新经济全球化时代，打破了原有的以英美为核心文化圈层的国际传播格局，各国民众更为关注各自区域、国别和族群之间文化的多元激荡，呈现出文化多元互动与深度交融的国际传播新格局。

　　在新的国际传播格局下，中华文化在国际交流中应如何定位，如何有策略、有效果地传播，这尤为重要。面对复杂多元的国际传播格局，我们亟待通过以海外民众喜闻乐见的文化形式和叙事方式来讲述中国故事，"采用贴近不同区域、不同国家、不同群体受众的精准传播方式，推进中国故事和中国声音的国际化表达、区域化表达、分众化表达，增强国际传播的亲和力和实效性"[①]。

　　费孝通指出，经济上的休戚相关和政治上的各行其是、文化上的各美其美，在人类进入经济全球化中，会形成一个大的矛盾。这给我们带来

---

　　① 习近平:《加强和改进国际传播工作 展示真实立体全面的中国》，新华社，2021-06-01。

一个不能不面对的课题，即文化自觉与文化调试问题。这就意味着，在国际传播中，我们不仅要注重外界公众对中华文化形象的认识，而且关涉我们如何"自塑"国家文化形象。所谓国家形象，是国内外公众对一个国家在世界体系中的总体认知与态度。它不仅表现为国内民众对该国的总体认知与态度，而且表现为国外民众对这个国家的总体印象与评价。它是国家文化软实力的重要标志，也是一个国家基于文化的生命力、创新力、传播力而形成的思想、道德和精神力量。国家形象对内表现为民族的向心力和凝聚力，对外表现为国家的亲和力和影响力。①

民族文化与政治影响力、经济实力相同，其在国家形象的塑造上甚至关系到民族的未来发展。一个民族或国家的文化形象塑造有赖于民众的文化自觉，关系这个民族的精神信仰与意志，如果一个民族或国家没有建立自己的文化形象标识，那么这个民族或国家就容易丧失共同的认识与行动，甚至在国际传播中出现"我们眼中的自己"与"外界眼中的我们"之间巨大的沟壑。

改革开放以来，我国全方位对外开放格局逐步形成，对外经济、文化交流工作获得了新的发展，取得了新的成就，文化"走出去"的战略规划日渐明晰。但实践也表明，由于我国国情和传播体制的独特性，单纯依靠政府层面来推动中华文化的国际传播，效果尚不理想。中华文化的国际传播需要政府、企业、非政府组织、媒体机构、公众等多方力量联合助推。

回顾 21 世纪以来，我国在国际传播策略与战略上的发展历程，不难看出，中华文化的国际传播格局已经从"走出去""传出去"发展到"讲好中国故事，传播中国声音"，凸显中华文化国际影响力的全新阶段。

分析我国视听产品的"出海"历程，大体可分为以下两个形式：视听内容"出海"与视听平台"出海"。

---

① 孟建、于嵩昕主编：《国家形象：历史、建构与比较》，南京，江苏人民出版社，2019。

一、视听产品出海，引领中华文化"走出去"

中国影视产品出海，可以追溯到 20 世纪 80 年代末。当时以 1986 年版的《西游记》为代表的剧作品成为中国第一批出口到海外的国产电视剧，率先出口到泰国、缅甸、越南等亚洲国家，之后陆续出口到加纳、坦桑尼亚等国家。

从 20 世纪 90 年代起，国产剧受到政策鼓励，陆续"出海"。《水浒传》《三国演义》《康熙王朝》等在日本、新加坡、马来西亚等国家相继播出。后来随着金庸、琼瑶等作家的小说的影视 IP 化，《神雕侠侣》《还珠格格》等作品开始走向海外。

2001 年，国家广播电影电视总局颁布《关于广播影视"走出去工程"的实施细则（试行）》，正式将中国影视的出口贸易提上日程。2012 年国家提出"一带一路"倡议后，多部反映中国古代历史和当代社会生活的电视剧出口至"一带一路"沿线国家。2017 年年底，中国国际电视总公司联合大型影视企业成立"中国影视进出口企业协作体"，成员企业作品在海外播出 500 多部，出口到 180 多个国家和地区。比如，2017 年的《白夜追凶》登陆美国的 Netflix 平台，2018 年后，《河神》《无证之罪》《扶摇》《长安十二时辰》《都挺好》《小别离》《三十而已》等电视剧先后出海，为中国视听内容出海开拓一片疆土。

但是，中国影视剧在"走出去"的过程中步履艰难，这主要表现在以下四个方面。

其一，国产剧海外发行价格都比较低廉，大部分国产剧都在几百到几千美元/集，即使是受海外市场欢迎的古装剧，其单集价格也就在 8 万～10 万美元，优质的现代剧在 1 万美元/集。

其二，中国电视剧很难得到海外受众青睐。比如，2015 年 3 月，76 集的《甄嬛传》被改编成 6 集每集 90 分钟，在 Netflix 播出，这是国产电视剧首次在美国付费视频平台播出。但是，播出后该剧评分一度低至 2.3 分。即使是国内的爆款剧《琅琊榜》，在北美市场 IMDb 上评分人数刚破千。

其三，"出海"的电视剧播出时段和受众到达率都不理想。比如，《琅琊榜》《伪装者》在韩国中华 TV 晚 10 点档播出，而在日本银河电视台作为付费频道则安排在下午 1 点播出，且追剧的观众也大都是华人，至于提升中华文化国际影响力更是无从谈起。

其四，出海的影视剧缺乏运营机制。当前中国电视剧海外出品方选择转战网络平台，与各国的影视网站展开合作，进行互联网发行推广。但是，海外影视的运营机制与国内有着一定差别，亟须真正了解落地国市场环境的影视运营人才加盟。

二、数字平台出海，建立国际话语传播场

在我国，短视频平台发端于 2014 年，腾讯视频率先推出微短视频，但盈利模式尚不清晰，发展并不顺利。2015 年后，快手、抖音等短视频平台相继出现，它们从创立初期就消除了众多传统视频平台对自我内容生产商的身份界定，将自身定位为短视频内容的播出平台，从而吸引了众多 PGC 、UGC、PUGC 和 MCN 机构。

在短视频出海的历程中，尤为值得关注的是短视频平台的资本与政策的支持下出海，逐渐在国际传播中占据一席之地。

中国视频平台的出海则可以追溯到 2014 年。当年，两款应用性极强的视频编辑软件 Viva Video、Video Show 出海。两年后，快手的海外版 Kwai 出海。2017 年，BIGO 推出面向海外的短视频 App 产品 Likee。这一年，快手海外版 Kwai 在巴西、韩国、俄罗斯、越南、印度、土耳其、马来西亚和其他国家及地区的 Google Play 和 App Store 都曾取得好成绩。同年，今日头条旗下的抖音在海外收购短视频产品 musical. ly，引起海外年轻人对于中国文化的热捧。musical. ly 里有一个"我们来自中国"的话题，汇集了中国用户发布的关于中国地域特色的视频。截至 musical. ly 被 TikTok 收购前，用户共创建了 7500 多个视频，观看次数超 3100 万次，点赞量超 430 万个。2018 年 8 月 musical. ly 改名为 TikTok。TikTok 上线后火遍海外，此后连续多年一直是全球增长最快、下载量最高的短视频 App 之一。

2017 年，短视频平台大举进军海外市场，Kwai、TikTok 等短

视频应用软件在海外迅速走红。截至 2021 年 6 月，抖音及其海外版 TikTok 在全球 App Store 和 Google Play 的总下载量突破了 20 亿次，登顶美国、印度、日本等地免费榜总榜首。据统计，TikTok 仅 2021 年 5 月的下载量就超过了 8000 万次，只美国一个国家月活跃用户就超过 1 亿个，TikTok 无疑成为全球下载量最高的短视频应用程序之一。

除了发展迅猛的 TikTok 外，2018 年，抖音针对印度市场推出 Helo，阿里巴巴推出 Vmate。2019 年，Kwai 在巴西宣布"创作者招募计划"，面向 YouTuber、Ins 红人、民间艺人和素人拍客进行全面招募。2020 年 5 月，Kwai 推出 Snack Video，在美国上线 Zymm。

当前，短视频平台进入快速发展期，这为海内外视频 UGC、PGC、PUGC、MCN、OGC 提供了内容生产的场域。到目前为止，国内短视频业务完成了较为完整的出海布局。原创、优质内容的重要性正在逐渐凸显，独特新颖的内容不仅能帮助品牌实现与用户群体的有效沟通，而且能够为品牌造势，提升品牌在海外社交平台的声量。

移动短视频在中华文化国际传播中越来越发挥着重要作用，以李子柒、丁真等网络达人为代表的视听内容在国际话语体系中塑造了可信、可亲、可敬的中国人形象，甚至带动了"中国元素"的时尚潮流，引发海外民众对东方文化的关切。

移动短视频重塑了媒介的定义，它既是媒介形态的变革，也是传媒产业的革命，更是一种新的视听文化存在。移动短视频与传统视频在内容生产和运营模式等方面有着本质差异，短视频既是一种日常生活的视听呈现，也是一种文化哲学的平民叙事。建立在生产主体与媒介平台的新型生产关系之上的短视频，促进了全民化创作，推动了文化生活的价值变现，并日益嵌入人们的日常生活，形成了依托视频为媒介的多元虚拟应用场景的建构。

第 47 次《中国互联网发展状况统计报告》显示，截至 2020 年 12 月，我国网络视频用户规模达 9.27 亿个，较 2020 年 3 月增长了 7633 万个，占网民整体的 93.7%。其中短视频用户规模为 8.73 亿个，较 2020 年 3 月增长了 1.00 亿个，占网民整体的 88.3%。中、短、长视频互为补充，构成了中国视听媒介产业新生态模式，形成了涵盖剧集、电影、中视频和短视频等视听内容产品的中国新视听产业矩阵。《2021 年中国网络视听发展研究报告》显示，我国泛网络视听领域市场规模超过 6000 亿元，短视频市场规模达到 2051.3 亿元，同比增长 57.5%，综合视频市场规模 1190.3 亿元，同比增长 16.3%。短视频作为兼具视频平台与社交平台特征的视听内容产业，已经成为中国视听内容出海的重要产业形态。

短视频作为生活拟态场景的创造者和展示者，以视听意义上的符号参与文化生活互动，依托人工智能大数据算法，实现基于共同价值基础上的圈层建构，正在形成产业视频化的媒介新格局，正在引领一场前所未有的媒体社会化深刻变革。短视频在讲述中国故事方面已经发挥了重要作用，甚至从某种角度看，它正在担负起讲述中国故事，传播中华文化的特殊使命。

1. 短视频与中华传统文化海外"朋友圈"的建构

短视频作为一种独特的网络视听文化现象和具有创新性的视听内容运营平台，对视听内容的传播是基于网络虚拟社群的搭建。短视频平台建构了一个包罗万象的拟态化生活虚拟场景空间，通过个人用户 UGC、PGC、PUGC 和机构用户 MCN 对视听内容进行内容生产，实现了视频生产者、上传者、接受者、传播者四位一体的角色身份绑定，使得视听内容产品与人们日常生活垂类领域深深地嵌套在一起。

网络红人李子柒就是中国文化借助短视频进行传播的有效例证。2017 年 8 月 24 日，李子柒在 YouTube 上发布视频，讲述葡萄染布的过程。截至 2021 年 7 月，共计发布 127 个视频，订阅人数超过 1570 万，阅读量超过 24 亿次。李子柒在海外视频网站的走红，带动起了中华美食热。她以一种东方审美的视听美学形成了独有的类型创作特点，"四季更替 古风古食"的主题在镜头前还原着中国传统田园生活的安然与宁静，以一种清泉般的力量征服着来自世界各地的网友。

　　这种来自民间的视频文化，重塑了西方世界对中国乡村生活和普通民众的认识。在她的视频中，不仅有富有地方特色的美食制作，而且有印染、笔墨纸砚等非物质文化遗产展示。可以说，李子柒海外传播现象是一次成功的文化交流与传播。

　　这种成功还在于，她不仅表现了当下的中国生活，而且引发了国外用户对东方审美文化的认同，同时，也引发了"中国风"模式的视频内容在互联网上的模式复制。如越南网络达人"山间厨房"就直接抄袭了李子柒的视频并发布，从发型、服饰到视听造型都惊人地相似。从 2019 年 5 月 31 日上传第一条视频，截至 2020 年 11 月，山间厨房已经在 YouTube 发布了 29 条视频，单条观看量为 77.3 万次。此事通过社交媒体的发酵，截至 2020 年 11 月，有关"越南博主抄袭李子柒"的话题在微博阅读量达到 12.4 亿人次，讨论 9.1 万人次。另一个 YouTube 账号为"秦玖儿 qinjiuer"的视频内容也是以复制李子柒的古风田园系列为输出模式，其从 2019 年 5 月 17 日注册，至今发布了 67 条视频，8120 位订阅者，3652 次观看。

　　分析李子柒现象的产生至少有两方面的原因不容忽视：一是基于原型心理学认知的集体文化认同。更多的现代人向往"天人合一"的田园诗意生活，这种来自老子"人法地、地法天、天法道，道法自然"的哲学主张，契合"后疫情"时代普通民众的心理愿景，尤其是当李子柒带着奶奶出镜，更激起了人们心底的恒久亲情。"天下皆知美之为美，斯恶已；皆知善之为善，斯不善已"，这些带有东方诗意叙事的视频关照了人性深处的善之美，也在国际社会中重塑了普通中国人民的文化形象，传播了东方独有的美学。

　　李子柒带动的中华美食文化传播的热潮，如国宴大师级别的"老饭骨"在 YouTube 上就有 60.2 万的订阅，发布了 315 个视频，其视频总播放量达到 7361 万次；具有乡野风味的滇西小哥，订阅者 754 万，20 亿次的播放量，其将酸角糕、云腿酥、竹筒饭、蘸水辣等制作过程视频化。

　　二是在西方语境下，李子柒的"中国风"视频引发了东西方文化的"间离"效果，满足了西方世界对东方的好奇，建构了一个文化"离散"的圈层，西方的哲学强调人与自然的对立，而东方哲学则主张人在自然中的修身养性，东西方文明在此碰撞交汇，带动了破圈传播现象。

随着中华文化的自媒体讲述风格在海外市场的走红，有更多的MCN 制作机构和 UGC、PGC、OGC 自媒体创作人才加入海外视听内容创作中。比如，2021 年大火的中国舞者杨柳，将芭蕾和黔北的民间绝技独竹漂结合了起来，让足尖上的艺术沾染了东方美韵，在竹子上绽放。许多海外媒体报道了杨柳的故事，在 YouTube 上获得了几十万次的播放量。网友们不仅为杨柳惊叹，而且被她舞蹈中的东方美所震撼。杨柳的舞姿、服饰、头饰，在水上的一颦一笑、一举一动，都成了"中国美"的新注解。有趣的是，许多国外网友开始怀疑中国功夫、武侠中的轻功是不是真的，他们甚至因为杨柳的视频，给"舞蹈"做了个分级，分别是：简单、中等、困难、中国！

再如，蓝海传媒的《自得琴社》在 YouTube 上总播放量超过 5000万次。其中，《醉成都》这个视频，洋葱国际传媒联合其他 18 个海外IP 频道进行矩阵推广，共同向海外用户展示成都的美好生活，传播中华美学文化。其最火的曲子改编自《长安十二时辰》中的插曲，其中的演奏者全部复原了唐代的服饰，一经上映全网播放量就超过了600 万次。演奏者宛如古画里的宫廷乐师，伴着琴瑟和鸣悠扬的乐曲，将优雅含蓄的中国古典文化传播至海外。

植根于大众流行文化，"短视频＋"加速了互联网基因复制的能力和效率以及对一种成熟艺术工业生产模式的模仿，同时伴随着创新。视频节目模式在全球语境中得以被工业化复制，标志着一种视频内容文化在传播中所产生的轰动效应。在一个相对开放的国际化视频平台上，PGC、UGC、OGC 和 MCN 用户形成了内容垂类明晰、风格错落有致的"美美与共"格局，形成"有无相生，难易相成，长短相形，高下相倾，音声相和，前后相随"的视听生产与传播局面。

这些来自自媒体用户的视听内容通过平台的传播与发酵，再依托大数据智能算法的精准推送，构建了一种基于共同价值认同基础上的网络虚拟社群，推动了知识文化的价值变现，引发着一场意义空前的社会媒介化与产业视频化的深刻变革。

这意味着，短视频在制作与传播中华文化方面，建构了一个中华文化"朋友圈"，它在传播中华文化，讲好中国故事，提升中华文化的国际影响力，增强中国的文化软实力上表现出独特的作用与意义。

2. 多元视频生产主体构建多层次中华文化视听生态

众多基于短视频叙事与运营机制的视频作品在海外的成功传播，使得更多的创作者意识到海外社交媒体平台在传播中国文化上具有的优势。自媒体创作者，尤其是植根民间文化的青年创作者，创作了大量具有个体风格的视听内容产品，这些基于短视频生产与运营理念基础上的中短视听产品有别于传统视频产品的统一规划风格，更容易在国际传播中得到海外用户认可。

短视频平台培养了众多的网络达人，这些网络达人成为视频产品内容的文化代言人，也将中国文化传播到海外。这些植根于民间文化基础上的网络达人，以个人化的表述和个体化的生命诉说成就了短视频产品有别于传统视频产品的创作风格，在国际传播中受到广泛关注。

网络达人对短视频的创作与传播，尤其是以中国文化为抓手创作的优秀短视频在海外形成了一定影响力，诸如网络达人李子柒就是第一批借助短视频传播中国文化的有效例证。李子柒的单条视频在 YouTube 上最高播放量达到 9110 万次，不断刷新着"中文频道"的吉尼斯世界纪录。

另外，如被外国媒体称为"无用爱迪生"的手工耿，在短短半年之内于国内外都收获了大量人气，目前 YouTube 观看量已经超过 2 亿次。他以一种戏谑、有趣的风格，通过发明、手工打造各式各样的"无用"的手工制品。他的发明区别于传统各种科技感满满的发明，他的作品被粉丝们笑称"除了正事，什么都干"。无论是声控倒酒神器，还是自行车电风扇，或者是一劈八瓣的西瓜网球棒，抑或他的出名作"破釜沉舟跑步机"，都是非常的"简单粗暴，有效有趣"。再如，2020 年大火的丁真，以一张纯洁治愈的笑脸俘获了无数人的心。一段迎着阳光慢慢走向镜头的视频，便在 YouTube 上引起了巨大的反响。他最火的一段视频，仅仅两小时便突破 1000 万播放量。一些外国网友在 YouTube 上留言道："真梦幻！我希望他的经纪人能在 YouTube 上建立一个频道。我也想了解更多关于藏族人的生活方式"；"真的是高原上的珍珠，太治愈了"；"这段视频让我感觉到了治愈，它提醒了我一些我希望保留的东西，一些我希望它永远不会被复杂的社会所改变的东西"。"丁真的世界"正是以一种纯净、无过分粉饰的样貌出现在网友面前，与当下"速成式""标准统一化"的审美标准截然不同，他展现了一种原生的魅力、一种纯净明朗的美丽，也带动了四川理塘文旅业的发展，让更多海外网友了解到中国四川大山里的美丽。

媒介内容的矩阵生产与传播，使得海外用户对中国的认识不仅停留在中国功夫、万里长城、京剧国粹等文化层面，而且直观感受着来自现代中国当代社会的自然与人文景观。

值得一提的是，我国非物质文化遗产也通过短视频再次变得火热。截至 2022 年 8 月，我国有非物质文化遗产 1557 项。2019 年在抖音上有 1275 项被短视频化，涵盖了非遗传承水墨画、传统戏剧、传统汉服、传统手工艺等。比如，自得琴社在 YouTube 上推出了精致的中国古乐中视频内容产品。再如，河南卫视推出的《唐宫夜宴》《洛神水赋》《龙门金刚》这些情景交融、精致的优秀视听内容产品，经过短视频平台的传播，让国外用户惊叹"翩若惊鸿、宛若游龙"般的东方美。

伴随新国风而崛起的"中国文化视觉"元素赋能视听内容开发，有效地将中华文化进行了落地化传播。短视频延展了民间叙事模式，从多个角度挖掘中华文化的丰富内涵与共情价值，让国外用户直观感受到中华文化的魅力。

3. 中华文化的主流价值的亚文化形态表现

短视频的持续发力，在国内培养了众多颇受欢迎的网络达人。这些短小精悍的视频作品经过国内互联网的发酵，形成了网络社交圈层，通过社群的搭建，提升了中华文化的国际友好度和传播力。新媒体具有开放、多元、自主、互动的特征，为我们有效传播中华文化带来更广阔空间。短视频作为新媒体中的重要组成部分，有极为广阔的发展空间，也正成为传播国家形象的有力推手。

比如，由北京师范大学中国文化国际传播研究院、中国对外书刊出版发行中心（国际传播发展中心）、上海大学新闻传播学院等单位联合推出的《新中国之歌》在短视频平台上取得了较好的传播效果。这部短视频由土库曼斯坦留学生克丽丝对 1000 多张历史照片进行了修复，并创作了 8 分钟的动画。该动画演绎了《义勇军进行曲》诞生前后以及传唱到全世界的幕后故事，在社交媒体上引发了年轻人的热议。

TikTok 上搜索与"中国"相关的视频，包括中国传统工艺、民俗文化、饮食文化、风土人情、国宝熊猫等短视频内容。比如，"汉服"成为 TikTok 上中国文化流行的一个缩影，累计浏览量超过 3 亿次。关于汉服的短视频内容涵盖了汉服街拍照、武术风格和恩格尔舞等各种主题。此外，2019 年大火的西安大唐芙蓉园大唐不夜城"不倒翁小姐"的视频也被发布在 TikTok 上。这个视频浏览量超过 320万次，获得 40 万个点赞，获得不少的关注量。

除此之外，中国官方媒体积极主动入场：《中国日报》在 Meta 最受喜爱的视频创作者榜单中位列第十名；《中国日报》着力打造"网红"外籍记者，例如，"石花姐在中国"栏目，通过戏剧化的展示方式介绍独特的中国文化，关注中国人为啥爱喝白开水、中国的蛋糕为什么不甜、中国的牛年有什么特殊的含义等日常生活中常见的文化议题。

在传播中华文化主流价值内容方面，视听内容创作主体也借助国际知名的社交媒体进行传播。比如，2021 年 4 月 8 日至 6 月 10日，中国国际电视台（CGTN）推出"媒体勇士"（The Media Challengers）活动，邀请来自世界各地的人们分享能够感动世界的故事，无论你是主持人、记者、博客还是社交媒体上有影响力的人，都可以参加该活动，此外，该活动为入围的参与者提供了一个赢得高达 1

万美元的机会，并让他们成为 CGTN 的"讲故事者"，将其内容放在国际版面。

视听产品与社交媒体的同构共生，使得中国主流价值以更为民间和接地气的讲述方式塑造可信、可爱、可敬的中国形象，努力做到以文载道、以文传声、以文化人，向世界阐释推介更多具有中国特色、体现中国精神、蕴藏中国智慧的优秀文化。

短视频平台与 MCN 制作机构的出海益处还体现在产业方面。国内短视频平台与 MCN 机构数量众多，行业竞争日趋白热化。相较而言，国外短视频市场则有待开发。在这一大背景下，短视频平台与 MCN 机构的出海有利于拓宽海外视听蓝海、与国外文化产业机构打通合作通道、优化我国视频产业结构。从创作者的角度来讲，国外文化产业发展相对较为成熟，版权保护意识较强，营收分成机制也相对较为成熟，因此，成熟的内容创作者在海外市场能得到相对较为可观的收入。

4. 中华文化借助短视频传播所遇到的问题

短视频虽然对中华文化的国际传播起到了重要而独特的作用，以一种中华文化的民间表达，赢得了海外民众的关注，但是，短视频在传播中华文化方面也存在诸多问题。例如，中外文化差异和文化冲突导致传播内容受限，未能触达中华文化的内在精神和基本价值；短视频创作者为博眼球做出荒诞低俗的行为，对中华文化形象的塑造产生负面效果；中国的各类手机应用在海外惨遭封杀、海外社交平台拒绝中国投放广告、清除和封禁中国账号等，严重阻碍了包含中华文化的短视频大范围传播。

正如前文所述，我们必须清楚地认识到，中华文化，相对于当今世界仍占主导地位的西方文化来说，是一种异质性的文化，是不同的文明系统。因此，中华文化在走向世界的过程中，应当建立多元逻辑、多元共生、多元共识的国际传播理念，设计出多层次、多角度、多方位的跨文化传播立体管道，遵从传播规律、增强跨文化传播的有效性，更要认清当下传播生态发生的巨大变化，致力于构建全媒体传播矩阵。

党的十八大、十九大以来，我国的国际传播取得了许多成绩，但是随着我国日益走近世界舞台中央，中国要想在全球事务中发挥更大作用，就需要我们的国际传播为我国的新一轮改革开放创造更好的国际舆论环境。其间，国际传播也需要进一步地融入国际形势新格局建设中。从这一意义上来说，我们今天站在"两个一百年"的历史交汇点上来探讨国际传播，其特殊的价值是显而易见的，这涉及国际传播格局、国际传播流程、国际传播业务的重塑。我们完全有理由深信，通过不断激发视听内容创作者的创造力，将会有更多的视听产品表现出巨大的中华文化感召力、中华形象亲和力和中国话语的认同力。

作者系中国传媒大学教授、北京视协短视频工作委员会会长

第六辑

中国电影出海的新路径与新方法

"卧虎藏龙"——改革开放以来的东西电影文化交流

谢　飞

　　电影是文化交流的一个工具。除了影院上映以外，如何交流？国际电影节是个重要的渠道。改革开放以来，我才开始认识到它们的重要性。1987年年初，乘到法国开会的机会，我将《湘女萧萧》送到了戛纳电影节办公室去报名，后来它在电影节的"一种观点"单元展映，被美国艺术片发行公司"纽约人"看中并买下，于1988年成了"第一部在美国发行的来自中华人民共和国的电影"。在数字网络出现之前，电影只能靠胶片拷贝在影院放映，所以国际电影节就是一个非常重要的交流平台，对于影片的推广和增值作用非常大。在欧洲三大电影节或者奥斯卡电影奖中得了大奖的电影，往往都会引起全世界文化界和市场的关注，引进放映，评论宣传，最后有的还会进入大学课堂及研究机构的经典教科书、史论书籍中，成为一个国家的文化代表。

　　1985年的《黄土地》是第一部引起西方电影节注意的中国电影，1988年的《红高粱》在欧洲三大电影节之一柏林电影节上获得了第一个大奖，延续到1992年、1993年，中国电影迎来了走出国门的第一个高潮：1992年8月《秋菊打官司》获威尼斯电影节大奖，1993年2月《香魂女》和《喜宴》获柏林电影节大奖，5月《霸王别姬》获戛纳电影节大奖，同一年内中国电影在欧洲三大电影节上囊括三项大奖，这在世界电影史上没有过，过去没有过，未来也很难再有。

20世纪90年代初、中期，世界上许多艺术电影市场都放映了这些影片，之后又进入了许多其他电影节、文化展，以及学校的教科书，新写的电影史论书籍里也有了对这些中国电影的论述。这次成功地"走出去"，是20世纪80年代以来中国十多年的改革开放的成果，"思想解放"促进了中国文化艺术的繁荣，优秀的中国电影通过三大电影节得奖、推广、增值。这次"走出去"是指走入外国的文化艺术教育市场，而中国电影走入世界电影的商业市场，则是十年后的21世纪初期。2000年的商业武术电影《卧虎藏龙》在美国及世界上的票房至今仍是最高的，有1亿多美元的票房；其次是2002年的《英雄》，有将近6000万美元的票房。在北美市场，《卧虎藏龙》首映时本来只有16块银幕，由于口碑好，观众人数增长，很快就增加到2000多块；从非主流的艺术院线跨入主流商业院线，《卧虎藏龙》带起一批以中国功夫为类型的动作片，如《英雄》《霍元甲》等进入西方的市场。

艺术片在国外是相对比较小众的，《饮食男女》《喜宴》《霸王别姬》《色戒》都是在只有几块、几十块银幕的艺术影院放映。至今，中国艺术片在北美票房最高的还是《霸王别姬》，有500多万美元。张艺谋的电影除了《英雄》以外，其他如《秋菊打官司》等都是在艺术院线上映，票房在200万美元左右。最近二三十年，国际大电影节上的中国电影热早已过去，艺术片市场上的中国票房就更低了，像《南京南京》以及贾樟柯的电影虽然也得了很多奖，在北美的票房却很低，几十万美元甚至几万美元就不错了，因为外国观众对中国电影的兴趣以及新鲜感已经消退。

所以说，未来中国电影要"走出去"，不论是艺术片走出去，还是娱乐片走出去，都有各自的道路，各自的经验，不能凭空想象。

在西方，特别是好莱坞大片垄断商业娱乐市场的大趋势下，我们应该把输出能够体现中华文化的经典影视作品，特别是有文化艺术价值的电影，放在重要地位，而不是急功近利地只幻想着电影如何在国外商业市场大卖、赚钱。百年中国电影历史上有无数的好片，第二代、第三代电影导演的老片子，如《神女》《马路天使》，第四代电影《城南旧事》《老井》，第六代贾樟柯的电影，等等，都是在三大电影节上展映过或者得过大奖，经过了时间考验，代表着中国经典文化的作品。这些电影如果经过数字化修复之后，进入国外的各种市场，特别是通过电影节、电视、视频网络平台等融媒体的多种形式，进入世界的艺术、文化、教育和学术界，不仅可能，而且是非常重要的一件事情。包括一些中国文学、戏剧名著改编的影视作品，更是我们电影、电视走出去的重要内容。一个国家的传统文学以及它们改编的影视作品，永远是一代代青年人了解这个国家最重要的媒介。

　　文化交流开路，商业发行随后。当务之急是将中国传统的经典影视作品数字化，不仅仅要做到视听上的高质量，还要有文本内容的翻译和介绍。先有文化交流，才能有商业发展。2007 年我去爱丁堡参加过一个大学专门组织的"中国电影节"，他们从各地的电影资料馆拿到了各个历史时期的 40 部经典中国电影展出。那时我发现，香港邵氏兄弟电影公司所有的 700 多部电影，早已经全部数字化修复了；而且修复后，马上进入市场卖蓝光碟、DVD，既再次获得经济收入，又让它们开始为社会服务与使用。而那时我们内地的多数电影却鲜有数字化复制，我带去展映的《香魂女》和《本命年》还只是高清数字录像带，没有做深入的修复，更不要说做成光碟让文化、教育部门使用了。

　　直到今天，虽然国家拨款修复了一些中国老电影，但是存在的问题还很多。一是还有许多老电影作品没有数字修复，如何运用市场机制加快修复的步伐？二是数字化修复后，如何为社会服务及使用？这两年为纪念抗美援朝和建党百年，一些符合题材的老电影被数字修复，进了影院或电视台，却没有很好地继续为社会、大众服务。阻碍这一发展的症结在于多数过去的老电影现在"版权不清"。修复的人没有版权，原出品方又没有修复的能力；老制片厂经过几十年的改制转型，如何接手这项工程量巨大的工作，等等，都是值得研究的。

总之，要想把百年中国电影积累的财富很好地利用起来，成为东西方文化交流，中国电影继续"走出去"的实在内容，还需要政府有关负责部门调查、了解情况，组织电影制作系统厘清老作品的所有权，用合理的商业机制，使有价值的文化作品能够迅速数字化、国际化（加上外文字幕）之后，在国际上发行。

"融媒体"时代的到来，使过去分开的影院电影与电视电影、电视剧，以及现在的网络电影合成了一家；不能再各顾各地分开管理了，要用法律的方法合流，合为一体；要用市场的机制去博弈，共同为中国影视"走出去"做努力。

现在的新电影各有各的厂家，大多数是民营公司，本来就是用数字技术摄制的，不存在上面这些问题。但是对外交流，光放新电影是不够的，能表现中国文化的老电影也是中国文化走出去的重要推手。我们不能要求今天全世界的人都看《战狼》，看《长津湖》，不能急功近利，要有人类的全局观念。

所以，我今天特别提出如何将百年中国的经典影视作品数字化，如何使它们能够被外国人看到和接受，这是一个应该认真考虑的重要问题。

作者系著名导演、教授

电影文化传播的实质思考

胡雪桦

现在我们国家正在发生巨大变化，特别是疫情期间，中国在国际上的地位越来越高，方方面面都有长足进步，但是中国目前的文化实际上已经与地位不符。现在电影的票房很好，疫情前已经达七百亿，但是七百亿票房仍不足与一些企业的年收入额相比。电影的文化精神特别重要，特别是当我们的电影要走出去的时候，要和国外的老百姓交流的时候，所讲的故事内容，一定要引起电影人的重视。文化本身是有沟壑、有距离的，怎么能够穿越这个沟壑、填平这个沟壑，则需要我们在文化精神上的穿越。怎样让别人能懂我们的文化，需要有我们自身对国际文化的分析，以及对人类文化精神的认知，要进入一个精神领域，穿越所有文化和国家的界限；要考虑到故事的内涵，不仅仅是讲故事，还要明确故事传达的是什么。民族的是不是世界的？民族本身是世界的一部分，但是民族的要成为世界的，则需要有一座桥梁让它通过，把我们的东西传达给其他人，让国外的观众能够理解我们的作品，这个需要跨越的渠道和所传达的东西特别重要。

随着科技和信息突飞猛进，传播方式日新月异，人的交流也出现了裂变，裂变出现以后，我们更需要精神上的共享，尤其是电影上的交流。电影能够穿越时间和地点，让世界接触和交流。

《卧虎藏龙》《末代皇帝》《霸王别姬》《红高粱》讲的是中国故事，其精神内核可以传达给全世界。这给我们的启示是不要急功近利，要做好作品，把中华文化中所包含的真善美传达出去。

有了好内容以后，讲故事的方式方法特别重要。莎士比亚和汤显祖是同时代的人，但是莎士比亚家喻户晓，汤显祖可能仅仅是研究戏剧甚至戏曲的人才知道。然而近年来随着白先勇先生青春版《牡丹亭》的传播，全世界开始知道汤显祖这样一位了不起的中国戏曲家、文学家，因而传达的方式特别重要。拍电影有电影的拍摄方式，拍电视有电视的拍摄方式。拍电视的人要拍电影还要经过训练，因为电影语言本身特定的语法、结构、讲述方式是要经过学习的。在表达内容的时候，一定要注重如何去讲。我们需要在讲述方式上、在讲好故事的方法上、在讲述故事特殊的语言结构和叙事结构上进行思考，要跟外国的表述方式接近，让外国人理解我们的作品。

电影拍好了以后并不是就能够传播，需要有一个特殊的渠道和方式。因为现在已经完全进入了一个新的时代，所谓的5G社会、网络社会、数字时代已经在我们面前，这个时代我们讲故事的方式和方法、传播方式已经和以往有了翻天覆地的变化。当然，传统的电影院永远会在。电影出来的时候，人们觉得戏曲没有了、电视没有了，但是戏曲、电视到今天仍然存在。网络出现了以后，其他的传播渠道、传播方式仍然存在，但是我们要清醒地认识到时事比人强，我们的时代发展、科技发展和社会发展，与我们所表述的内容、讲述的故事、情感的表述方式密切相关。我们对新的科技、新的传播方式一定要有认识，比如过去我们是1000人看1部电影，现在是1000人可以看1000部电影。我们现在的荧幕是3块荧幕：一是传统大银幕，大家一起看；二就是家庭院线，熟人一起看；三是移动终端，自己可以看。三块荧幕要求的东西不一样，如果在小荧幕上播放2亿元成本的片子，是无法取得影院所带来的震撼效果的。我们要分析三类不同荧幕的特点，从而选择不同的内容和表述方式。

中国故事让外国人知道，让外国人理解，是我们作为电影人不可推卸的责任。同时我们一定要知道，传达是特别重要的。刚刚去世的翻译泰斗许渊冲把杜甫《登高》中的"无边落木萧萧下，不尽长江滚滚来"翻译成"The boundless forest sheds its leaves shower by shower, The endless river rolls its waves hour after hour"，通过英文把中国诗的表达优美、意境伟大翻译出来了。中华文化需要通过桥梁传播，我希望我们每个人都能成为桥梁的构建者。

作者系著名导演

中国电影产业化实践中的"痛点"

张铠铠

中国电影市场自 2002 年院线制改革以来，经过 20 年产业化的探索和发展，已初步形成相对完整的产业链条，包括投资、开发、制作、经纪、宣发、放映、版权、衍生品等各关键节点；伴随产业规模的壮大，面对市场风险的抗压能力也越来越强。疫情给予全世界院线电影市场的打击是"核弹级"的，但得益于有效的疫情管控，中国电影市场恢复速度屡超预期。无论是观影人次、票房总量，还是新影院建设、银幕增加等，都取得了极为不易的成绩。

国家电影局统计数据显示，截至 2021 年 9 月底，中国电影市场共有影院 14235 家、银幕 80743 块，银幕数正式突破 8 万块大关，继续保持世界第一。而截至 2021 年 11 月 25 日，中国电影年度票房(含预售)破 440 亿元，总观影人次 10.9 亿次，总放映场次 1.12 亿场，持续保持全球单一市场票房冠军头衔(数据源自猫眼专业版)。

成绩来之不易，但问题同样伴随而来。任何产业的产业化过程都离不开资本的流通与催化，而目前中国电影产业中最大的资本来源是院线电影票房本身。以票房为原点，拆解为平均票价和观影人次两个核心变量，深入研究影响平均票价和观影人次的因素涵盖了剧本开发、明星经纪、电影制作、宣传发行、终端放映等产业链条上的每一个关键点。另外一部分重要的资本来源是版权售卖,包括新媒体版权、电视版权、衍生品授权等。而版权售卖价格的高低又由票房直接决定。

产业链条以资本为核心,针对资本的层层拆解与细化,实际上是对电影产业化的再现,亦即产业化推动力之一的合理分工。针对每个大分工节点单元可以继续拆分,比如宣传,可拆解为物料、渠道、活动、口碑等更多细节参与节点,直到每个节点上专业的企业与人员。底层支撑整个链条的制度、法律、政策、标准等,上中下游形成了一个完整的产业闭环。

整个电影产业化的过程实际上是合理优化资源配置的过程,而实现资源的合理优化配置的"框架",恰恰成为中国电影产业化过程中的核心痛点。

"框架"的构成因素可简单概括为三部分:人,制度,基础设施。

一、人,涉及人才、人文、人群

人才即教育,是产业和技术创新与发展的基础,尤其是持续性、规模性生产的根本。教育与产业间存在较大的鸿沟。尤其针对"资本"和"工业化"的产业教育,远远落后于实践的发展和需要。如何正确地理解资本,合理运用资本,应该是任何产业教育都要涉及的重点。人才只有正确地认识资本的本质、规律,掌握了合理运用资本的方法,才能够真正地利用资本为企业、产业、社会做出应有的实践和贡献。

人文即文化,是产业和技术创新与发展的灵魂,真正展现电影民族性与个性的关键。很遗憾,在过去四十多年的改革开放过程中,中华优秀传统文化的精华特色始终没有得到真实的再现。而今从传统历史文化中汲取灵感、启发创新、追溯源头等已经逐渐成为业内共识。无论在动漫、古装、历史片中,还是剧情、爱情,甚至动作等现代类型中,中华优秀传统文化中符合东方美学的"道",都逐渐内化为中国电影产业化过程中的"基因"。

人群即观众，是产业和技术创新与发展的源泉，没有观众就没有产业。产业和观众之间互相塑造，并不是观众的喜好决定产业的规模、方向、好坏，而是两者间固有规律的呈现。当下中国电影市场观众群的基本属性极为丰富且复杂，按年龄、职业、收入、城市、地域等可以划分多种多样的细分群体。只有客观挖掘观众群的观影需求规律，才能更好地生产符合观众正常需要的规模化作品。同时利用作品创作的规律，深入影响观众的观影趣味。规律间的良性融合，实现正向联动发展。

二、制度，涉及法律，法规，政策

文章《弥合与全观：中国电影工业观念、创意观念与美学精神的超越》认为，电影产业在制度化设计上主要涉及两方面：一是政府相关部门如何设计有效的制度来进行管理，但又需要给产业足够的自由发展空间；二是在自由市场领域，为维护稳定健康的市场秩序而进行的市场规则设计。然而很遗憾，这两方面的制度设计几乎是空白。现存的制度，一方面，没有明确的、可衡量的标准；另一方面，又以无处不在的影响束缚着产业链条上的每一个环节。

比如，产业发展中的老大难的"盗版"问题。我们对创意知识产权的保护机制的有效性是极其有限的。尽管设有相关的知识产权保护制度和版权登记制度，但是对于创意版权的侵权、抄袭行为的惩罚机制、执法程序等并不公开透明清晰，而且即使遇到侵权行为，付诸法律的成本较高，得到的维权利益过低，导致电影版权方只能望而却步。

作为一个相对自由的产业，电影的管控手段和标准不统一，造成经常性的市场失灵。这导致电影产业自身非常脆弱，这种不确定性的政治风险和市场风险，使得电影投资的风险性增加，市场的不稳定性增加。

三、基础设施，由量向质转型升级的关键时期

中国电影市场的硬件设施已经完成基础建设，且依然在迅速发展的过程之中。但电影产出数量大，质量却不令人满意；电影生产、发行企业中能够被称为"品牌"的龙头的更是少之又少；已经建成的基础设施缺少科学的、精细化运营，粗放、落后的管理方式依然占据较大比例。

中国艺术研究院文化发展战略研究中心肖怀德副研究员认为，与前现代、现代与后现代杂糅的社会思想形态相映衬，中国电影生产并没有经历完整而彻底的工业化建构，随着互联网进程的加速，匆匆进入后工业时代，形成了集作坊式生产、工业化和后工业化并存的独特景观。"多浪叠加"的现状正是造成中国电影产业化诸多乱象和结构性缺陷的根本。

北京大学艺术学院教授陈旭光教授也提出电影工业美学，是在新时代电影的现实背景下，对"中国电影是什么？"这一问题的重新思考，也是对新时代中国电影发展一种兼具观念革新意义、现实发展需求和理论建构意义的"顶层设计"和观念悬拟，恰恰契合黄会林先生提出的"第三极文化"的题中应有之义。

中国电影产业化健康发展的未来，需要中国概念和理论体系的支撑，而这层体系建立得是否足够扎实、牢固、科学，正是能否解决中国电影产业化实践中核心痛点的关键所在。

作者系联瑞影业总裁助理

当代中国电影产业发展与文化影响力刍议

孙子荀

如今，中国电影市场已然成为拉动全球电影发展的重要"引擎"。2019 年，美国电影协会（The Motion Picture Association of America）公布的最新统计数据显示，年度全球院线票房收入再创新高，达 422 亿美元，较 2018 年的 418 亿美元增长了 1%。其中，北美地区票房收入 114 亿美元，依然居全球之首，但比前一年下降了 4%，中国则以 93 亿美元的票房收入排名第二，进一步缩小了与第一名的差距。接下来，在 2020 年，21 世纪第二个十年结束之际，中国电影市场票房终于超过北美，凭借 30 亿美元的年度总票房，首次登顶全球第一大票仓，可谓完成了一次历史性的超越。

这一成绩的取得固然有其特殊原因，但也体现出中国电影市场的韧性和潜力：猫眼娱乐发布的《2020 电影市场数据洞察》显示：2020 年上半年，全国票房仅收入人民币 22.42 亿元（实际上为 1 月月度票房），影院休业 178 天，进入下半年后，电影市场才逐渐回暖，暑期档、国庆档和贺岁档的票房成绩分别为 36.16 亿元、39.67 亿元、41.60 亿元，年度票房虽然跌至 2019 年的三分之一左右，但跌幅大大低于全球总票房。从整体数据来看，全国观影人次为 5.48 亿次，年度放映场次为 5657 万场，年度场均人次约 10 人；从上映影片来看，进口片数量锐减，国产片则聚集热门档期，扛起票房复苏大旗；从观众年龄来看，更多年轻观众积极重回影院，观众结构更为年轻化；从影院及银幕数量来看，全国影院数量为 11856 家，较去年净增 495 家，银幕数 75581 块，较去年净增 5794 块。这些数据都体现了中国电影市场在疫情危机下孕育的生机。

然而值得关注的是，相对于本土电影市场的巨大增量，中国电影的海外销售情况却未见明显提升，与国内票房的井喷态势相比，增幅过于平缓，且存在一定的不稳定因素（如上文所指出的单片票房差异过大）。国产影片海外票房收入与进口影片在中国内地票房收入之间存在巨额"逆差"；国产影片在海内外票房收入上也呈现明显的倒挂与强烈的反差。

举例而言，在 2015 年北美上映的 13 部影片中，国内票房收入最高的是《港囧》，超过了 16 亿元；但其在北美票房收入只有 844 万元，二者相差 189 倍。

在 2016 年北美上映的 25 部影片中，《美人鱼》国内票房收入居第一位，近 34 亿元；但在北美的票房收入仅 2197.2 万元，前者约是后者的 154 倍。

在 2017 年北美上映的 28 部影片中，《战狼 2》国内票房居第一位，超过了 56.78 亿元；但在北美票房收入仅 1703.1 万元，前者约是后者的 333 倍。

在 2018 年北美上映的 22 部影片中，《红海行动》国内票房收入居第一位，超过 36.5 亿元；但在北美票房收入仅 1044.3 万元，前者约是后者的 350 倍。

在 2019 年北美上映的 26 部影片中，《哪吒之魔童降世》国内票房收入居第一位，50.01 亿元；但在北美票房收入仅 2631 万元，前者约是后者的 192 倍。

尤其与风行世界的美国好莱坞电影产品相比，中国类型电影在运作能力、输出渠道、传播效果等方面还有相当大的差距。以 2019 年为例，摘得年度票房冠军的好莱坞超级英雄电影《复仇者联盟 4：

终局之战》在全球收获 27.97 亿美元票房，其中非本土票房约占总票房的七成。相比之下，国内票房冠军《哪吒之魔童降世》的全球票房为 7.005 亿美元（为全球电影年度票房第 11 名），但非本土票房只占其中的不到百分之一，两者及其所代表美中两国电影的海外影响力差距不言而喻。

　　当今社会，经济全球化已成为媒介文化生产的最大语境。在资本力量的渗透下，世界已然被网织成一个巨大的、联通的市场，对文化的生产和传播产生重要影响。如英国学者约翰·汤姆林森（John Tomlinson）指出的，经济全球化处于现代文化的中心地位；文化实践处于经济全球化的中心地位。在这样的环境之中，人们的精神空间不再封闭、隔离，而是持续不断地受到外来文化产品的吸引，文化竞争在"扩散原理"的导向下，呈现出强势文化覆盖、侵占弱势文化的趋势。因此，中国电影虽然从未停止向海外延展的步伐，但整体传播效果依然不够理想。一方面，国内电影市场的繁荣，使得中国电影公司较少考虑海外收益问题，"内生性"过强而"外生性"不足，影片的题材、形式、营销手段等更注重本土而非国际，缺乏认真拓展外需市场的动力；另一方面，以好莱坞为代表的美国电影产业依旧占据着难以撼动的文化霸主地位，在内容创造和传播方面有着巨大的渗透能力，这使海外电影市场，尤其是最为成熟、发达的欧美电影市场对中国电影需求较小。这一态势难以在短期扭转，因而中国电影将在较长时间内面临着海外传播的结构性障碍。

　　英国学者吉尔·布兰斯顿（Gill Branston）曾在其著作《电影与文化的现代性》中提出了一个有趣的问题：国际化就是美国化吗？她表示，在不可阻挡的经济全球化进程中，以单向传播为特质的媒体帝国主义不断扩张，其典型代表之一就是美国好莱坞电影。凭借畅销全世界的电影产品，一种精致的、通俗的、应对资本主义现代性的娱乐模式，好莱坞成功获取了大量经济利益，以及超越国界的巨大文化影响力。在近一个世纪以来，美国的电影，包括美国的形象、意识形态和产品，几乎完全主宰了世界电影银幕，并由此形成了美国海外贸易史上前所未有的垄断，以及跨文化交际史上最显著的霸权。

　　这种文化影响力的后果之一是，大部分流行的商业电影中都存在着某种"美国性"（Americanness），类型电影就是一个典型的例证。众所周知，类型电影诞生于美国，并在大制片厂的商业化创制的过程中日益完善、成熟，一举帮助好莱坞取代了欧洲作为世界电影中心的地位，直到今天，许多类型还保留着美国式的叙事风格和文化元素。如吉尔·布兰斯顿所言，"很多作者和电影观众仍然把娱乐电影宽泛地称为'美国'电影，这些电影通常充斥着美国的意象和口音"①。好莱坞塑造了无数鲜明的符号和生动的意象，并通过其强大的传播媒介输送至全世界。全球性的商品文化的'影像资料库'充斥着美国的意象。在一定程度上，这个强有力的象征体系能够自我繁衍，因为互文性通过不停重复出现的意象间的相互关系，使得这一意象体系变得越来越丰富。②此外，当观众对电影叙事、电影产品感到喜爱和认同时，这种认同也会扩散到其他的文化空间或文化实践之中，进而引发人们对美国式的生活方式、审美方式、思维方式的追求，形成一种隐蔽的同化效应。

　　总而言之，在好莱坞电影强力渗透下，在电影领域，所谓"海外市场"实际上十分狭窄。在这个市场中，除了本土电影外，仅有一个结构性的例外即好莱坞的全球电影。如有些学者所指出的："每一个国家/地区的电影市场基本由三部分构成：'好莱坞电影＋本土电影＋外来电影'……在大多数国家/地区，好莱坞电影往往拥有统治性优势。在去除前两个部分之后，能够留给'外来电影'的市场空间已极其有限"③。再譬如作为好莱坞电影的"大本营"北美市场，留给其他国家的市场份额只有2％左右，且多在小众艺术院线。无怪乎法国电影人贝特朗·塔维尼埃（Bertrand Tavernier）表示："我们好像是

---

　　①　[英]吉尔·布兰斯顿：《电影与文化的现代性》，闻钧、韩金鹏译，83页，北京，北京大学出版社，2012。

　　②　同上书，89页。

　　③　詹庆生：《2003－2017年：中国电影的海外商业发行》，载《当代电影》，2018（5）。

被安置到像切诺基和诺瓦霍这样的印第安人保留地上，我们的电影只能在几个地方——纽约、洛杉矶和其他一些大城市放映。"①

　　而对中国的电影生产而言，受到以好莱坞电影为代表的文化霸权的影响几乎是必然的。在进行类型创作时，许多中国电影有意识或者下意识地以好莱坞电影为参照，在简单照搬好莱坞创意和深入挖掘本土资源之间，不少创作者选择了前者，令影片或充斥着西方符号，或弥漫着西洋美学，在一定程度上冲淡了本土民族文化的特征，模糊了电影创作中的传统根基，呈现一种"去地域性"或"跨地域性"想象。有的影片出于对海外市场的期待，刻意削弱影片的本土特质，试图创造出一种融合中西文化、兼顾海外观众的审美的"国际化"电影，但实际上却造成了风格的"西方化"和"美国化"，片中充满了本土文化与异质文化的冲突。

　　从更深层的意义来看，面对西方文化大量涌入，中国的文化生态正在发生改变，一部分人对外来文化盲从盲信，全盘接受，以至于培养起一种演绎的思维定式，将西方文化的价值观奉为圭臬，却忽略了对本土文化的传承发扬，这都体现了一种不对等的文化渗透态势，折射出当前环境下抵抗文化霸权的迫切性。正如黄会林教授所指出的："发展中国家的民族文化，日益受到来自西方影视文化的包围与侵蚀，一场以文化为武器，以影视为媒介的新的殖民运动正在悄悄展开……因此，在影视艺术文化领域研究出民族文化的对应策略，已是一项刻不容缓的任务。如何在未来的信息竞争和文化传播领域里确立中华民族的文化形象，应当成为我们特别关注的命题。"

　　在好莱坞强势文化的笼罩下，中国电影的对外传播无疑将是一个复杂而漫长的系统工程，它是国家软实力、电影文化与电影工业综合作用的产物，需要电影人、电影企业和文化部门的通力配合，共同努力。但可以肯定的一点是，中国电影海外传播的未来前景是

---

　　① ［英］吉尔·布兰斯顿：《电影与文化的现代性》，闻钧、韩金鹏译，116页，北京，北京大学出版社，2012。

光明的。在电影层面，近年来，蓬勃的国内电影市场已催生了一批具有市场竞争力的电影企业，电影产业和电影工业更是处于飞速发展的状态之中，电影的类型创作日益完善，全媒体营销策略日益成熟，全产业链开发日益深入。大量合拍片带来先进的技术和管理经验，使电影制作者更加熟悉国际市场的运作规则。"普天同映"等海外自主发行平台的建立大大完善了中国电影的国际发行体系，新近推出的"互联网＋电影交易平台"的模式也将进一步拓宽中国电影的国际传播渠道。在政策层面，中国经济的发展，科技的进步，综合国力的提升，历史文化的积淀，以及上升为国家战略的文化"走出去"战略，都将是促进中国电影国际影响力发展的重要基石。在未来的电影文化建设中，我们也应该更加注重顶层设计，制订战略性发展计划，营造更加自由、更具活力的文化氛围，打造更有人文性、更具包容性的文化环境。长此以往，中国电影必将持续提高市场竞争力和国际传播力，在现代文化生产的全球竞争中掌握话语权，为世界电影市场提供具有中国特色的文化资源和文化价值。在创作层面，要在全世界获得更广泛的文化影响力，中国电影更应该坚守民族身份、民族表达，促进中华优秀传统文化的创造性转化。为此，我们既要更广泛、更深入地汲取本土文化精髓，用一种积淀了民族审美经验和情感的艺术形式去反映本土文化；与此同时，又要加强中国类型电影的跨文化适应，将类型化和民族化有机地结合起来，提高影片的类型化程度，推动国产电影类型的完善、改良和更迭，创造出更多具有本土特色和共同价值的中国类型电影。

作者系北京师范大学艺术与传媒学院讲师

中国电影海外网络传播力模型建构与实证分析

祁雪晶　黄昕亚

一、数据收集

本研究选择谷歌新闻、烂番茄、互联网电影资料库（IMDb）、YouTube、推特（Twitter）、奈飞（Netflix）6 类平台作为海外代表性跨文化传播网络媒体平台，抓取 2016 年至 2021 年来年度国内票房前 20 部（共 100 部）、豆瓣评分年度前 20 部（共 100 部），共计 200 部国产影片作为基础数据，综合分析其在 6 类网络平台海外客户端的传播信息。（具体评分体系见图 6-1）

在挖掘数据的基础上，本研究将针对中国电影海外网络传播效果进行评论内容的深入分析。

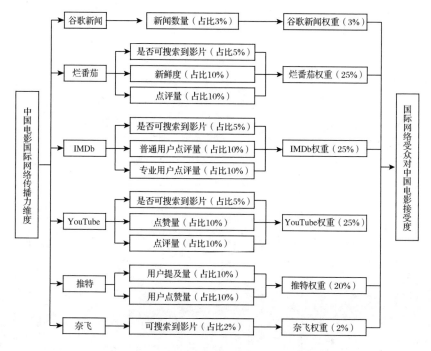

图 6-1　国际网络受众对中国电影接受度模型

二、核心影片类型及价值观分析

1. 传播效果突出的核心影片

依据上述调研方法，可以看出国内近五年来国内综合评分、票房前 100 的影片在海外网络观影平台的传播效果值得肯定，其中不乏一些传播效果喜人的影片，本文将针对海外平台综合评分排名前 19 的影片进行着重分析。（见表 6-1）

表 6-1　海外网络平台综合评分排名前 19 的影片

序号	电影名称	IMDb	烂番茄	奈飞	YouTube	谷歌	推特	总分
1	《白蛇·缘起》	22.37	20.33	0	23.44	0.47	20	86.61

续表

序号	电影名称	IMDb	烂番茄	奈飞	YouTube	谷歌	推特	总分
2	《大鱼海棠》	21.97	22.38	0	24.18	1.57	16.4	86.5
3	《急先锋》	23.61	20	0	20.41	2.46	18.94	85.42
4	《叶问4:完结篇》	24.1	22	2	14.89	2.36	17.89	83.24
5	《叶问3》	24.1	21.89	2	22.05	2.35	10.53	82.92
6	《妖猫传》	19.67	21.31	0	23.44	1.63	14.74	80.79
7	《少年的你》	22.38	22.87	0	21.8	2.78	8.42	78.25
8	《功夫熊猫3》	24.59	23.28	0	15	1.97	12.63	77.47
9	《哪吒之魔童降世》	21.89	21.8	2	23.11	1.97	6.32	77.09
10	《长城》	24.92	20.66	0	14.59	2.83	13.68	76.68
11	《英伦对决》	24.67	21.47	0	24.02	2.68	3.16	76
12	《西游记之孙悟空三打白骨精》	18.77	20	0	24.92	0.47	11.57	75.73
13	《战狼2》	22.46	19.92	0	22.54	2.9	7.37	75.19
14	《红海行动》	22.21	19.43	0	21.65	2.21	9.47	74.97
15	《美人鱼》	23.28	23.36	0	14.43	2.73	5.26	69.06
16	《铁道飞虎》	20.33	19.84	0	23.77	0.46	4.21	68.61
17	《八佰》	21.89	21.97	0	19.59	2.58	1.05	67.08
18	《杀破狼·贪狼》	20.9	16.39	0	23.52	1.14	2.11	64.06
19	《中国机长》	20.16	18.85	0	21.64	2.34	0	62.99

根据表6-1，不难看出在海外网络观影平台传播效果较好的影片可分为五大类型：第一，喜剧电影，以剧情喜剧为主，如《美人鱼》《西游记之孙悟空三打白骨精》等；第二，新主流电影，以爱国强国题材为主，如《战狼2》《红海行动》《中国机长》等；第三，现实题材电影，多贴合时代脉络，如《少年的你》等；第四，国产动画题材电影，以近年来较为突出的国漫、国产动画为主，如《哪吒之魔童降世》《大

鱼海棠》《白蛇·缘起》等；第五，动作电影，大多以内地、香港合拍片为主，如《叶问 3》《叶问 4：完结篇》等。

2. 核心影片的价值观表达

(1)动作电影——两地合拍片的突围与转型

数据显示，国际网络受众对中国电影接受度排名最高的 20 部影片中，电影创作主体类型划分更为集中(见表 6-2)。

表 6-2　中国电影在海外网络平台接受度高的影片创作主体分布

内地、香港合拍影片	中外合拍影片	大陆影片
《影》	《英伦对决》	《急先锋》
《叶问 3》	《功夫熊猫》	《哪吒之魔童降世》
《少年的你》	《白蛇·缘起》	《战狼 2》
《美人鱼》	《长城》	《八佰》
《红海行动》		《中国机长》
《西游记之孙悟空三打白骨精》		《铁道飞虎》

其中海外受众对内地、香港共同制作的影片非常认可，其占比高达 40%。其中叶问系列，既包含中国"功夫"又涵盖中国传统美学，更是深受海外受众喜爱。

(2)喜剧电影——笑中有泪折射社会变迁

近年来越来越多的优质喜剧活跃于银幕之上。随着社会的发展，也带动了喜剧电影精神内涵的发展。21 世纪以来，在承接以往喜剧电影的精髓中，又有了人文关怀这一新的精神内核。其中不乏一些作品借用喜剧元素，对于社会不良现象以及错误的价值观的批判与反讽，如周星驰所执导的《美人鱼》一片中，观众在周星驰一贯喜剧抛梗，捧腹大笑的同时，"环保"这一主题也呼之欲出，也让世界观众都无法回避。"如果地球上一滴干净的水都没有，一口干净的空气也没有，要那么多钱有什么用？"质朴简洁的台词却发人深省，在不断推动构建人类命运共同体的今时今日，无论身处何地，都需要认真思考这一问题。这也成为影片获得世界受众关注、好评的一大原因。

（3）新主流电影——国家民族意识与人类命运共同体

2008 年，贾磊磊老师倡议，建构一种以经典电影的叙事模式为原型、以文化的核心价值体系为主旨、以兼容主义的电影美学理念为取向的中国主流电影，使中国传统的主旋律电影走向商业化的制片体制，同时使中国的商业电影体现出爱国主义、集体主义的主旋律精神。这一倡议堪称对当今"新主流电影"的准确预言。如《战狼 2》《红海行动》等"新主流电影"以我国主流价值观为基本理念，在不断刷新本土票房成绩、持续获得观众口碑的同时，也进一步彰显了其全新的文化内涵和丰富的审美价值。

新主流电影所带来的审美价值并非纯粹商业电影的"爆米花"式娱乐，而是建立在主流意识形态基础之上的更高层次的审美愉悦。主流电影选材以及价值观传达方面都能紧密贴合时代脉络，从而更好地传播"中国梦"，为"人类命运共同体"思想的发展提供了恰当的艺术氛围。主流电影的现代化、融合式审美观念始终都是其紧跟时代发展的内在优势和重要基础，呈现出的是大众之美、和谐之美、生活之美、时代之美。

（4）现实主义题材电影——社会痛点的国际回应

在当代社会，现实主义题材电影的成功之处在于不过度放大娱乐功能或过分地抽离现实，一部作品在素材和主题上的选择，往往就是因为考虑了社会和时代的需要，才让观众得以感同身受，唤起内心的情感共鸣，从而发挥出强大的社会教育功能。影片《少年的你》一经上映，便获得无数关注。另外，影片在海外网络平台受到广泛关注，也侧面反映了青少年成长以及相关社会痛点得到了国际社会的回应。随着社会的进步与媒介的创新发展，在现如今这个充满着挑战的多元文化时代，尤其需要更多优秀的现实题材作品，在表现出创作者敏锐人性、社会呼唤的同时，也在意识形态的领域积极倡导入世的精神；在引导观众理性洞察社会真相并力图挖掘事物本质的同时，也给予大众坚定的信念和继续前进的动力。

（5）国产动画电影——中国美学的国际表达

近年以《哪吒之魔童降世》《白蛇·缘起》《姜子牙》等为代表的主流商业动画电影受到观众的追捧，在社会和经济效益方面打开了双赢的局面，国产动画电影已然成为民众所热爱的商业影片类型。其中不乏当下数字特效技术所打造的电影奇观，不仅很好地满足观众猎奇览胜的审美诉求，而且包含着受众对于影片所传达的更为深刻的内在价值，即我国传统民族文化、美学精神的高度认可。

三、国产影片在海外网络平台的中国文化传播策略

如何进行有针对性的海外传播，除了需要注重渠道与互动之外，找到海外受众关注、理解的切入点至关重要。本文通过对入选电影中网友评价和专业影评进行文本分析，认为国产电影在海外传播中，找准"出海"着陆点，即每部影片需要以什么样的姿态与身份进入海外受众视野非常重要。

在社会心理学上，社会认知理论特别强调信息传递者要能够对信息接收者的心理有所把握，要在对方既有的社会文化与民族心理积淀中找到契合点，以此作为外来文化形式的链接点。经过对5类平台评论板块的分析，笔者发现海外受众在理解中国电影时倾向于使用自身文化中相对应的要素进行还原和阐释，形成符合既有认知倾向的一种欣赏体验。海外影评中，海外受众主动找寻着陆点的现象非常突出，如网友将《西游·降魔篇》对接为"中国版《奥德赛》"，将《寻龙诀》对接为"中国版《古墓丽影》"，将《狄仁杰之神都龙王》对接为"中国版《福尔摩斯》"，将《红海行动》对接为"中国版《勇者行动》"等。这正是社会认知理论在电影传播实践中所产生的效应，即受众偏向于使用符合自身经验的角度去观察事物。

因此，在国产电影的海外传播中，如果能够根据不同的国别、地区与文化特性主动寻找对接的着陆点，而不是靠受众自己去类比和挖掘，就能够减少文化折扣，获得更有效的传播效果，提升中国

电影在世界体系中讲述中国故事的能力。

第一，中国电影想要在海外不断发展，首先要拓宽电影的海外网络传播渠道，即多渠道发行传播，只有让更多的海外用户更加方便快捷地观看中国电影才能使受众更多地了解中国电影、中国文化。

第二，能使受众更多地了解中国电影，从而通过电影这一传播介质，更多地了解中国人的生活方式、风俗文化及思想观念。互联网技术不断发展，越来越多的电影爱好者通过网络获取电影资源、观看影片。因此，对于中国电影的海外传播来说，海外网络社交媒体传播是一个不可或缺并且有很大发展空间的影片发行渠道，中国电影的海外传播应该在院线发行的同时更多地关注在海外互联网观影平台和社交媒体观影平台上的发行传播。

第三，中国电影在海外互联网媒体上传播形式和渠道丰富多样，要注重高质量的发行。对于已经在影院发行过的"下线"影片，电影宣传方可以选择在各个主要的海外视频网站发行高清晰度的影片，甚至多语言版本的影片，拓宽海外观众的观影渠道，并且逐渐让海外受众了解、接受中国电影，从而促进中国电影甚至中国文化在海外的传播。

第四，中华文化电影"走出去"目前采取的主要策略仍然是通过各种传播渠道平台进行"以我为主"的推广，基本思路是跨越文化之间的界限，实现广泛传播与落地。尽管与时俱进地运用了先进的数字化手段和传播平台，但是，传统媒体时代的思维方式仍然禁锢着实践的步伐。应当尝试与当地文化杂糅、融合、对话、互动，使中华文化更具有亲切感、贴近性和感染力，甚至可以创造性地转变中华文化的样貌和形态，将其精神内核融入当地文化，制作当地人喜闻乐见的电影产品，在与世界的对话和互动中构建新型跨文化影视交往关系。

四、结语

在当今互联网化、经济全球化、万物互联互通的语境下，需要中国电影从业者保持不断探索，找出适合外国网络观众接受的中国本土文化理念、价值取向和艺术表现形式，克服"文化折扣""文化限制"对中国电影国际网络传播的影响，摸索出适合跨文化交流的文化样式和价值准则。

作者祁雪晶系北京师范大学新闻传播学院助理研究员，作者黄昕亚系北京师范大学艺术与传媒学院博士生

"三极文化对话"

主持人：

向云驹，北京师范大学京师特聘教授

对话嘉宾：

[美]安乐哲，国际儒学联合会副主席、北京大学博古睿讲席教授

苏浩，外交学院教授、战略与和平研究中心主任

刘欣路，北京外国语大学教授、阿拉伯学院院长

周雯，北京师范大学教授

主持人：下面我们开始"三极文化对话"。有请安乐哲教授、苏浩教授、刘欣路教授、周雯教授上台参加对话。先请安教授谈一谈对本次论坛的感受。

安乐哲：十余年前，黄会林先生提出"第三极文化"命题，这一想法受到国内外的关注与讨论。我们需要用有效方法来打造一个共享体系。今天，我们齐聚一堂正是为了来寻找、讨论这一方法。环顾全球文化，王雪莲老师和王甫老师的报告中提到我们现在的情况是只有欧美一极，如果没有中央电视台，我们可能对阿富汗等国家的消息一无所知。苏浩老师则谈到东西方思维的重要区别：西方是本体论的思维方法，追问我们是谁；而在东方看来，一个人是一个故事、一本书。我个人

在此次会议上进一步了解了全球文化的现状与文化传播交流中最基本的要素，这为加深彼此认识、打造共生体系奠定了基础。

主持人：谢谢安老师。安老师参加过多次对话，每次都会对"第三极文化"抛出一些新的理解、提出一些新的问题。黄先生提出的"第三极文化"，将中国文化比作类似珠穆朗玛峰的"第三极"，有高度，同时也讲究攀登路径与方法。中国文化与中华文明体量庞大、历史悠久，"第三极文化"的真正崛起，意味着一个新的时代的到来，这也和苏老师今天谈到的"第二次文艺复兴"有很多相似之处，请您接着谈谈看法。

苏浩：非常感谢黄先生，让我有机会回到母校，我是北京师范大学历史系毕业的。此次有机会回到母校分享我的观点，非常高兴。我今天在发言中谈到"文明政治"的概念。在我看来，现在在国际关系的处理过程中太强调政治了，政治家是客观存在的，但是如果把文明、文化全部政治化，这是一个问题。政治只是人类社会中的一部分，如果把政治涵盖全体，将有可能引发冲突与矛盾。我想我们需要在基于文化基础之上的大文明概念来建构国家之间的关系，因而提出了"文明政治"的概念。谈到文明的多样性，东西方的差异之一就包括，西方文化特别强调我是谁，重视人与人之间的差异，但东方人重视的是我们从哪里来又要到哪里去，是把整个人类看作一个综合的整体。近代以来，西方文明通过第一次文艺复兴，在某种程度上实现了对工业文明的重构。实际上，这对推动人类文明进步而言是一件好事。这是西方对人类文明做出的贡献。

经过五百年的发展，当下人类文明遇到了一个瓶颈。今天的西方文明，尤其是各种政治化行为导致西方文明框架之下所建构的世界政治出现了很大的问题。在强权政治和意识形态政治的纠缠下，矛盾、问题丛生。如果按照传统政治方式解决的话，似乎无解。所以我提出需要超越这种传统政治方式，也就是以西方工业文明所建构的强权政治和意识形态政治体系来建构一种新的政治形态，叫作文明政治形态。有一种说法讲"世界是平的"，在我看来，这个认识是有局限的——世界不是平的，世界是立体的。文明政治正是基于立体世界建构的新的文明形态。西方第一次文艺复兴所建构的"世界是平的"说法是有问题的，因为它的前提是基于西方的价值体系来建构一个西方主导的世界。直到今天，美国也认为"民主"这个词要涵盖全世界，民主、自由都是好的，但只有它们是不够的，将其政治化更是错误、片面的。

我们要超越"世界是平的"这一说法，文化则要回归它的本源。过去中华文明的传承问题在于，中华优秀传统文化中的有些部分已丢失、破碎，现在我们需要回归本源，将其复原。但这还不够，我们还需要用文艺复兴的方式将其升华，这也是我提出的第二次文艺复兴的内涵。中华文明有着非常深厚的、有价值的对未来文明指引性，比如道法自然、天人合一等也是我们今天追求生态文明、绿色文明的原始逻辑。"第二次文艺复兴"将为人类未来指明方向，中华文明将发挥框架性的引领作用。

刘欣路：我想谈些微观问题，比如原来讲中国文化"走出去"，我们更多关心的是说服美国接受我们的观点，也只有这样才意味着真正的成功。实际上，对于中国文化"走出去"，我们有时候也要走"农村包围城市"的道路。因为广大发展中国家在国际政治、经济、文化方面发挥着重要作用。

阿拉伯思想家们不断反思这十年发生了什么，过去几十年发生了什么。1798年，拿破仑打开了埃及大门，阿拉伯世界被迫向西方开放。在这个过程当中，他们有很长时间虚心做西方的学生，希望能够跟西方构建一种文明对话的关系，借助西方文明发展实现自己的文明复兴。事实证明，他们曾经学过法国、美国、俄罗斯等许多国家，但结果非但没有复兴，反而越来越被边缘化。现在，阿拉伯世界终于开始反思一个问题，作为东方社会，到底如何处理自己同西方的关系。阿拉伯学者认为，200余年来他们处于盲目模仿阶段，任何一个"主义"，他们不考虑自身实际情况就拿来模仿。现在，我们看到阿拉伯人开始把目光转向东方，当下进行的转向过程同20世纪是不一样的，那时候，阿拉伯人是跟你做生意，不谈政治、文化、思想等，而现在他们通过中国的迅速发展可以料想，这当中一定有奥秘可学，所以我们现在有非常好的对话基础。

我们对广大发展中国家还不甚了解。我们对阿拉伯世界的了解非常不足。我们总是想给他们介绍我们的伟大思想，但是只讲这些是远远不够的。我们在孔子学院立孔子像，他们并不知道他是谁。我们发现，伊斯兰教的中道思想和儒家的中庸思想有很多共通之处，这将有利于双方对话交流。中国文化想要"走出去"，对他国文化的深层次研究必不可少。阿拉伯语是联合国六种工作语言之一。中国文化在"走出去"过程中，翻译质量与数量情况都比较堪忧，在没有做好翻译准备的情况下盲目"走出去"，我认为会起到相反效果，这样的例子不胜枚举。

主持人：中国文化"走出去"的方法、路径尚有很多空白等待我们探寻弥补。

周雯：我说点更微观的，2021 年是中国文化国际传播研究院第十二届年会，十二年前黄先生成立研究院，后来提出"第三极文化"的底层逻辑便是希望让世界了解中国，希望让世界了解除西方文化外，还有一种非常优美、典雅的东方文化和中国文化。2009 年我去美国访学的时候，当时我们的第五代电影备受赞誉与瞩目。然而残酷的是，我在南加州大学访学期间，觉得他们并没有将中国电影纳入他们的考量范围内，这就是当时的形势。今天，我们希望世界了解中国，我想整个态势同 12 年前有了翻天覆地的变化。

如果说，彼时黄会林先生力图推广中国文化的品牌，那我们现在要做的是什么呢？我想，我们要打造这张名片的美誉度。今天的中国人跟 12 年前不同了，我相信任何一个开放的、充满自信的中国人，当他进行国际交往的时候，这个人都是一张中国名片。而当我们对中国文化进行对外传播时，更多的是要专注于美誉传播，此前相对盲目的量的传播已经失效了。当你需要传播美誉度时，打造文艺精品是必然的。看到 2021 年的论坛主题，我深有感触，"路径与方法"这几个字很到位，这也是我们现在要探讨的最核心的问题，也许之前不重要，但现在真的很有必要。今天，刘江凯老师在分论坛的发言让我深受启发，他谈的是人文艺术类国际传播的教育路径。

其实大家可以思考，为什么"看中国"项目能够成功？其成功跟黄先生一直以来对中国文化国际传播的学术研究、对国外传播现状的量化和质化研究息息相关。"看中国"看起来是一个单一项目，事实上只有一套整体的组合拳，才能打出"看中国"这样的漂亮仗，也才能使得"第三极文化"深入人心。以前我们会觉得，任何人都可以做国际传播，可是当我们专注于出精品时，才发现国际传播人才必须置于学科建构与高端人才培养的基础上去论证。今天刘江凯老师谈的正是这件事。我一直觉得，黄会林先生走在我们前面，站在一个非常高的高度，能够极为冷静地分析我们现在缺什么、又需要去做什么。今天，我们更多的是对需要传播什么样的内容的探讨，但对于产品而言，不只是有内容这一个方面，我们还需要思考产品如何以科学的方法去构建并传播出去，这个时候，我们既需要科学，也需要学科。

主持人：感谢周老师。十几年来她一直观察论坛全过程。在中国文化国际传播研究院成立 12 年的时间节点上，她分析了中国文化对外传播情况的历时性变化，并分享了其对年度主题设计的独特感受。也感谢四位老师刚才的精彩发言，他们从不同角度，深化了对2021 年国际论坛年度主题的认识，也深化了黄先生十余年前提出的"第三极文化"重要理论。"第三极文化"不仅是中国文化国际传播的一个重要理论，而且是我们论坛延续的核心主题、指导思想、理论依据。当然，一个大的话题、理论一定有很多生长性和未知性，所以我们的讨论还将继续深入。也希望下一年度类似的讨论，能够不断触碰一些更新、更复杂、也更具挑战性的话题。感谢四位老师，"三极文化对话"到此结束。

文字整理：许莹

旧邦新命　古道新程

——"路径与方法：提升中华文化影响力"国际论坛综述

许莹　郭欣炜

中华文化源远流长。中华文化不仅生动述说着过去，而且深刻影响着当下与未来；不仅是国家凝聚力的载体，而且是国家软实力的表现。旧邦新命，古道新程，植根于中国特色、中国精神、中国智慧的中华文化，如何在百年未有之大变局的时代背景下焕发出新的生命，开启向世界展示真实、立体、全面的中国的新征程？11 月 26 日，由北京师范大学中国文化国际传播研究院、北京师范大学会林文化基金、《中国文化国际传播》(ICCC)杂志社共同主办的中国文化国际传播研究院第十二届年会暨"路径与方法：提升中华文化影响力"国际论坛上，来自中国、美国、英国、法国、德国、奥地利、丹麦、西班牙等海内外的六十余位专家学者采用线上结合线下的方式，共同为中华文化影响力的提升献计献策、把脉开方。论坛分为开幕式、大会论坛、五大平行论坛、平行论坛学术汇报、第三极文化对话、闭幕式六部分，其中五大平行论坛分别围绕中国电影文化的国际化路径、中华文化与美学的国际传播、艺术新媒体的国际触达、新主旋律短片的国际影响力与中国电影出海的新路径与新方法等议题展开讨论。北京师范大学副校长周作宇在开幕式致辞中表示，中国文化国际传播研究院成立 12 年以来，开展了"看、问、研、刊、创、会"六大品牌活动，以前瞻性的理论探索和务实的实践行动，与时代脉搏同频共振。2021 年 5 月，"看中国·外国青年影像计划"十周年图片展在国务院新闻办公室新闻发布厅顺利展出。该项目同时被中宣部、教育部发文在全国高校进行示范推广。研究院阐释中国理论、讲述中国故事、传播中国声音、展示中国形象、推动中华文化与世界文明的交流互鉴，取得了一系列令人瞩目的成绩，是北京师范大学国际传播学术研究和实践探索的中坚力量。

一、凝聚中国伟大精神，寻找中西文化纽带

习近平总书记在中央政治局第三十次集体学习时指出，要围绕中国精神、中国价值、中国力量，从政治、经济、文化、社会、生态文明等多个视角进行深入研究，为开展国际传播工作提供学理支撑。为深入学习习近平总书记对于开展国际传播工作的指示，北京师范大学资深教授、中国文化国际传播研究院院长黄会林立足当下、展望未来，阐释了"三种精神"对全面提升中国文化国际传播效能的启示意义。第一，抗疫精神彰显中国文化国际传播内涵。伟大的抗疫精神同"第三极文化"基因一脉相承，"第三极文化"容纳了自觉的家国情怀与精神担当：古有"先天下之忧而忧，后天下之乐而乐"的仁人志士，今有疫情肆虐时无怨无悔的最美逆行者；古有"民为邦本，本固邦宁""民胞物与"等文化理念，今有人民至上、生命至上的价值取向；古有伦理本位、差序格局，今有集体主义、举国同心……上述种种都表明，"第三极文化"基因不仅浸润着浓厚的中国优秀传统文化，而且在今天被赋予了新的时代价值，它不仅在我国抗击疫情中起到了积极作用，而且为全球抗击疫情贡献着中国智慧与力量。第二，探索精神更新中国文化国际传播语汇。文学领域，网络文学已成为中国文化对外交流的重要名片；影视领域，以连接终端、虚拟分身形式进入虚拟空间的元宇宙概念引发全行业关注；

绘画、音乐等领域，NFT 本身革新的概念及独特性带来机遇的同时，也带来风险与挑战。它们中，有的或许是尚不成熟的资本炒作概念，有的或许是并非危言耸听的现实寓言，这需要我们以探索精神予以及时关注、冷静思辨，最终找到中国价值观念与世界联系的最优表达方式。第三，奥运精神烛照中国文化国际传播愿景。一方面，我们应基于这种"相互了解、友谊、团结和公平竞争"的奥林匹克精神，努力构建基于情感共鸣的合意空间，进一步提炼归纳出既体现东方文化智慧，又易为世界所接受和认同的思想内涵，将共同性的深层价值心理植入我们的文艺作品中去；另一方面，我们相信，2022 年北京冬奥会期间他者视角的引入将为中国文化国际传播带来更多惊喜。导演胡雪桦认为，不同文化之间的确存在一定的差异、距离，要让别人了解我们的文化，首先需要我们对自身文化与精神有一个准确认知。精神是可以穿越国界的，我们也理应在故事的内涵考量上抓住精神实质。

在中西文化交汇处，是否有一条紧密联系双方的纽带？2020 年度中国政府友谊奖获得者、国际儒学联合会副主席、北京大学博古睿讲席教授安乐哲认为，家庭是最古老且无处不在的组织。大部分人都将家庭看作自身价值观的重要组成部分。而且由于每个人都有一个家，因而便有了一个共同基础。在安乐哲看来，中国传统文化中的孝、家本位等思想，恰与迈克尔·沃尔泽想要实现一种最低的共同道德纲领的观点相契合。法国国立东方语言文化学院教授、法国国民教育部原汉语总督学白乐桑梳理了若干位中法文明对话进程中的调解者(白乐桑认为调解，一方面，包括中立的第三方的介入，对当事双方或至少一方晓之以理、动之以情，从而破解僵局、化解冲突、消除误会，促成理解并重新建立关系；另一方面，也包括从受众出发的接受与理解)，例如，17 世纪末，年轻的沈福宗在凡尔赛宫拜见了路易十四，并与之有一个跨文化交流；再如天主教徒黄嘉略曾与孟德斯鸠进行了几次对话，黄嘉略与孟德斯鸠谈到了中国人的性格和信仰，介绍了中国历史、宗教、哲学、文学和司法科举制度。事实上，受黄嘉略影响的绝不止孟德斯鸠一人，法国大革命前夕一些著名思想家也深受其影响。北京师范大学教授大卫·巴拓识建议，围绕特定主题建立一个真正可以充分讨论的"语境群"，这一"语境群"既是国际化的，也是跨学科的，所有参与者都可以在这一"语境群"中产生思维火花的碰撞与交流。外交学院教授、战略与和平研究中心主任苏浩提出了"文明政治"的概念。苏浩认为，西方重视个人主义，东方重视社会集体，两者的聚合才是人类的共同价值。我们需要聚合全球政治，首先，基于国家的治理；其次，再走向不同文明区域的治理；最后，在区域之间进行横向的区域间合作，形成全球治理。中国电影评论学会会长、中国电影家协会原秘书长饶曙光阐释了其共同体美学主张的核心要义，便是基于我者思维的他者思维。"我们的思维方式、价值理念自然而然就会在情节铺陈和人物塑造过程中体现出来。但也应当看到，如果我们过度强调特色，势必会减少共通性，传播空间也会随之缩小。"在饶曙光看来，共同体美学应具有开放、包容、共享等特质，最终达到费孝通先生所说的"各美其美，美人之美；美美与共，天下大同"。

二、用心讲好中国故事，努力提升讲述能力

言而无文，行之不远。面对拥有不同文化背景的受众，如何让中国故事在全世界人民的心中生根发芽？掌握"文"之规律，不断提升讲述中国故事的能力已成为中国文化对外传播过程中亟待解决的问题。北京电影学院党委副书记、副校长胡智锋在发言中强调了寻找共同感知、寻找共同情感、寻找共同价值对于讲好中国故事的重要意义。胡智锋认为，共同感知是最表层的，例如，纪录片《舌尖上的中国》打开了中国纪录片在西方市场的广袤空间，便是通过中西共同感知的饮食文化开启了不同文化持有者的"味蕾"；共同情感是文化交流传播过程中极为重要的内容，例如，由华人导演孙书云执导的纪录片《西藏一年》于 2008 年在 BBC 一年内三度播出，之后相继在四十多个国家和地区播出，《西藏一年》没有政治化的强硬说教，

而是通过真实的生活内容表达出人们的朴实情感；共同价值是最高层次的深度理性建构，例如，电影《卧虎藏龙》把中华传统文化中的侠义精神通过电影的形式在全世界传播开来。浙江传媒学院教授、电视艺术学院院长倪祥保同样提到了纪录片《西藏一年》，他坦言：该片在国际传播方面有着"现象级"非同凡响的效果。该片主创团队由多方组建，拍摄主导权主要由外方人员掌控，得益于这种创作方式，欧美国家的观众更容易接受纪录片的思想内涵。北京师范大学教授田卉群具体以央华版《雷雨》为例，认为其不失为经典中国故事在中外双方主创共同努力下，通过解码与再编码使之成为一部具有全球受众基础的舞台呈现的经典案例。在她看来，经典故事《雷雨》中有大量巧合与强烈的阶级冲突，但央华版《雷雨》将这一工巧故事击碎了，就像置景被敞开，有更多的光打进来一样，尽管央华版《雷雨》里也有阶级因素、人性弱点，但这些都不是决定性的。"真正具有决定性的是没有人对抗得了命运。"

特别值得一提的是，在今年"看中国·上海行"项目中，由北京师范大学中国文化国际传播研究院、中国对外书刊发行中心（国际传播发展中心）、上海大学上海温哥华电影学院、上海大学新闻传播学院、深圳雅文教育文化传媒有限公司共同推出，土库曼斯坦青年克丽丝创作完成的动画短片《新中国之歌》一经推出，引发广泛热议。短片讲述了一段连中国人自己都鲜少了解的历史，别出心裁地采用定格动画的方式，不仅回顾了《义勇军进行曲》诞生的过程，而且讲述了这首不寻常的歌曲从中国走向世界的生动故事。在爱国人士刘良模等人的努力下，《义勇军进行曲》曾在世界各地传播。1940 年，在美国一场露天音乐会上，美国黑人和工会争取权利的政治活动家、歌手保罗·罗宾逊用字正腔圆的汉语演唱了《义勇军进行曲》，而这段珍贵的视频资料也出现在了短片《新中国之歌》中。短片不仅在紫光阁、共青团中央、《人民日报》、《光明日报》、央视频等国内上百家主流媒体、新媒体平台发出，而且登上微博热搜，阅读讨论量近7000 万次。美联社、《每日先驱报》等海外媒体也对短片进行了报道。深圳雅文教育文化传媒有限公司总经理王政介绍，《新中国之歌》国内外全网浏览量达到了 1.6 亿次，为刚刚过去的国庆营造了良好的舆论氛围。

上海温哥华电影学院执行院长蒋为民从主题先行、留学生他者视角、叙事形式的趣味创新、短视频年轻态传播四个维度分享了作品之所以成为"爆款"的重要经验。在蒋为民看来，外国青年导演第一次用影像记录中国故事本身就是一个动人的故事片题材，他们在体验过程中加深了对中国的了解，在和被拍摄对象沟通的过程中达成情感共鸣，这一过程本身便体现了经济全球化发展与人类命运共同体的题中应有之义。中共中央宣传部对外推广局影视处孙海东处长表示，《新中国之歌》作为一个跨文化传播作品，故事新鲜、思路清晰，解说词也比较干净清楚，同时在推广过程中实现了内外联动，不仅国内的热度可以外溢，而且国外的热度又可以回流。通过内外叠加互促的方式，短片推广的效能被进一步放大。《新中国之歌》指导老师，西班牙籍资深制片人奥黛谈到，短片《新中国之歌》使用了定格动画，这种方式使得其更有趣。短片浓缩了中华民族精神，同时尝试把它与西方文化联系起来，使其更容易理解。北京师范大学副教授姜申认为短片充分发挥了视频符号的差异性，将当代日常叙事和历史视听观感做了较好结合。北京师范大学副教授何威认为，短片为中国文化国际传播总结出一条由共鸣、共情到理解的可行路径。

三、中国影视造船出海，构建开放话语体系

从合拍式的"借船出海"到自主拍摄"造船出海"，越来越多的中国影视作品被世界人民所认可。上海大学教授陈犀禾谈道，中国电影的海外传播主要有两个渠道：一是参加国际电影节；二是通过各种商业途径打入海外商业市场。改革开放四十多年来，中国电影走出去成绩显著。但同时也有一种倾向，即对于票房数字的过度迷信。"中国电影走出去不只是中国产品走出去，更要实现中国文化、中国

精神走出去。从这一点看，中国电影的海外传播想要实现从量的粗放型发展到质、量的共同提升，还有较长一段路要走。"中国传媒大学教授张国涛在价值表达、题材类型、内容呈现、鲜活形象、技术赋能五个方面，讨论了当前电视艺术从"主旋律"到"新主流"的年轻态创新表达。张国涛认为，我们需要的宣传是"墙内开花，墙外也香"的模式。也就是说，作品要获得国内观众与国外观众的两方面认可。导演谢飞认为，电影出海的重要组成部分还包括体现中华文化的经典影视作品，如《马路天使》《神女》《城南旧事》《老井》等，它们历经时间的考验而不衰。如果这些作品经过数字化修复，能够进入国外市场，特别是进入教育界和学术界，这将为中国文化对外交流带来更多机遇。

中国影视携中国文化、中国精神出海，离不开中国电影美学根基的探寻与开放话语体系的建构。北京大学教授、艺术学院副院长李道新从"源代码"角度谈到中国电影的文化传播问题。齐林斯基在《媒体考古学》的序言中曾鼓励主张各个国家拥有不同媒体历史和现状的学者们努力去寻找各自历史与文化的"源代码"。受此启发，李道新借助"源代码"的概念，从媒介考古学、电影考古学的角度，从新电影学的目标出发，进入电影的物质装置、文化形式和审美心理层面开展更加深入的研究，以促进各个国家之间电影文化的传播与交流。李道新认为，在中国电影史的研究层面，"源代码"可以通过数据库建设、数据整理分析研究获取，如功夫、气、太极这样一些概念本身，就是中国电影的"源代码"。李道新主张通过对中国电影"源代码"的深入探讨以及反复不断解码再解码，以寻找中国电影的美学根基。与这一主张相对应，北京师范大学博士后王艳希望将中国传统美学的核心范畴直接纳入电影本体研究范式当中，避免用其他艺术命题指代电影命题。王艳以写意为例谈道，写意起源于中国传统美学绘画概念，我们应通过归纳、演绎、重新生成具有东方内涵的写意美学，使其成为指导诸如写意电影、写意雕塑、写意戏剧等具体艺术门类的美学思想。就写意电影的定位与功能而言，写意电影将在探索中国电影新主题、打造共同的民族形象等维度为中国电影出海助力。

业界一线人员对现阶段中国电影出海现实困境的感受颇深，联瑞影业总裁助理张铠铠坦言，中国电影内容本身滞后于中国电影产业基础设施建设，他将之形象地比喻为"就像高速公路已经铺好了，路上并没有多少车在跑"。和观映像创始人白凌雁感到中国电影在外发行还比较有限。海外发行最根本还是要看影片质量，现阶段还缺乏引发西方观众产生共情的高质量作品。在青年导演敬然看来，一部影视作品要想真正达到中西方文化交流的成效，离不开整个电影工业流程对它的支持。

如何进一步加强中国影视出海？与会专家学者给出了自己的建议。北京电影学院教授侯光明强调，需要从以下五方面入手：一是提升家庭伦理、武侠动作等特色电影类型质量；二是寻找电影表达的好题材；三是探寻共同价值，讲好人类命运共同体理念；四是加强顶层设计和研究布局，探索实施多层次的中国电影国际传播战略；五是坚持系统观念，在技术、商业、工业等多方面进行良性互动，推进中国电影文化的传承发展。中国艺术研究院副研究员雍文昂表示，艺术批评同样是艺术领域的重要一环，只有在比较中才能判断这件艺术品到底处于怎样的位置、有怎样的创新价值。例如，科幻电影具有其专属的审美特质，我们便将其置于国际视野中，给予它更多的对话交流空间。为更好推动中国电影出海，移动电影院创始人兼总裁高群耀在三年半以前成立了移动电影院 Smart Cinema，作为中国电影放映新模式的试点，它打破了好莱坞的发行垄断机制，直接"一键出海"，通过 AWS 到移动端，并通过和中国侨联的合作，推进中国电影文化的广泛传播。

四、优化外部舆论环境，培养文化传播人才

近年来，我国综合国力和国际地位与日俱升，中国需要了解世界，世界同样需要了解中国，营造有利的外部舆论环境至关重要。

外文出版社英籍高级改稿专家，《习近平谈治国理政》第一卷、第二卷、第三卷英文版改稿人，2021 年度中国政府友谊奖获得者，法兰西艺术院通讯院士大卫·弗格森最早在中国是以记者、编辑的身份展开工作的，他以高度的新闻敏感性指出，一些不良西方媒体不断通过重复的谎言企图抹杀真相、颠倒是非黑白，中国要用英文同他们争论而非中文，这给中国在媒介舆论场上的博弈增加了难度。中国传媒大学教授、教育部"长江学者"特聘教授、《现代传播》主编隋岩用群体传播的互文性中的底本、述本、文本等概念，从另一个侧面解释了我们所面对的社交媒体中极其复杂的现象。他认为，每个人都是传播主体，对其认为的事实和观点进行表述，这是第一个概念的演变。跟帖、回帖、评论、转发等形成了无数的述本，然后其他述本又会在无数个述本的基础上以其为依据和底本，再建立起一个新的述本。在这一强大的文本集合体中，不同述本间形成互文性，过度阐释、无限演绎等行为就会使事件变得极其复杂。中国传媒大学教授、中央电视台研究室原主任王甫谈道，我们的新闻传播能力要同综合国力一样走在世界前列，打造有速度、有深度、有温度的国际传播新品牌。"要想赢得国际传播的话语权，就要到现场去、到一线去，有了话筒权才有话语权。"中国外文局煦方国际传媒（原融媒体中心）常务副总经理王新玲进一步谈道，中国文化对外传播不仅要贴近中国发展的实际，而且要贴近海外受众对中国信息的需求。"外国人的需求在发生变化，尤其是来自发展中国家的年轻人，他们非常有责任感、使命感，他们想看看中国是怎么富裕起来的，他们想把学到的东西带回自己的家乡。"

在改革开放不断深化的新形势下，中国文化对外传播人才的培养工作提上日程。现阶段，高校与研究机构仍旧是中国文化对外传播人才培养的主体。北京师范大学副教授刘江凯建议，一是改变现在单一学科分散的传统型涉外研究与教学。国际文化传播本身具有非常强的跨界特征，我们应当用分类加融合、交叉学科、跨界协同的模式去探索全新方案；二是多渠道拓宽和完善国际传播协同机制，构建打通基础科研、专业教学、现实问题和行业实践高端的复合型育人体系；三是鼓励并资助高校机构团队人员创办专业机构联盟，包括实践项目，如"看中国"项目，总的方向是契合教育部提出的新文科发展的真正内涵。

五、技术赋新国际触达，大力拓宽传播渠道

媒体格局日新月异，在中国文化国际传播过程中，主动把握多种新兴媒体手段，才能在传播渠道的拓宽过程中掌握先机。北京外国语大学阿拉伯学院院长刘欣路认为，融媒体时代为中国文化在阿拉伯国家的传播提供了"弯道超车"乃至"换道超车"的契机，具体传播过程中应注意以下三点。第一，用户洞察，分众传播。"我们必须把握自己的受众目标，深入洞悉他们的信息需求、媒体接受习惯，这离不开扎实的受众研究工作。"第二，内容为王，对接需求。刘欣路以在约旦举办的一次中国影展为例谈道，他们最不喜欢功夫片。因为中东地区战乱不断，相较于充斥暴力的功夫片，他们更想看那些令人感到轻松的喜剧片、爱情片。第三，技术创新，精准传播。新媒体、社交媒体带来的是全新环境，我们要跳出传统思维方式，拥抱新技术。不能只做平台整合，要运用大数据云计算技术，从性别、年龄、国籍、民族、教育程度、文化偏好、信仰等维度，对受众进行详细的归类和分析，进而进行个性化的内容推送，实现传播的差异化、精准化，提升传播的有效性，爱奇艺在这方面有很好的经验。刘欣路谈道："大数据和数据大不是一回事，我们往往有时候陷入数据大，掌握了很多数据却不能做精准推送。融媒体时代，我们更要强调互联网思维的运用，从而取得更好的中国文化传播效果。"在香港中文大学教授冯应谦看来，除文化内容外，数字平台、软件还可成为海外传播的重要把手。他以 TikTok 为例谈道，该平台带来了全球新一代的文化，它的成功显然并非通过内容创新，而在于赋予数字科技使用的创新、创意。北京师范大学教授周雯从技术角度分析了影像内容的传播趋势，她认为现在的影像世界已经超出

了人类肉眼分辨率，单纯依靠视听感受已越来越无法满足观众。未来，影像内容的核心在于交互体验。华为技术有限公司产业发展副总裁燕兴在发言中谈到分辨率提升、HDR 技术、下一代沉浸式音频技术等，这几项技术将为音视频体验带来革命性的提升。北京师范大学新闻与传播学院教师祁雪晶与北京师范大学艺术与传媒学院博士生黄昕亚在发言中进一步强调了拓宽电影海外网络传播渠道，实现多渠道发行的重要意义。中国传媒大学教授赵晖认为，我们的短视频产品如果想在国外市场得到很好的回馈或者有效传播，国际网红的打造和国际网络达人的打造是非常重要的一环。在这一进程中不容忽视的是原型心理学的集体认同。例如，在西方语境下，像李子柒这样的网络达人代表的中国风，达到了东西方文化的一种建构效果，她既满足了西方世界对于中国的好奇，又建构了一个文化离散圈层，网络达人正在成为中国文化特殊的使者，所有的创作都是为了实现人类的共情，而人类的共情最终将上升到对人类共同价值的认同。

除新媒体外，也有专家注意到游戏作为 21 世纪强大文化传播媒介的重要作用。哥本哈根信息技术大学、北京师范大学教授艾斯本·阿尔萨斯教授表示，游戏一直是文化不可分割的一部分，用于政治、国家建设、教育培训、社交娱乐等。游戏可以为人们提供认识和理解世界的方式，我们应为游戏设计、游戏批评和游戏分析营造良好环境，从而创造更多合理利用游戏传播推广本国文化的机会与可能。

技术是把双刃剑，也有专家学者表现出对技术高速发展下，关于对外文化交流思维转换等方面的焦虑。吉林大学教授、文学院副院长孔朝蓬重点谈到了在技术赋权和数字化生存背景下，影视艺术话语研究知识体系创新问题。影视媒介话语是信息时代用来构建社会关系的一个载体。传统的影视话语往往注重媒介本体特质的讨论，在这样一个技术赋权、数字化生存环境下，传统的影视话语有意无意地切断了人和人、人和生命之间真实的对话。所以，在数字人文背景下，也触发了影视研究在思维转换、方式转换方面的焦虑。她认为，人类命运共同体意识强调对人的主体意识的尊重，而这才是数字时代提升人类审美的重要价值基础。

六、有效传播高能表达，文化侧写贡献中国智慧

构建战略传播体系，是有效传播中国声音的基础。山东大学教授、舆论研究中心执行主任戴元初认为，中国特色战略传播体系建构要基于中国优秀传统文化中的天下观、和合观、和谐观，以及开放、包容、共享等精神。复旦大学教授、国家文化创新研究中心主任孟建指出，跨文化传播主要是指各种文化要素在跨国界、跨政体、跨语言中实现的传播。现阶段，跨文化传播还缺乏多元共生的文化理念、双向交流的平等模式、国际话语体系的表达方式以及精准有效的媒体方略。对于跨文化传播体系的建构，孟建从以下七个方面谈道：要确立我国跨文化传播议题的主体性、要建构我国跨文化传播议题的整体框架、要创设我国跨文化传播议题的叙事技巧、要搭建跨文化传播的全媒体矩阵、要设计跨文化传播的立体管道、要实现跨文化传播的有效性、要注重跨文化传播的国际合作。辽宁大学、马可·穆勒电影艺术研究院院长庚钟银强调了创意传播观念介入的重要意义，他认为传播者、传播渠道、传播内容等要素都需要好的创意支持。

具体到音乐文化的传播交流，北京师范大学（珠海）讲师彭蓓认为，从音乐史的发展历程来看，今天世界上能够留存下来的音乐文化，都不是在封闭隔绝的文化空间中发展起来的，音乐本身正是文化交流的举证。但音乐的国际化并不一定就代表音乐的多样性，在殖民主义盛行时期，音乐文化作为一些欧洲殖民国家的文化武器，随着殖民主义的扩张，呈现出了全球音乐文化单极化的趋势，比如，大范围修建以欧洲传统歌剧院、音乐厅为标准的公共音乐场所。西方古典音乐上下三百年，只是人类音乐长河中很短的一瞬，并没有能力代表人类音乐文化的全部。我们需要让更多不同文化背景的人

来演绎中国的音乐，从而确定它在世界音乐文化版图上的坐标。

以文载道、以文传声、以文化人，中国文化不同侧写所折射出的中国智慧，正在文化交流传播中发挥着更大作用。全国政协常委、中国作家协会副主席白庚胜认为，建筑与服饰是中国形象的两种文化符号。但是相较于不会移动的建筑而言，服饰是可以随着人的流动而流动的，而由服饰所携带的文化，也因之得以流动。白庚胜建议，在今天对外文化交流过程中，我们既要学会尊重别国服装、鼓励国内文化多元呈现，同时也要保护并发扬好中国的服饰语言与服饰文化。北京师范大学教授、艺术治疗研究中心主任奥地利籍专家沃尔夫冈·马斯特纳克谈道，创建一个具有中国文化特色的艺术治疗学派是当前首要任务。虽然西方的音乐社会学把社区音乐教育看作一门创新学科，但是公园音乐、广场舞等都属于中国的生动实践，我们需要挖掘其改善健康的潜力，例如，预防阿尔茨海默病、缓解帕金森病症状等，可以通过先进的科学路径挖掘中国传统艺术治疗功效，帮助改善世界卫生现状并提升中国文化影响力。

在"三极文化对话"中，安乐哲、苏浩、刘欣路与周雯从宏观的文化共生体系，到"文明复兴"的问题，再到与发展中国家建立联系的文化传播交流路径，以及更微观的人文艺术培养的路径四方面展开对话。最后，本次论坛以"看中国·外国青年影像计划"移动电影院国际展映启动仪式的成功举办宣告落幕。

会议主持人、北京师范大学京师特聘教授、中国文化国际传播研究院执行院长向云驹总结发言时指出，整场论坛结合国内发展和国际环境，深入探讨了提升中华文化影响力的多种途径，既开放自信又谦逊谦和，为塑造可信、可爱、可敬的中国形象再添一把火。

作者许莹系北京师范大学艺术与传媒学院博士生，《文艺报》艺术评论部编辑；作者郭欣炜系北京师范大学艺术与传媒学院博士生

后 记

2021 年由于正值中国共产党成立 100 周年，使它成为当代中国历史的一个重要时间节点。这一年也是北京师范大学中国文化国际传播研究院具有里程碑意义的一年。

2021 年 5 月 31 日，习近平总书记在主持十九届中央政治局第三十次集体学习时强调，讲好中国故事，传播好中国声音，展示真实、立体、全面的中国，是加强我国国际传播能力建设的重要任务。"要更好推动中华文化走出去，以文载道、以文传声、以文化人，向世界阐释推介更多具有中国特色、体现中国精神、蕴藏中国智慧的优秀文化。"以黄会林先生为院长的中国文化国际传播研究院自成立以来就致力于在理论与实践上探索中国走出去。本辑"第三极文化论丛"就集中反映了研究院 2021 年的重要实践与收获。主要包括以下三个方面。

一是国家社科基金重大项目"中国文化国际影响力的生成研究"的年度性主题呈现。2017 年始的"第三极文化论丛"确定了围绕这一重大项目开展系列性年度主题国际学术研讨。2017 年是"当代中国文化国际影响力的生成"论坛，2018 年是"当代与传统：中国文化国际影响力的生成"论坛，2019 年是"中国与世界：当代中国文化国际影响力的提升"论坛，2020 年是"在世界之中：中华文化的主体性"论坛，2021 年是"路径与方法：提升中华文化影响力"论坛。伴随着国家社科基金重大项目的学术研究推进和学术成果结项，本书反映了此一国家社科基金重大项目的学术深度和广度。

二是对 2021 年"看中国·外国青年影像计划"突出成果和优秀作品的学术总结。2021 年的"看中国"具有独特的"时间"意义，"看中国·上海行"在这座红色城市、开放城市、国歌诞生城市，进行了主题的深度挖掘，创作出了《新中国之歌》。因其外国青年的独特视角、中国国歌在反法西斯战争期间海外传播的独特影像史料的发掘，迅速在网络和新媒体传播中成为年度"爆款"。这是"看中国"实施以来首个可以称为"现象级作品"的作品。作为一个国际传播的经典案例，它在"路径与方法"上的特点、做法、经验，无疑值得认真研究、总结和推广。本书反映了这一传播事件的过程及其传播理念的创新。

三是本书中的论文对中国文化国际传播问题进行了涉及多个领域、多种范畴、多样路径的理论研究，文化、美学、电影、艺术、新媒体、融媒体均有涉猎，呈现出可观的学术样貌和气象，显现出此一领域研究的国际化和学术化的深入推进。其中还出现了一些引人瞩目的个案、案例、方法的研究，为中国文化国际传播提供了具有实践价值的借鉴和启示。

由上可见，中国文化国际传播研究院在黄会林先生率领下，以"久久为功"的坚持、韧性、定力，在追求把"第三极文化"不断推高的学术道路上也不断收获丰硕的成果。同时，我们的努力始终吻合、扣合着国家大势、时代趋势、文化形势，在人们冷清、冷淡的时候我们在坚持、坚守、坚信这个事业的必须性和必然性，在人们蜂拥而至的时候我们以成果、经验、理论满足时代之需，提供社会所急需的"路径与方法"。当然，大家还可以从本书中看到，我们的学术追求和学术努力，如何在历史的重大时间节点克服重重困难而达到它的新的历史高度。这一切的实现都是一大批国内国际学术界、文化界同人们的有力支持的结果。谨向大家表示衷心感谢！

本书是黄会林先生带领本院全体成员共同努力、成功举办第三极文化国际学术年度论坛的成果，从论坛到论丛，耄耋之年的黄会林先生和大家一起付出了巨大的心血。黄会林先生在论坛主论坛上做了主旨演讲，我们把她的这个演讲拿出来做了本书的"代序"，主论坛的学术发言中就不再重复出现了，这是需要在这里略加说明的。编辑工作中负责"论坛"中主论坛、各分论坛的同志继续承担了各分辑文稿的组编与统稿，刘江凯同志在编辑工作中负责统筹。北京师范大学出版社对本书的出版给予了大力支持。在此一并致谢。

向云驹

2022 年 3 月 20 日

图书在版编目（CIP）数据

路径与方法：当代中国文化国际影响力的提升："第三极文化"论丛：2022 / 黄会林主编. —北京：北京师范大学出版社，2023.11
ISBN 978-7-303-29358-2

Ⅰ.①路… Ⅱ.①黄… Ⅲ.①中华文化－文集 Ⅳ.①K203

中国国家版本馆 CIP 数据核字（2023）第 151933 号

教　材　意　见　反　馈　　gaozhifk@bnupg.com　　010-58805079
营　销　中　心　电　话　　010-58807651
北师大出版社高等教育分社微信公众号　　新外大街拾玖号

LUJING YU FANGFA：DANGDAI ZHONGGUO WENHUA GUOJI
YINGXIANGLI DE TISHENG
出版发行：北京师范大学出版社　www.bnupg.com
　　　　　北京市西城区新街口外大街 12-3 号
　　　　　邮政编码：100088
印　　刷：北京盛通印刷股份有限公司
经　　销：全国新华书店
开　　本：787 mm×1092 mm　1/16
印　　张：18
字　　数：260 千字
版　　次：2023 年 11 月第 1 版
印　　次：2023 年 11 月第 1 次印刷
定　　价：68.00 元

策划编辑：王则灵　　　　　　责任编辑：朱前前
美术编辑：李向昕　　　　　　装帧设计：李尘工作室
责任校对：王志远　　　　　　责任印制：马　洁